DE L'IMPRIMERIE DE CRAPELET
9, RUE DE VAUGIRARD

LA RUSSIE
EN 1839

PAR

LE MARQUIS DE CUSTINE

« Respectez surtout les étrangers, de quelque qualité, de quelque
rang qu'ils soient, et si vous n'êtes pas à même de les combler
de présents, prodiguez-leur au moins des marques de bienveillance, puisque de la manière dont ils sont traités dans un pays
dépend le bien et le mal qu'ils en disent en retournant dans
le leur. »

(Extrait des conseils de Vladimir Monomaque à ses enfants en 1126
Histoire de l'Empire de Russie, par Karamsin, t. II, p. 205.)

TOME TROISIÈME

PARIS

LIBRAIRIE D'AMYOT, ÉDITEUR

6, RUE DE LA PAIX

1843

SOMMAIRE DE LA LETTRE DIX-NEUVIÈME.

Pétersbourg en l'absence de l'Empereur. — Contre-sens des architectes. — Rareté des femmes dans les rues de Pétersbourg. — L'œil du maître. — Agitation des courtisans. — Les métamorphoses. — Caractère particulier de l'ambition des Russes. — Esprit militaire. — Nécessité qui domine l'Empereur lui-même. — Le *tchinn*. — Esprit de cette institution. — Pierre Ier. — Sa conception. — La Russie devient un régiment. — La noblesse anéantie. — Nicolas plus russe que Pierre Ier. — Division du tchinn en quatorze classes. — Ce qu'on gagne à faire partie de la dernière. — Correspondance des classes civiles avec les grades de l'armée. — L'avancement dépend uniquement de la volonté de l'Empereur. — Puissance prodigieuse. — Effets de l'ambition. — Pensée dominante du peuple russe. — Opinions diverses sur l'avenir de cet Empire. — Coup d'œil sur le caractère de ce peuple. — Comparaison des hommes du peuple en Angleterre, en France, et en Russie. — Misère du soldat russe. — Danger que court l'Europe. — Hospitalité russe. — A quoi elle sert. — Difficulté qu'on éprouve à voir les choses par soi-même. — Formalités qualifiées de politesses. — Souvenirs de l'Orient. — Mensonge nécessaire. — Action du gouvernement sur le caractère national. — Affinité des Russes avec les Chinois. — Ce qui excuse l'ingratitude. — Ton des personnes de la cour. — Préjugés des Russes contre les étrangers. — Différence entre le caractère des Russes et celui des Français. — Défiance universelle. — Mot de Pierre-le-Grand sur le caractère de ses sujets. — Grecs du Bas-Empire.

— Jugement de Napoléon. — L'homme le plus sincère de l'Empire. — Sauvages gâtés. — Manie des voyages. — Erreur de Pierre-le-Grand perpétuée par ses successeurs. — L'Empereur Nicolas seul y a cherché un remède. — Esprit de ce règne. — Mot de M. de La Ferronnays. — Sort des princes. — Architecture insensée. — Beauté et utilité des quais de Pétersbourg. — Description de Pétersbourg en 1718 par Weber. — Trois places qui n'en font qu'une. — Église de Saint-Isaac. — Pourquoi les princes se trompent plus que les nations sur le choix des sites. — La cathédrale de Kasan. — Superstition grecque. — L'église de Smolna. — Congrégation de femmes menée militairement. — Palais de la Tauride. — Vénus antique. — Présent du pape Clément XI à Pierre Ier. — Réflexions. — L'Ermitage. — Galerie de tableaux. — L'Impératrice Catherine. — Portraits par madame Le Brun. — Règlement de la société intime de l'Ermitage rédigé par l'Impératrice.

LA RUSSIE
EN 1839.

LETTRE DIX-NEUVIÈME.

Pétersbourg, ce 1ᵉʳ août 1839.

La dernière fois que j'ai pu vous envoyer de mes nouvelles, je vous ai promis de ne pas revenir en France avant d'avoir poussé jusqu'à Moscou ; depuis ce moment, vous ne pensez plus qu'à cette cité fabuleuse, fabuleuse en dépit de l'histoire [1]. En effet, le nom de Moscou a beau être assez moderne et nous rappeler les faits les plus positifs de notre siècle, la distance des lieux, la grandeur des événements le rendent poétique par-dessus tout autre nom. Ces scènes de poëme épique ont une gran-

---

[1] Ceci répond à une lettre reçue de Paris.

deur qui contraste d'une manière bizarre avec l'esprit de notre siècle de géomètres et d'agioteurs. Je suis donc très-impatient d'atteindre Moscou ; c'est maintenant le but de mon voyage ; je pars dans deux jours, mais, d'ici là, je vous écrirai plus assidûment que jamais, car je tiens à compléter, selon mes moyens, le tableau de ce vaste et singulier Empire.

On ne saurait se figurer la tristesse de Saint-Pétersbourg les jours où l'Empereur est absent ; à la vérité cette ville n'est, en aucun temps, ce qui s'appelle gaie ; mais sans la cour, c'est un désert : vous savez d'ailleurs qu'elle est toujours menacée de destruction par la mer. Aussi, me disais-je ce matin en parcourant ses quais solitaires, ses promenades vides : « Pétersbourg va donc être submergé ; les hommes ont fui, et l'eau revient prendre possession du marécage ; cette fois la nature a fait raison des efforts de l'art. » Ce n'est rien de tout cela, Pétersbourg est mort parce que l'Empereur est à Péterhoff ; voilà tout.

L'eau de la Néva, repoussée par la mer, monte si haut, les terres sont si basses, que ce large débouché avec ses innombrables bras ressemble à une inondation stagnante, à un marais : on appelle la Néva un fleuve, faute de lui trouver quelque qualification plus exacte. A Pétersbourg la Néva, c'est déjà la mer; plus haut, c'est un émissaire long de quelques lieues, et qui sert de décharge au lac Ladoga dont il apporte les eaux dans le golfe de Finlande.

A l'époque où l'on construisait les quais de Pétersbourg, le goût des édifices peu élevés était dominant chez les Russes ; goût fort déraisonnable dans un pays où la neige diminue de six pieds pendant huit mois de l'année la hauteur des murailles, et où le sol n'offre aucun accident qui puisse couper d'une manière un peu pittoresque le cercle régulier que forme l'immuable ligne de l'horizon servant de cadres à des sites plats comme la mer.

Un ciel gris, une eau peu vive, un climat ennemi de la vie, une terre spongieuse, basse, infertile et sans solidité, une plaine si peu variée que la terre y ressemble à de l'eau d'une teinte légèrement foncée, tels sont les désavantages contre lesquels l'homme avait à lutter pour embellir Pétersbourg et ses environs. C'est assurément par un caprice, bien contraire au sentiment du beau, qu'on s'avise de poser sur une table rase une suite de monuments très-plats et qui marquent à peine leur place sur la mousse unie des marécages. Dans ma jeunesse, je m'enthousiasmais au pied des montagneuses côtes de la Calabre devant des paysages dont toutes les lignes étaient verticales, la mer exceptée. Ici au contraire la terre n'est qu'une surface plane qui se termine par une ligne parfaitement horizontale tirée entre le ciel et l'eau. Les hôtels, les palais et les colléges qui bordent la Néva paraissent à peine sortir du sol ou plutôt de la mer; il y en a qui n'ont qu'un étage, les plus élevés en ont trois, et tous semblent écrasés. Les mâts des bateaux dépassent les toits des maisons; ces toits sont de fer peint : c'est propre et léger; mais on les a faits très-plats à l'italienne; autre contre-sens! Les toits pointus conviennent seuls aux pays où la neige abonde. En Russie on est choqué à chaque pas des résultats d'une imitation irréfléchie.

Entre ces carrés d'édifices dont l'architecture veut être romaine, vous apercevez de vastes percées droites et vides qu'on appelle des rues; l'aspect de ces ouvertures, malgré les colonnades classiques qui les bordent, n'est rien moins que méridional. Le vent balaie sans obstacle ces routes alignées et larges comme les allées qui divisent les compartiments d'un camp.

LETTRE DIX-NEUVIÈME.

La rareté des femmes contribue à la tristesse de la ville. Celles qui sont jolies ne sortent guère à pied. Les personnes riches qui veulent marcher ne manquent jamais de se faire suivre par un laquais; cet usage est ici fondé sur la prudence et la nécessité.

L'Empereur seul a la puissance de peupler cet ennuyeux séjour, seul il fait foule dans ce bivouac, abandonné sitôt que le maître a disparu. Il prête une passion, une pensée à des machines; enfin il est le magicien dont la présence éveille la Russie et dont l'absence l'endort : dès que la cour a quitté Pétersbourg, cette magnifique résidence prend l'aspect d'une salle de spectacle après la représentation. L'Empereur est la lumière de la lampe. Depuis mon retour de Péterhoff, je ne reconnais pas Pétersbourg; ce n'est plus la ville que j'ai quittée il y a quatre jours : si l'Empereur revenait cette nuit, demain on trouverait un vif intérêt à tout ce qui ennuie aujourd'hui. Il faut être Russe pour comprendre le pouvoir de l'œil du maître; c'est bien autre chose que l'œil de l'amant cité par La Fontaine.

Vous croyez qu'une jeune fille pense à ses amours en présence de l'Empereur. Détrompez-vous, elle pense à obtenir un grade pour son frère : une vieille femme, dès qu'elle sent le voisinage de la cour, ne sent plus ses infirmités ; elle n'a pas de famille à pourvoir : n'importe ; on fait de la courtisanerie pour le plaisir d'en faire, et l'on est servile sans intérêt ; comme on aime le jeu pour lui-même. La flatterie n'a pas d'âge. Ainsi, à force de secouer le fardeau des ans, cette marionnette ridée perd la dignité de la vieillesse : on se sent impitoyable pour la décrépitude agitée, parce qu'elle est ridicule. C'est surtout à la fin de la vie qu'il faudrait savoir pratiquer les leçons du temps, qui ne cesse de nous enseigner le grand art de renoncer. Heureux les hommes qui de bonne heure ont su profiter de ces avertissements!!.... le renoncement prouve la force de l'âme : quitter avant de perdre, telle est la coquetterie de la vieillesse.

Elle n'est guère à l'usage des gens de cour ; aussi l'exerce-t-on à Saint-Pétersbourg moins que partout ailleurs. Les vieilles femmes remuantes me paraissent le fléau de la cour de Russie. Le soleil de la faveur aveugle les ambitieux et surtout les ambitieuses ; il les empêche de discerner leur véritable intérêt qui serait de sauver sa fierté en cachant les misères de son cœur. Au contraire, les courtisans russes, pareils aux dévots perdus en Dieu, se glorifient de leur pauvreté d'âme : ils font flèche de tout bois, ils exercent leur métier à découvert. Ici le flatteur joue les cartes sur la table; et ce qui m'étonne, c'est qu'il puisse encore gagner à un jeu si connu de tout le monde. En présence de l'Empereur l'hydropique respire, le vieillard paralysé devient agile, il n'y a plus de malade, plus de goutteux : il n'y a plus d'amoureux qui brûle, plus de jeune homme qui s'amuse, plus d'homme d'esprit qui pense, il n'y a plus d'homme!!! C'est l'avanie de l'espèce. Pour tenir lieu d'âme à ces apparences humaines, il leur reste un dernier souffle d'avarice et de vanité qui les anime jusqu'à la fin : ces deux passions font vivre toutes les cours, mais ici elles donnent à leurs victimes l'émulation militaire; c'est une rivalité disciplinée qui s'agite à tous les étages de la société. Monter d'un grade en attendant mieux, telle est la pensée de cette foule étiquetée.

Mais aussi quelle prostration de force a lieu quand l'astre qui faisait mouvoir ces atomes flatteurs, n'est plus au-dessus de l'horizon! On croit voir la rosée du soir tomber sur la poussière, ou les nonnes de

Robert-le-Diable se recoucher dans leurs sépulcres en attendant le signal d'une nouvelle ronde.

Avec cette continuelle tension de l'esprit de tous et de chacun vers l'avancement, point de conversation possible : les yeux des Russes du grand monde sont des tournesols de palais : on vous parle sans s'intéresser à ce qu'on vous dit, et le regard reste fasciné par le soleil de la faveur.

Ne croyez pas que l'absence de l'Empereur rende la conversation plus libre ; il est toujours présent à l'esprit : alors à défaut des yeux c'est la pensée qui fait tournesol. En un mot, l'Empereur est le bon Dieu ; il est la vie, il est l'amour pour ce malheureux peuple. C'est en Russie surtout qu'il faudrait répéter sans se lasser la prière du sage : « Mon Dieu, préservez-moi de l'ensorcellement des niaiseries ! »

Vous figurez-vous la vie humaine réduite à l'espoir de faire la révérence au maître pour le remercier d'un regard ? Dieu avait mis trop de passions dans le cœur de l'homme pour l'usage qu'il en fait ici.

Que si je me mets à la place du seul homme à qui l'on y reconnaisse le droit de vivre libre, je tremble pour lui. Terrible rôle à jouer que celui de la providence de soixante millions d'âmes !!

Cette divinité, née d'une superstition politique, n'a que deux partis à prendre : prouver qu'elle est homme en se laissant écraser, ou pousser ses sectateurs à la conquête du monde pour soutenir qu'elle est Dieu ; voilà comment en Russie la vie entière n'est que l'école de l'ambition.

Mais par quel chemin les Russes ont-ils passé pour arriver à cette abnégation d'eux-mêmes ? Quel moyen humain a pu amener un tel résultat politique ? le moyen ?... le voici, c'est le *tchinn* : le tchinn est le galvanisme, la vie apparente des corps et des esprits, c'est la passion qui survit à toutes les passions !... Je vous ai montré les effets du tchinn : maintenant il est juste que je vous dise ce que c'est que le tchinn.

Le tchinn c'est une nation enrégimentée, c'est le régime militaire appliqué à une société tout entière, et même aux classes qui ne vont pas à la guerre. En un mot c'est la division de la population civile en classes, qui répondent aux grades de l'armée. Depuis que cette hiérarchie est instituée, tel homme qui n'a jamais vu faire l'exercice, peut obtenir le rang de colonel.

Pierre-le-Grand, c'est toujours à lui qu'il faut remonter pour comprendre la Russie actuelle :

Pierre-le-Grand, importuné de certains préjugés nationaux qui ressemblaient à de l'aristocratie, et qui le gênaient dans l'exécution de ses plans, s'avisa un jour de trouver les têtes de son troupeau trop pensantes, trop indépendantes ; voulant remédier à cet inconvénient, le plus grave de tous aux yeux d'un esprit actif et sagace dans sa sphère, mais trop borné pour comprendre les avantages de la liberté quelque profitable qu'elle soit aux nations, et même aux hommes qui les gouvernent ; ce grand maître, en fait d'arbitraire, n'imagina rien de mieux dans sa pénétration profonde, mais restreinte, que de diviser le troupeau, c'est-à-dire, le pays en diverses classes indépendantes du nom, de la naissance des individus et de l'illustration des familles : si bien que le fils du plus grand seigneur de l'Empire peut faire partie d'une classe inférieure, tandis que le fils d'un de ses paysans peut monter aux premières classes selon le bon plaisir de l'Empereur. Dans cette division du peuple, chaque homme reçoit sa place de la faveur du prince ; et voilà comment la Russie est devenue un régiment de soixante millions d'hommes, c'est ce qu'on appelle le *tchinn*, et c'est la plus grande œuvre de Pierre-le-Grand.

Vous voyez de quelle manière ce prince, qui a fait tant de mal par précipitation, s'est affranchi en un jour des entraves des siècles. Ce tyran du bien, quand il a voulu régénérer son peuple, a compté la nature, l'histoire, le passé, le caractère, la vie des hommes pour rien. De tels sacrifices rendent les grands résultats faciles, aussi Pierre I*er* a-t-il fait de grandes choses, mais avec d'immenses moyens; et ces grandes choses ont été rarement bonnes. Il sentait fort bien et savait mieux que personne que tant que la noblesse subsiste dans une société, le despotisme d'un seul n'y sera jamais qu'une fiction; donc il s'est dit: pour réaliser mon gouvernement il faut anéantir ce qui reste du régime féodal, et le meilleur moyen d'atteindre à ce but c'est de faire des caricatures de gentilshommes, d'accaparer la noblesse, c'est-à-dire de la détruire en la faisant dépendre de moi: aussitôt la noblesse a été sinon abolie, du moins transformée, c'est-à-dire annulée par une institution qui la supplée sans la remplacer. Il est des castes dans cette hiérarchie où il suffit d'entrer pour acquérir la noblesse héréditaire. Pierre-le-Grand, que j'appellerais plus volontiers Pierre-le-Fort, devançant de plus d'un demi-siècle les révolutions modernes, a écrasé la féodalité par ce moyen.

Moins puissante à la vérité chez lui qu'elle ne l'était chez nous, elle a succombé sous l'institution moitié civile moitié militaire qui a fait la Russie actuelle. Il était doué d'un esprit lucide, et néanmoins de courte portée. Aussi, en élevant son pouvoir sur tant de ruines, n'a-t-il su profiter de la force exorbitante qu'il accaparait que pour singer plus à son aise la civilisation de l'Europe.

Avec les moyens d'action usurpés par ce prince, un esprit créateur eût opéré bien d'autres miracles. Mais la nation russe, montée après toutes les autres sur la grande scène du monde, a eu pour génie l'imitation : et pour organe, un élève charpentier ! Avec un chef moins minutieux, moins attaché aux détails, cette nation eût fait parler d'elle plus tard, il est vrai, mais d'une manière plus glorieuse. Son pouvoir fondé sur des nécessités intérieures, eût été utile au monde ; il n'est qu'étonnant.

Les successeurs de ce législateur en sayon, ont joint pendant cent ans l'ambition de subjuguer leurs voisins à la faiblesse de les copier. Aujourd'hui l'Empereur Nicolas croit enfin le temps venu où la Russie n'a plus besoin d'aller prendre ses modèles chez les étrangers pour dominer et pour conquérir le monde. Il est le premier souverain vraiment

Russe qu'ait eu la Russie depuis Ivan IV. Pierre Ier, Russe par son caractère, ne l'était pas par sa politique; Nicolas, Allemand par nature, est Russe par calcul et par nécessité.

Le tchinn est composé de quatorze classes et chacune de ces classes a des priviléges qui lui sont propres. La quatorzième est la plus basse.

Placée immédiatement au-dessus des serfs elle a pour unique avantage celui d'être composée d'hommes intitulés libres. Cette liberté consiste à ne pouvoir être frappé sans que celui qui donne les coups encoure des poursuites criminelles. En revanche, tout individu qui fait partie de cette classe est tenu d'écrire sur sa porte son numéro de classe afin que nul supérieur ne puisse être induit en tentation ni en erreur; averti par cette précaution, le batteur d'homme libre deviendrait coupable et serait passible d'une peine.

Cette quatorzième classe est composée des derniers employés du gouvernement, des commis de la poste, facteurs, et autres subalternes chargés de porter ou d'exécuter les ordres des administrateurs supérieurs : elle répond au grade de sous-officier dans l'armée Impériale. Les hommes qui la composent, serviteurs de l'Empereur, ne sont serfs de personne; et ils ont le sentiment de leur dignité sociale; quant à la dignité humaine, vous le savez, elle n'est pas connue en Russie.

Toutes les classes du tchinn répondant à autant de grades militaires, la hiérarchie de l'armée se trouve pour ainsi dire en parallèle avec l'ordre qui règne dans l'état tout entier. La première classe est au sommet de la pyramide, et elle se compose aujourd'hui d'un seul homme : le maréchal Paskiewitch, vice-roi de Varsovie.

Je vous le répète, c'est uniquement la volonté de l'Empereur qui fait qu'un individu avance dans le tchinn. Ainsi un homme monté de degrés en degrés jusqu'au rang le plus élevé de cette nation artificielle, peut parvenir aux derniers honneurs militaires sans avoir servi dans aucune arme.

La faveur de l'avancement ne se demande jamais, mais elle se brigue toujours.

Il y a là une force de fermentation immense mise à la disposition du chef de l'État. Les médecins se plaignent de ne pouvoir donner la fièvre à certains patients pour les guérir des maladies chroniques : le Czar Pierre a inoculé la fièvre de l'ambition à tout son peuple pour le rendre plus pliable et pour le gouverner à sa guise.

L'aristocratie anglaise est également indépendante de la naissance, puisqu'elle tient à deux choses qui s'acquièrent : à la charge et à la terre. Or si cette aristocratie, toute mitigée qu'elle est, prête encore une énorme influence à la couronne, quelle ne doit donc pas être la puissance d'un maître de qui relèvent toutes ces choses à la fois, en droit comme en fait?....

Il résulte d'une semblable organisation sociale une fièvre d'envie tellement violente, une tension si constante des esprits vers l'ambition, que le peuple russe a dû devenir inepte à tout, excepté à la conquête du monde. J'en reviens toujours à ce terme, parce qu'on ne peut s'expliquer que pour un tel but l'excès des sacrifices imposés ici à l'individu par la société. Si l'ambition excessive dessèche le cœur d'un homme, elle peut bien aussi tarir la pensée, égarer le jugement d'une nation au point de lui faire sacrifier sa liberté à la victoire. Sans cette arrière-pensée, avouée ou non, et à laquelle bien des hommes obéissent peut-être à leur insu, l'histoire de Russie me paraîtrait une énigme inexplicable.

Ici s'élève une question capitale : la pensée conquérante qui est la vie secrète de la Russie, est-elle un leurre propre à séduire plus ou moins longtemps des populations grossières, ou bien doit-elle un jour se réaliser?

Ce doute m'obsède sans cesse, et malgré tous mes efforts je n'ai pu le résoudre. Tout ce que je puis vous dire, c'est que depuis que je suis en Russie, je vois en noir l'avenir de l'Europe. Pourtant ma conscience m'oblige à vous avouer que cette opinion est combattue par des hommes très-sages et très-expérimentés.

Ces hommes disent que je m'exagère la puissance russe, que chaque société a ses fatalités, que le destin de celle-ci est de pousser ses conquêtes vers l'Orient, puis de se diviser elle-même. Ces esprits qui s'obstinent à ne pas croire au brillant avenir des Slaves conviennent avec moi des heureuses et aimables dispositions de ce peuple; ils reconnaissent qu'il est doué de l'instinct du pittoresque, ils lui accordent le sentiment musical; ils concluent que ces dispositions peuvent l'aider à cultiver les beaux-arts jusqu'à un certain point, mais qu'elles ne suffisent pas à réaliser les prétentions dominatrices que je lui attribue ou que je suppose à son gouvernement. « Le génie scientifique manque aux Russes, ajoutent-ils, ils n'ont jamais montré de puissance créatrice ; n'ayant reçu de la nature qu'un esprit paresseux et superficiel, s'ils s'appliquent, c'est par peur plus que par penchant; la peur les rend aptes à tout entreprendre, à ébaucher tout; mais aussi elle les empêche d'aller loin sur aucune route; le génie est de sa nature hardi comme l'héroïsme, il vit de liberté, tandis que la peur et l'esclavage n'ont qu'un règne et une sphère bornés comme la médiocrité dont ils sont les armes. Les Russes bons soldats sont mauvais marins; en général, ils sont plus résignés que réfléchis; plus religieux que philosophes, ils ont plus d'obéissance que de volonté, leur pensée manque de ressort comme leur âme de liberté [1]. Ce qui leur paraît le plus difficile et ce qui leur est le moins naturel, c'est d'occuper sérieusement leur intelligence et de fixer leur imagination, afin de l'exercer utilement : toujours enfants, ils pourront pour un moment être conquérants dans le domaine du sabre; ils ne le seront jamais dans celui de la pensée; or, un peuple qui n'a rien à enseigner aux peuples qu'il veut subjuguer n'est pas longtemps le plus fort.

« Physiquement même les paysans français et

---

[1] *Voir* le portrait des Russes, lettre trente-deuxième, Moscou.

anglais sont plus robustes que les Russes : ceux-ci sont plus agiles que musculeux, plus féroces qu'énergiques, plus rusés qu'entreprenants ; ils ont le courage passif, mais ils manquent d'audace et de persévérance : l'armée, si remarquable par sa discipline et par sa bonne tenue les jours de parade, est composée, à l'exception de quelques corps d'élite, d'hommes bien habillés quand ils se montrent en public, mais tenus salement lorsqu'ils restent dans l'intérieur des casernes. Le teint hâve des soldats trahit la souffrance et la faim ; car les fournisseurs volent ces malheureux qui ne sont pas assez payés pour subvenir à leurs besoins, en prélevant sur leur solde de quoi se mieux nourrir : les deux campagnes de Turquie ont assez montré la faiblesse du colosse : bref, une société qui n'a pas goûté de la liberté en naissant, et chez laquelle toutes les grandes crises politiques ont été provoquées par l'influence étrangère, énervée dans son germe, n'a pas un long avenir..... »

De tout cela l'on conclut que la Russie puissante chez elle, redoutable tant qu'elle ne luttera qu'avec des populations asiatiques, se briserait contre l'Europe le jour où elle voudrait jeter le masque et faire la guerre pour soutenir son arrogante diplomatie.

Telles sont, ce me semble, les plus fortes raisons opposées à mes craintes par les optimistes politiques. Je n'ai point affaibli les arguments de mes adversaires; ils m'accusent d'exagérer le danger. A la vérité, mon opinion est partagée par d'autres esprits tout aussi graves et qui ne cessent de reprocher aux optimistes leur aveuglement, en les exhortant à reconnaître le mal avant qu'il soit devenu irrémédiable. Je vous ai présenté la question sous ses deux faces; prononcez : votre arrêt sera pour moi d'un grand poids; toutefois, je vous préviens que si votre décision m'est contraire, elle n'aura d'autre résultat prochain que de me forcer à défendre mon opinion le plus longtemps et le plus vigoureusement possible, en tâchant de l'étayer par de meilleures raisons. Je vois le colosse de près, et j'ai peine à me persuader que cette œuvre de la Providence n'ait pour but que de diminuer la barbarie de l'Asie. Il me semble qu'elle est principalement destinée à châtier la mauvaise civilisation de l'Europe par une nouvelle invasion; l'éternelle tyrannie orientale nous menace incessamment et nous la subirons si nos extravagances et nos iniquités nous rendent dignes d'un tel châtiment.

Vous n'attendez pas de moi un voyage complet;

je néglige de vous parler de bien des choses célèbres ou intéressantes, parce qu'elles n'ont fait que peu d'impression sur moi : je veux rester libre, et ne décrire que ce qui me frappe vivement. Les nomenclatures obligées me dégoûteraient des voyages : il y a bien assez de catalogues sans que j'ajoute mes listes à tant de chiffres.

On ne peut rien voir ici sans cérémonie et sans préparation. Aller quelque part que ce soit, quand l'envie vous prend d'y aller, c'est chose impossible ; s'il faut prévoir quatre jours d'avance où vous portera votre fantaisie, autant n'avoir point de fantaisie : c'est à quoi l'on finit par se résigner en vivant ici. L'hospitalité russe, hérissée de formalités, rend la vie difficile aux étrangers les plus favorisés ; c'est un prétexte honnête pour gêner les mouvements du voyageur et pour borner la licence de ses observations. On vous fait soi-disant les honneurs du pays, et grâce à cette fastidieuse politesse, l'observateur ne peut visiter les lieux, examiner les choses qu'avec un guide ; n'étant jamais seul, il a plus de peine à juger d'après lui-même, et c'est ce qu'on veut. Pour entrer en Russie, il faut déposer, avec votre passe-port, votre libre arbitre à la frontière. Voulez-vous voir les curiosités d'un palais? on vous donnera un chambellan qui vous en fera les honneurs du haut en bas, et vous forcera par sa présence à observer chaque chose en détail, c'est-à-dire à ne voir que de son point de vue et à tout admirer sans choix. Voulez-vous parcourir un camp, qui n'a d'autre intérêt pour vous que le site des baraques, l'aspect pittoresque des uniformes, la beauté des chevaux, la tenue du soldat sous la tente? un officier, quelquefois un général vous accompagnera : un hôpital? le médecin en chef vous escortera : une forteresse? le gouverneur vous la montrera ou plutôt vous la cachera poliment : une école, un établissement public quelconque? le directeur, l'inspecteur sera prévenu de votre visite, vous le trouverez sous les armes, et l'esprit bien préparé à braver votre examen : un édifice? l'architecte vous en fera parcourir toutes les parties, et vous expliquera de lui-même tout ce que vous ne lui demanderez pas afin d'éviter de vous instruire de ce que vous avez intérêt d'apprendre.

Il résulte de ce cérémonial oriental que pour ne point passer votre temps à faire le métier de demander des permissions, vous renoncez à voir bien des choses : premier avantage!... Ou si votre curiosité est assez robuste pour vous faire persister à importuner les gens, vous serez au moins surveillé de si près dans vos perquisitions qu'elles n'aboutiront à rien ; vous ne communiquerez qu'officiellement avec les chefs des établissements soi-disant publics, et l'on ne vous laissera d'autre liberté que celle d'exprimer devant l'autorité légitime votre admiration commandée par la politesse, par la prudence et par une reconnaissance dont les Russes sont fort jaloux. On ne vous refuse rien, mais on vous accompagne partout : la politesse devient ici un moyen de surveillance.

Voilà comme on vous tyrannise sous prétexte de vous faire honneur. Tel est le sort des voyageurs privilégiés. Quant aux voyageurs non protégés, ils ne voient rien du tout. Ce pays est organisé de façon que sans l'intervention immédiate des agents de l'autorité, nul étranger ne peut le parcourir agréablement ni même sûrement. Vous reconnaissez, j'espère, les mœurs et la politique de l'Orient déguisées sous l'urbanité européenne.....
Cette alliance de l'Orient et de l'Occident dont on retrouve les conséquences à chaque pas est ce qui caractérise l'Empire russe.

La demi-civilisation procède par des formalités ;

une civilisation raffinée les fait disparaître ; c'est ainsi que la politesse parfaite exclut les façons.

Les Russes sont encore persuadés de l'efficacité du mensonge, et cette illusion m'étonne de la part de gens qui en ont tant usé..... Ce n'est pas que leur esprit manque de finesse ou de compréhension ; mais dans un pays où les *gouvernants* n'ont pas encore compris les avantages de la liberté, même pour eux, les gouvernés doivent reculer devant les inconvénients immédiats de la sincérité. On est forcé de le répéter à chaque instant : ici, peuples et grands, tous nous rappellent les Grecs du Bas-Empire.

Je ne suis peut-être pas assez reconnaissant des soins dont ce peuple affecte d'entourer un étranger connu ; c'est que je vois le fond des pensées et que je me dis malgré moi : tout cet empressement montre moins de bienveillance qu'il ne trahit d'inquiétude.

On veut, d'après le judicieux précepte de Monomaque [1], que *l'étranger sorte content du pays.*

Ce n'est pas que le vrai pays se soucie de ce qu'on dit et pense de lui ; mais quelques familles

[1] Voyez l'épigraphe tome I*er* et la conclusion tome IV.

prépondérantes sont travaillées du puéril désir de refaire en Europe la réputation de la Russie.

Si je regarde plus avant, j'aperçois, sous le voile dont on se plaît à couvrir les objets, le goût du mystère pour le mystère même ; c'est un effet de l'habitude et de la complexion...... Ici la réserve est à l'ordre du jour, comme l'imprudence l'est à Paris.

En Russie le secret préside à tout : secret administratif, politique, social ; discrétion utile et inutile, silence superflu pour assurer le nécessaire ; tels sont les inévitables conséquences du caractère primitif de ces hommes, corroboré par l'influence de leur gouvernement. Tout voyageur est un indiscret ; il faut le plus poliment possible garder à vue l'étranger toujours trop curieux, de peur qu'il ne voie les choses telles qu'elles sont, ce qui serait la plus grande des inconvenances. Bref les Russes sont des Chinois déguisés ; ils ne veulent pas avouer leur aversion pour les observateurs venus de loin ; mais s'ils osaient braver ainsi que les vrais Chinois le reproche de barbarie, ils nous refuseraient l'entrée de Pétersbourg comme on nous exclut de Pékin, et ils n'admettraient chez eux que les gens de métiers, en ayant soin de ne plus permettre à l'ouvrier qui serait reçu de retourner dans son pays. Vous voyez pourquoi l'hospitalité russe trop vantée m'importune plus qu'elle ne me flatte et ne me touche; on m'enchaîne sous prétexte de me protéger; mais de toutes les espèces de gênes, la plus insupportable me paraît celle dont je n'ai pas le droit de me plaindre. La reconnaissance que j'éprouve ici pour l'empressement dont je me vois l'objet est celle d'un soldat enrôlé de force : moi, indépendant avant tout, c'est-à-dire voyageur, je me sens passer sous le joug : on s'évertue sans cesse à discipliner mes idées..... On ne sait faire autre chose ici que l'exercice; les esprits y manœuvrent comme les soldats; chaque soir en rentrant chez moi, je me tâte pour voir quel uniforme je porte, j'examine mes pensées pour leur demander leur grade, car les idées sont classées en ce pays selon les personnes : à tel rang on a ou l'on professe telle manière de voir, et plus on monte, moins on pense, c'est-à-dire, moins on ose parler.

Ayant évité soigneusement de me lier avec beaucoup de grands seigneurs, je n'ai bien vu que la cour; je voulais conserver mes droits de juge indépendant et impartial, je craignais de me faire accuser d'ingratitude ou d'infidélité; je craignais surtout de rendre des personnes du pays responsables de mes opinions particulières. Mais à la cour j'ai passé en revue toute la société.

L'affectation du ton français, moins l'esprit de conversation naturel à la France, voilà ce qui m'a frappé d'abord. J'ai bien entrevu un esprit russe, esprit caustique, sarcastique, moqueur, et qui me paraîtrait amusant dans une conversation libre, sans jamais m'inspirer de sécurité ni de bienveillance. Mais cet esprit demeure caché aux étrangers comme tout le reste. Si je séjournais ici un peu de temps j'arracherais leur masque à ces marionnettes; car je m'ennuie de les voir copier les grimaces françaises. A mon âge on n'a plus rien à apprendre de l'affectation; la vérité seule intéresse toujours, parce qu'elle instruit; elle seule est toujours nouvelle.

Voilà donc pourquoi j'ai profité le moins possible de l'hospitalité des gens du grand monde; c'est bien assez de subir l'indispensable hospitalité des administrateurs et des employés de tous grades; cette surveillance, qu'on s'efforce de décorer d'un nom patriarcal, me rebute comme l'hypocrisie. Parlez-moi des pays où l'hospitalité n'est pas un impôt régulier! celle qu'on y reçoit a le prix d'une faveur.

J'ai remarqué dès le premier abord que tout Russe des basses classes, soupçonneux par nature, déteste les étrangers par ignorance, par préjugé national; j'ai trouvé ensuite que tout Russe des classes élevées, également soupçonneux, les craint parce qu'il les croit hostiles; il dit : « Les Français, les Anglais sont persuadés de leur supériorité sur tous les peuples, » ce motif suffit au Russe pour haïr l'étranger, comme en France le provincial se défie du Parisien. Une jalousie sauvage, une envie puérile, mais impossible à désarmer, domine la plupart des Russes dans leurs rapports avec les hommes des autres pays; et comme vous sentez partout cette disposition peu sociable, vous finissez, tout en vous en plaignant, par partager la méfiance que vous inspirez. Vous concluez qu'une confiance qui ne devient jamais réciproque est de la duperie, et dès lors vous restez froid, réservé, comme les cœurs au fond desquels vous lisez malgré vous et malgré eux.

Le caractère russe, sous beaucoup de rapports, est le contraire du caractère allemand. Voilà pourquoi les Russes disent qu'ils ressemblent aux Français; mais cette analogie n'est qu'apparente; dans le fond des âmes il y a une grande dissemblance. Vous pouvez admirer si bon vous semble en Russie la pompe, la dignité orientale, vous y pouvez étudier l'astuce grecque : gardez-vous d'y chercher la naïveté gauloise, la sociabilité, l'amabilité des Français quand ils sont naturels ; vous y trouveriez encore moins, je l'avoue, la bonne foi, la solidité d'instruction, la cordialité germaniques. En Russie on rencontrera de la bonté puisqu'il y en a partout où il y a des hommes ; mais on n'y rencontrera jamais de la bonhomie.

Tout Russe est né imitateur, donc il est observateur avant tout et même, pour tout dire, ce talent qui est celui des peuples enfants, dégénère souvent en un espionnage assez bas ; il produit des questions importunes, impolies et qui deviennent choquantes de la part de gens toujours impénétrables eux-mêmes et dont les réponses ne sont que des faux-fuyants. On dirait ici que l'amitié même a quelqu'accointance avec la police. Comment se sentir à son aise avec des hommes si avisés, si discrets quant à ce qui les concerne et si inquisitifs à l'égard des autres ? S'ils vous voyaient prendre avec eux des manières plus naturelles que celles qu'ils ont avec vous, ils vous croiraient leur dupe : gardez-vous donc de leur laisser voir de l'abandon, de leur témoigner de la confiance : pour des hommes qui ne sentent rien, il y a un amusement à observer les émotions des autres ; mais je n'aime pas à servir à ce divertissement. Nous voir vivre, c'est le plus grand plaisir des Russes ; si nous les laissions faire, ils se plairaient à lire dans notre cœur, à faire l'analyse de nos sentiments, comme on va au spectacle.

La défiance excessive des gens auxquels vous avez affaire ici, à quelque classe qu'ils appartiennent, vous avertit de vous tenir sur vos gardes : le danger que vous courez vous est révélé par la peur que vous inspirez.

L'autre jour à Péterhoff un traiteur n'a pas voulu permettre à mon domestique de place de me servir un mauvais souper dans ma loge d'acteur, sans lui en faire déposer le prix d'avance. Notez que la boutique de cet homme si prudent est à deux pas du théâtre. Ce que vous portez à votre bouche d'une main il faut le payer de l'autre ; si vous commandez quelque chose à un marchand sans lui donner des arrhes, il croira que vous plaisantez et ne travaillera pas pour vous ; nul ne peut quitter la Russie s'il n'a prévenu de son projet tous ses créanciers ; c'est-à-dire s'il n'a fait annoncer son départ trois fois dans les gazettes et mis une distance de huit jours entre chaque publication. Ceci est de rigueur, à moins de payer la police pour abréger les délais, mais il faut que l'insertion ait eu lieu au moins une ou deux fois. On ne vous accorde des chevaux de poste que sur une attestation de l'autorité qui certifie que vous ne devez rien à personne.

Tant de précautions dénotent la mauvaise foi qui règne dans un pays; et comme jusqu'à présent les Russes ont eu personnellement peu de rapport avec les étrangers, ils n'ont pu prendre leçon de ruse que d'eux-mêmes. L'expérience ne leur est venue que des relations qu'ils ont entre eux. Ces hommes ne nous permettent pas d'oublier le mot de leur souverain favori Pierre-le-Grand : « Il faut trois juifs pour tromper un Russe. »

A chaque pas que vous faites ici vous reconnaissez ces politiques de Byzance dépeints par les historiens du temps des croisés et retrouvés par l'Empereur Napoléon dans l'Empereur Alexandre dont il disait souvent : « C'est un Grec du Bas-Empire !!... »

Il faut autant qu'on peut éviter d'avoir aucune affaire à traiter avec des esprits dont les modèles et les instituteurs furent toujours ennemis de la chevalerie; ces esprits sont esclaves de leurs intérêts, et souverains de leur parole ; je me plais à le répéter : jusqu'à présent dans tout l'Empire russe je n'ai trouvé qu'une seule personne qui me parût sincère : c'est l'Empereur.

A la vérité la franchise coûte moins à un autocrate qu'elle ne coûte à ses sujets. Pour le Czar parler sans déguisement c'est faire acte d'autorité : le souverain absolu qui ment, abdique.

Mais combien ne s'en est-il pas trouvé qui ont méconnu sur ce point leur pouvoir et leur dignité ! Les âmes basses ne se croient jamais au-dessus du mensonge ; il faut donc savoir gré de sa sincérité même à un homme tout-puissant. L'Empereur Nicolas unit la franchise à la politesse ; et ces deux qualités, qui s'excluent chez le vulgaire, se servent merveilleusement l'une l'autre chez ce prince.

Parmi les grands seigneurs, ceux qui ont bon ton l'ont parfait : c'est ce dont on peut s'assurer tous les jours à Paris et ailleurs. Mais un Russe de salon qui n'arrive pas à la vraie politesse, c'est-à-dire à l'expression facile d'une aménité réelle, est d'une grossièreté d'âme qui devient doublement choquante par la fausse élégance de ses manières et de son langage. Ces Russes mal élevés et déjà bien endoctrinés, bien habillés, tranchants, sûrs d'eux-mêmes, suivent au pas de charge l'élégance de l'Europe, sans savoir que l'élégance des habitudes n'a de prix qu'autant qu'elle annonce quelque chose de mieux dans le cœur de ceux qui la possèdent; apprentis de la mode ils prennent l'apparence pour la chose : ce sont des ours façonnés qui me font regretter les ours bruts; ils ne sont pas encore des hommes cultivés, qu'ils sont déjà des sauvages gâtés.

Puisque la Sibérie existe, et qu'on en fait parfois l'usage que vous savez, je voudrais la peupler de jeunes officiers ennuyés et de belles dames qui ont mal aux nerfs. « Vous demandez des passe-ports pour Paris, en voici pour Tobolsk. »

Voilà comment je voudrais que l'Empereur remédiât à la manie des voyages qui fait d'effrayants progrès en Russie parmi les sous-lieutenants à imagination et les femmes vaporeuses.

Si en même temps il reportait le siége de son Empire à Moscou, il aurait réparé le mal causé par Pierre-le-Grand autant qu'un homme peut atténuer les erreurs des générations.

Pétersbourg, cette ville bâtie contre la Suède plus encore que pour la Russie, ne devait être qu'un port de mer, un Dantzick russe : au lieu de

LETTRE DIX-NEUVIÈME.

cela, Pierre Ier construisit à ses boyards une loge sur l'Europe; il enferma dans une salle de bal ses grands seigneurs enchaînés, les laissant lorgner de loin avec envie une civilisation qu'on leur défendait d'atteindre; car forcer à copier, c'est empêcher d'égaler! Puis il leur dit : « Vous m'appellerez Pierre-le-Grand sous peine de mort, parce que c'est moi qui vous civilise au prix de la vie de mon peuple et de la tête de mon fils! »

Pierre-le-Grand, dans toutes ses œuvres, a compté l'humanité, le temps et la nature pour rien. Cette erreur, qui est le propre de la médiocrité obstinée et toute-puissante, c'est-à-dire de la tyrannie dont elle devient le cachet, ne peut être pardonnée à un homme qualifié de génie créateur par son peuple. Plus on examine la Russie et plus on se confirme dans l'opinion que ce prince a été trop exalté, même chez les étrangers; la postérité peut manquer d'équité par excès d'admiration. Si le Czar Pierre eût été aussi supérieur qu'on le dit, il eût évité la fausse route dans laquelle il a poussé son peuple, il eût prévu et détesté la frivolité d'esprit, l'instruction superficielle à laquelle il l'a condamné pour des siècles. Peut-on lui pardonner les abus de son despotisme, à lui qui avait vu le monde au xviiie siècle?

Il s'est servi de ses avantages moins en législateur qu'en tyran pour repétrir sa nation au gré de sa volonté. Malheureusement cette volonté fut d'un magicien plutôt que d'un esprit vaste et solide. Les grands hommes pour faire l'avenir n'annulent point le passé, ils l'acceptent afin d'en modifier les conséquences. Loin de continuer à diviniser cet ennemi de leur naturel, les Russes devraient lui reprocher d'avoir été la cause de ce qu'ils n'ont aucun caractère, c'est lui dont l'influence perpétuée par l'admiration irréfléchie de la postérité les empêche encore aujourd'hui de produire dans les arts et les sciences, un homme digne de faire époque chez les peuples étrangers [1]. Un législateur comme Confucius ne pouvait venir à la suite d'un réformateur tel que le charpentier de Saardam, et tel que le voyageur capricieux dont l'Europe d'alors avait vu la barbarie avec effroi, tout en admirant la force prodigieuse cachée sous cette rude écorce. Ce missionnaire couronné força un moment la nature parce qu'il le pouvait, mais c'est tout ce qu'il pouvait...... S'il avait été dans sa vie ce qu'il est devenu dans l'histoire, grâce à la superstition des peuples et à

---

[1] Les Russes, superficiels en tout, ne sont profonds que dans l'art de feindre.

l'exagération des écrivains, qu'aurait-il fait? il eût attendu; et, par cette patience, il eût mérité son brevet de grand homme : il a mieux aimé l'obtenir d'avance et se faire canoniser de son vivant.

Toutes ses idées avec les défauts de caractère dont elles étaient la conséquence ont encore été exagérées sous les règnes suivants; l'Empereur Nicolas le premier commence à remonter le torrent en rappelant les Russes à eux-mêmes : c'est une entreprise que le monde admirera quand il aura reconnu la fermeté de l'esprit qui l'a conçue. Après des règnes comme ceux de Catherine et de Paul, refaire de la Russie, telle que l'avait laissée l'Empereur Alexandre, un Empire russe, parler russe, penser en russe, avouer qu'on est Russe de cœur, tout en présidant une cour de grands seigneurs héritiers des favoris de la *Sémiramis du Nord* : c'est hardi!... Quel que soit le succès d'un tel plan, il honorera celui qui l'a tracé.

Les courtisans du Czar n'ont nuls droits reconnus et assurés, il est vrai; mais ils sont toujours forts contre leurs maîtres par les traditions perpétuées dans le pays; heurter de front les prétentions de ces hommes, se montrer dans le cours d'un règne déjà long aussi courageux contre d'hypocrites amis qu'on le fut contre des soldats révoltés, c'est assurément le fait d'un souverain fort supérieur : cette double lutte du maître contre ses esclaves furieux et contre ses impérieux courtisans est un beau spectacle : l'Empereur Nicolas tient ce qu'il a promis le jour de son avénement au trône ; et certes, c'est dire beaucoup, car aucun prince n'a hérité du pouvoir dans des circonstances plus critiques, nul n'a fait face à un plus imminent péril avec plus d'énergie et de grandeur d'âme !...

Après l'émeute du 13 décembre, M. de La Ferronnays s'écriait : Je viens de voir Pierre-le-Grand civilisé : mot qui avait de la portée parce qu'il avait de la vérité ; en voyant ce même homme dans sa cour développer ses idées de régénération nationale avec une persévérance infatigable et cela sans faste, sans bruit, sans violence, on peut s'écrier à plus juste titre encore : c'est Pierre-le-Grand qui revient pour réparer le mal fait par Pierre l'aveugle.

En cherchant à juger ce prince avec toute l'impartialité dont je suis capable, j'ai trouvé en lui tant de choses dignes d'éloges que je ne permets pas qu'on me parle de ce qui pourrait me troubler dans mon admiration.

Les pauvres souverains sont comme les statues : on les examine avec une si minutieuse attention que leurs moindres défauts magnifiés par la critique font oublier les mérites les plus rares et les plus réels. Mais plus j'admire l'Empereur Nicolas, plus vous me trouverez injuste peut-être envers le Czar Pierre. Cependant j'apprécie de mon mieux les efforts de volonté qu'il a faits pour tirer d'un marais gelé pendant huit mois de l'année, une ville telle que Pétersbourg. Mais, si j'ai le malheur d'apercevoir quelques-uns de ces misérables *pastiches* dont sa passion pour l'architecture classique, partagée par ses successeurs, a doté la Russie, mes sens et mon goût révoltés me font perdre tout ce que j'avais gagné par le raisonnement : des palais antiques pour servir de casernes à des Finois; des colonnes, des corniches, des frontons, des péristyles romains sous le pôle, et ces choses à refaire chaque année en beau plâtre blanc : vous conviendrez qu'une telle parodie de la Grèce et de l'Italie, moins le marbre et le soleil, peut bien me rendre toute ma colère; d'ailleurs je renonce avec d'autant plus de résignation au titre de voyageur impartial, que je suis persuadé que j'y ai droit.

Vous me menaceriez de la Sibérie, que vous ne

m'empêcheriez pas de répéter que le manque de bon sens dans l'ensemble d'un monument, de fini et d'harmonie dans les détails, est insupportable. En architecture, le génie sert à trouver le moyen le plus court et le plus simple d'adapter les édifices à l'usage auquel on les destine. Or, devinez, je vous prie, à quelle fin des hommes de bon sens ont entassé tant de pilastres, d'arcades et de colonnades dans un pays qu'on ne peut habiter qu'avec de doubles châssis aux fenêtres hermétiquement closes pendant neuf mois de l'année. A Pétersbourg, c'est sous des remparts qu'il faudrait se promener, non sous des péristyles aériens. Que ne bâtissez-vous des tunnels et des galeries voûtées pour servir de vestibules, d'ouvrages avancés, de défense à vos palais [1]. Le ciel est votre ennemi, fuyez-en donc la vue; le soleil vous manque, vivez aux flambeaux; des fortifications et des casemates vous sont plus utiles que des promenoirs à découvert. Avec votre architecture méridionale vous affichez une prétention au beau climat qui me rend vos pluies et vos vents de l'été plus insupportables, sans parler des aiguilles de glace qu'on respire sur vos magnifiques perrons pendant vos interminables hivers.

[1] *Voyez* la description de Moscou.

Les quais de Pétersbourg sont une des plus belles choses de l'Europe : pourquoi ? parce que le luxe est là dans la solidité. Des blocs de granit apportés dans un bas-fond pour y suppléer la terre, l'éternité du marbre, opposée à la puissance de destruction du froid, me donnent l'idée d'une force et d'une grandeur intelligentes. Pétersbourg est en même temps garanti contre la Néva et orné par les magnifiques parapets dont on a bordé cette rivière. Le sol nous manque, nous ferons un pavé de rocs pour porter notre capitale : cent mille hommes y mourront à la peine ! peu nous importe ; nous aurons une ville européenne et le renom d'un grand peuple. Ici, tout en déplorant l'inhumanité qui préside à cette gloire, je permets qu'on admire, et j'admire moi-même quoiqu'à regret!.... J'admire encore quelques-uns des points de vue dont on jouit devant le palais d'hiver. Ce palais est bâti dans ce qu'on appelle l'île de l'Amirauté, aujourd'hui le plus beau quartier de la ville. Voici la description de Weber, faite, je crois, en 1718 ; je ne l'ai lue que dans Schnitzler, qui n'en indique pas clairement la date. « Le quartier contigu à celui du « Jardin d'été, en descendant la Néva, est ce qu'on « nomme l'île de l'Amirauté ou aussi la *Slobode des*

« *Allemands*, car c'est là que la plupart des étrangers
« sont établis. On y rencontre d'abord (là où la
« Moika sort de la Néva) la grande poste et la maison
« bâtie pour l'éléphant de Perse, mais où depuis
« l'on a placé le globe de Gottorp. L'église luthé-
« rienne des Finlandais et celle des catholiques,
« toutes deux en bois, sont dans cette partie de
« l'île appelée aussi *Finnische Scheeren*, parce
« qu'elle est occupée en majeure partie par des
« exilés de Finlande et de Suède. Les tristes cabanes
« de ce quartier ressemblent plus à des cages qu'à
« des maisons. Il serait difficile d'y trouver les
« personnes que l'on cherche, attendu qu'aucune
« rue ne porte un nom, et que toutes se désignent
« par quelques notables habitants qui y demeurent.
« Cependant les maisons de Millionne et celles du
« quai du Palais d'hiver offrent déjà un bel as-
« pect [1]. »

Voilà ce qu'était, il y a un peu plus de cent ans, le plus beau quartier du Pétersbourg actuel.

---

[1] Voyez *la Russie, la Pologne et la Finlande*, par M. J. H. Schnitzler. Paris, chez Jules Renouard, 1835, p. 193. — Je dois dire une fois pour toutes que ce bon et utile ouvrage, protégé à Pétersbourg, est extrêmement partial, du moins dans la forme du langage, condition nécessaire si l'on veut faire tolérer en Russie ce qu'on écrit touchant ce pays.

LETTRE DIX-NEUVIÈME.

Quoique les plus grands monuments de cette ville se perdent dans un espace qui est plutôt une plaine qu'une place, le palais est imposant, le style de cette architecture du temps de la régence a de la noblesse, et la couleur rouge du grès dont l'édifice est bâti plaît à l'œil. La colonne d'Alexandre, l'État-Major, l'Arc de Triomphe au fond de son demi-cercle d'édifices, les chevaux, les chars, l'Amirauté avec ses élégantes colonnettes et son aiguille dorée, Pierre-le-Grand sur son rocher, les ministères qui sont autant de palais, enfin l'étonnante église de Saint-Isaac en face d'un des trois ponts jetés sur la Néva; tout cela perdu dans l'enceinte d'une seule place n'est pas beau, mais c'est étonnamment grand…. Cet enclos bâti est ce qu'on appelle la place du Palais. C'est réellement un composé de trois places immenses qui n'en font qu'une : Pétrofskii, Isaakskii, et la place du Palais d'hiver [1]. J'y trouve beaucoup de choses à critiquer; mais j'admire l'ensemble de ces édifices tout perdus qu'ils sont dans l'espace qu'ils devraient orner.

Je suis monté sur la coupole d'airain de l'église

[1] Voyez pour les nomenclatures, les mesures, les monuments et pour toute la partie technique de la description des lieux, la statistique de Schnitzler, page 200.

de Saint-Isaac. Les échafaudages de ce dôme, l'un des plus élevés du monde, sont à eux seuls des monuments. L'église n'étant pas terminée, je ne puis avoir l'idée de l'effet qu'elle produira dans son ensemble.

On voit de là Pétersbourg et ses plats environs ; c'est toujours la même chose à perte de vue, l'homme ne peut vivre ici que par des efforts soutenus. Le triste et pompeux résultat de ces merveilles me dégoûte des miracles humains, et servira, j'espère, de leçon aux princes qui s'aviseraient encore une fois de compter la nature pour rien dans le choix des lieux où doivent s'élever leurs villes. Une nation ne tombe guère dans de telles erreurs, elles sont ordinairement le fruit de l'orgueil des souverains. Ceux-ci se croient le pouvoir de faire de grandes choses dans les lieux où la Providence avait voulu ne rien faire du tout; ils prennent la flatterie à la lettre, et se regardent comme des esprits créateurs. Ce que les princes craignent le moins, c'est d'être dupes de leur amour-propre; ils se défient de tout, hors d'eux-mêmes.

J'ai visité quelques églises : celle de la Trinité est belle, mais nue comme l'intérieur de la plupart des églises grecques que j'ai vues ici : en revanche l'extérieur des dômes est revêtu d'azur et parsemé d'étoiles d'or très-brillantes. La cathédrale de Kasan bâtie par Alexandre est vaste et belle ; mais on y entre par un coin : c'est pour respecter la loi religieuse qui veut que l'autel grec soit invariablement tourné au levant. La rue dite la Perspective n'étant pas dirigée de manière à obéir à ce règlement, on a mis l'église de travers ; les gens de l'art ont eu le dessous, les fidèles l'ont emporté, et l'un des plus beaux monuments de la Russie a été gâté par la superstition.

L'église de Smolna est la plus grande et la plus magnifique de toutes celles de Pétersbourg : elle appartient à une congrégation, c'est une espèce de chapitre de femmes et de filles fondé par l'Impératrice Anne. Des bâtiments énormes sont destinés à loger ces dames. En parcourant l'enceinte de ce noble asile, de ce cloître grand comme une ville, mais dont l'architecture serait plus appropriée à un établissement militaire qu'à une congrégation, on ne sait où l'on est ; ce qu'on voit n'est ni palais ni couvent : c'est une caserne de femmes.

En Russie tout est soumis au régime militaire ; la discipline de l'armée règne dans le chapitre des dames de Smolna.

Près de là, on voit le petit palais de la Tauride

bâti en quelques semaines par Potemkin, pour Catherine : palais élégant, mais abandonné ; or, dans ce pays, ce qui est abandonné est bientôt détruit, car les pierres mêmes n'y durent qu'à condition qu'on les soigne.

Un jardin d'hiver occupait tout un côté de l'édifice : cette magnifique serre chaude est vide dans la saison où nous sommes ; je la crois négligée en toutes saisons. C'est de la vieille élégance dépourvue de la majesté que le temps imprime sur ce qui est antique ; de vieux lustres prouvent qu'on a donné là des fêtes, qu'on y a dansé, qu'on y a soupé. Je crois que le dernier bal qu'a vu et que verra la Tauride a eu lieu pour le mariage de la grande-duchesse Hélène, femme du grand-duc Michel.

Il y a dans un coin une Vénus de Médicis, qu'on dit vraiment *antique ;* vous savez que ce type a été souvent reproduit par les Romains.

Cette statue est placée sur un piédestal et l'on y lit l'inscription suivante écrite en russe :

PRÉSENT DU P..PE CLÉMENT XI, A L'EMPEREUR PIERRE Ier.
1717 ou 1719.

Cette Vénus, envoyée par un pape à un prince schismatique et dans le costume que vous con-

naissez, est sans contredit un singulier présent !...
Le Czar, qui méditait depuis longtemps le projet
d'éterniser le schisme en usurpant les dernières libertés de l'Église russe, a dû sourire à cette marque
de bienveillance de l'évêque de Rome.¹

J'ai vu aussi les tableaux de l'Ermitage et je ne
vous les décrirai pas, parce que je pars demain pour
Moscou. L'Ermitage ! n'est-ce pas un nom un peu
prétentieux pour l'habitation de plaisance d'un souverain au milieu de sa capitale, à côté de son palais ordinaire ? On passe de l'un de ces palais dans
l'autre par un pont jeté sur une rue.

Vous savez comme tout le monde qu'il y a là des
trésors surtout de l'école hollandaise. Mais.... je
n'aime pas la peinture en Russie; pas plus que la
musique à Londres, où la manière dont on écoute
les plus grands talents et les plus sublimes chefs-
d'œuvre me dégoûterait de l'art. Si près du pôle
la lumière n'est pas favorable aux tableaux, et personne n'est disposé à jouir des merveilleuses nuances du coloris le plus savant avec des yeux affaiblis
par la neige, ou éblouis par une lumière oblique et
persistante. La salle des Rembrandt est admirable

---

¹ Voyez tome III, la lettre vingt-troisième.

sans doute, néanmoins j'aime mieux ce que j'ai vu de ce maître à Paris et ailleurs.

Les Claude Lorrain, les Poussin, et quelques tableaux des maîtres italiens, surtout les Mantegna, les Giambellini, les Salvator Rosa méritent une mention.

Mais ce qui nuit à cette collection, c'est le grand nombre de tableaux médiocres qu'il faut oublier pour jouir des chefs-d'œuvre. En formant la galerie de l'Ermitage, on a prodigué les noms des grands maîtres, ce qui n'empêche pas que leurs œuvres authentiques n'y soient rares : ces pompeux baptêmes de tableaux très-ordinaires impatientent les curieux sans les séduire. Dans une collection d'objets d'art, le voisinage du beau sert au beau, le mauvais lui nuit : un juge ennuyé est incapable de juger : l'ennui rend injuste et cruel.

Si les Rembrandt et les Claude Lorrain de l'Ermitage produisent quelque effet c'est qu'ils sont exposés dans des salles où ils n'ont point de voisins.

Cette galerie est belle, mais elle me paraît perdue dans une ville où trop peu de personnes en jouissent.

Une tristesse inexprimable règne dans le palais devenu musée depuis la mort de celle qui l'animait de sa présence et l'habitait avec esprit. Cette souveraine absolue entendait mieux que personne la vie intime et la conversation libre. Ne voulant pas se résigner à la solitude à laquelle la condamnait sa charge, elle a su causer familièrement tout en régnant arbitrairement : c'était cumuler des avantages qui s'excluent ; mais je crains que l'Impératrice ne se soit trouvée mieux que son peuple de cette espèce de tour de force.

Le plus beau portrait qui existe d'elle se voit dans une des salles de l'Ermitage. J'ai remarqué aussi un portrait de l'Impératrice Marie, femme de Paul Ier, par madame Le Brun. Il y a, de la même artiste, un génie écrivant sur un bouclier. Ce dernier ouvrage est un des meilleurs de l'auteur, dont le coloris qui brave le climat et le temps fait honneur à l'école française.

A l'entrée d'une salle j'ai trouvé sous un rideau vert ce que vous allez lire. C'est le règlement de la société intime de l'Ermitage à l'usage des personnes admises par la Czarine dans cet asile de la liberté.... Impériale.

Je me suis fait traduire littéralement cette charte intime octroyée par le caprice de la souveraine de ce lieu jadis enchanté; on l'a copiée pour moi devant moi.

RÈGLES D'APRÈS LESQUELLES ON DOIT SE CONDUIRE EN ENTRANT.

ART. 1ᵉʳ.

« On déposera en entrant ses titres et son rang, de même que
« son chapeau et son épée.

2.

« Les prétentions fondées sur les prérogatives de la naissance,
« l'orgueil ou autres sentiments de nature semblable, devront
« aussi rester à la porte.

3.

« Soyez gai; toutefois *ne cassez, ni ne gâtez rien.*

4.

« Asseyez-vous, restez debout, marchez, faites ce que bon
« vous semblera, sans faire attention à personne.

5.

« Parlez modérément et pas trop pour ne pas troubler les
« autres.

6.

« Discutez sans colère et sans vivacité.

7.

« Bannissez *les soupirs et les bâillements*, pour ne causer
« d'ennui et n'être à charge à personne.

8.

« Les jeux innocents proposés par une personne de la société
« doivent être acceptés par les autres.

9.

« Mangez doucement et avec *appétit*, buvez avec modération
« pour que chacun retrouve ses jambes en sortant.

10.

« Laissez les querelles à la porte ; *ce qui entre par une oreille
« doit sortir par l'autre* avant de passer le seuil de l'Ermitage.
« Si quelqu'un manquait au règlement ci-dessus, pour chaque
« faute, et sur le témoignage de deux personnes, il sera obligé de
« boire *un verre d'eau fraîche* (*sans en excepter les dames*) :
« indépendamment de cela, il lira à haute voix une page de la
« *Telemachide* (poëme de Frediakofsky) ; quiconque manquerait
« dans une soirée à trois articles du règlement sera tenu d'ap-
« prendre par cœur six lignes de la *Telemachide*. Celui qui
« manquerait au dixième article ne pourrait plus rentrer à l'Er-
« mitage. »

Avant d'avoir lu cette pièce, je croyais à l'Impératrice Catherine un esprit plus léger. Est-ce
une simple plaisanterie ? alors elle est mauvaise
puisqu'en fait de plaisanterie les plus courtes sont
les meilleures. Ce qui ne me cause pas moins de
surprise que le manque de goût que dénotent ces

statuts, c'est le soin qu'on a pris ici de les conserver comme une chose précieuse.

Mais ce dont j'ai le plus ri, en lisant ce code social, qui fait le pendant des instructions galantes de l'Empereur Pierre I|er et de l'Impératrice Élisabeth à leurs sujets, c'est l'emploi qu'on y fait du poëme de Frediakofsky. Malheur au poëte immortalisé par un souverain!!....

Je pars après-demain pour Moscou.

SOMMAIRE DE LA LETTRE VINGTIÈME.

Le ministre de la guerre comte Tchernicheff. — Je lui demande la permission de voir la forteresse de Schlusselbourg. — Sa réponse. — Site de ce château fort. — On ne m'accorde la permission que pour les écluses. — Formalités. — Entraves; politesse gênante à dessein. — Hallucinations. — Exil du poëte Kotzebue en Sibérie. — Analogie de nos situations. — Mon départ. — Le feldjæger; effet de sa présence sur ma voiture. — Quartier des manufactures. — Influence du feldjæger. — Arme à deux tranchants. — Bords de la Néva. — Villages. — Maisons des paysans russes. — Le relais. — *Venta* russe. — Description d'une ferme. — L'étalon. — Le hangar. — Intérieur de la cabane. — Le thé des paysans. — Leur costume. — Caractère de ce peuple. — Dissimulation nécessaire pour vivre en Russie. — Malpropreté des hommes du Nord. — Usage des bains. — Les femmes de la campagne. — Leur manière de s'habiller; leur taille. — Mauvais chemin. — Parties de route planchéiées. — Canal Ladoga. — La maison de l'ingénieur. — Sa femme. — Affectation des femmes du Nord. — Les écluses de Schlusselbourg. — La source de la Néva. — La forteresse de Schlusselbourg. — Site du château. — Promenade sur le lac. — Signe auquel on reconnaît à Schlusselbourg que Pétersbourg est inondé. — Détour que je prends pour obtenir la permission d'entrer dans la forteresse. — On nous y reçoit. — Le gouverneur. — Son appartement; sa femme; conversation traduite. — Mes instances pour voir la prison d'Ivan. — Description des bâtiments de la forteresse, cour intérieure. — Ornements d'église.

— Prix des chapes. — Tombeau d'Ivan. — Prisonniers d'État.
— Susceptibilité du gouverneur à propos de cette expression.
— L'ingénieur gourmandé par le gouverneur.— Je renonce à voir
la chambre du prisonnier d'Élisabeth.— Différence qu'il y a entre
une forteresse russe et les châteaux forts des autres pays. —
Mystère maladroit.— Cachots sous-marins de Kronstadt.— A quoi
sert le raisonnement. — Abîme d'iniquité. — 'Le juge seul
paraît coupable. — Dîner de cérémonie chez l'ingénieur. —
Sa famille. — La moyenne classe en Russie. — Esprit de la bourgeoisie : le même partout. — Conversation littéraire. — Franchise désagréable. — Causticité naturelle des Russes. — Leur
hostilité contre les étrangers. — Dialogue peu poli. — Allusions
à l'ordre de choses établi en France.— Querelle de mariniers
apaisée par la seule apparition de l'ingénieur. — Conversation ;
madame de Genlis ; Souvenirs de Félicie ; ma famille.— Influence
de la littérature française. — Dîner. — Livres modernes prohibés.
— Soupe froide ; ragoût russe : quartz, espèce de bière. — Mon
départ. — Visite au château de ***. — Une personne du grand
monde.— Différence de ton.— Prétentions bien fondées. — Avantage des ridicules. — Le grand et le petit monde. — Retour à
Pétersbourg à deux heures du matin. — Ce qu'on exige des
bêtes dans un pays où les hommes sont comptés pour rien.

LETTRE VINGTIÈME.

Pétersbourg, ce 2 août 1839.

Le jour de la fête de Péterhoff, j'avais demandé au ministre de la guerre comment je devais m'y prendre pour obtenir la permission de voir la forteresse de Schlusselbourg.

Ce grave personnage est le comte Tchernicheff : l'aide-de-camp brillant, l'élégant envoyé d'Alexandre à la cour de Napoléon est devenu un homme sérieux, important et l'un des ministres les plus occupés de l'Empire : il ne se passe pas de matinée qu'il ne travaille avec l'Empereur. Il me répondit : « Je ferai part de votre désir à Sa Majesté. » Ce ton de prudence, mêlé de quelque surprise, me fit trouver la réponse significative. Ma demande, quelque simple qu'elle m'eût paru, avait de l'importance aux yeux d'un ministre. Penser à visiter une forteresse devenue historique depuis la détention et la mort d'Ivan VI, arrivée *sous le règne de l'Impératrice Élisabeth* : c'était d'une hardiesse énorme !.... je reconnus que j'avais touché sans m'en douter une corde sensible, et je me tus.

A quelques jours de là, c'est-à-dire avant-hier,

au moment où je me préparais à partir pour Moscou, je reçus une lettre du ministre de la guerre qui m'annonçait la permission de voir les *écluses* de Schlusselbourg.

L'ancienne forteresse suédoise, dénommée la clef de la Baltique par Pierre I*er*, est située précisément à l'origine de la Néva dans une île du lac **Ladoga**, dont cette rivière est, à proprement parler, l'émissaire; espèce de canal naturel par lequel le lac envoie ses eaux jusqu'au golfe de Finlande. Mais ce canal, qui est la Néva, se grossit encore d'une abondante gerbe d'eau qu'on regarde exclusivement comme la source du fleuve, on la voit sourdre au fond des eaux qui la recouvrent précisément sous les murs de la forteresse de Schlusselbourg, entre la rivière et le lac, dont les flots s'écoulant par l'émissaire se confondent aussitôt avec celles de la source qu'elles entraînent dans leur cours; c'est une curiosité naturelle des plus remarquables qu'il y ait en Russie; et le site, quoique très-plat, comme tous ceux du pays, est l'un des plus intéressants des environs de Pétersbourg.

Moyennant les écluses, les bateaux évitent le danger, ils longent le lac sans passer sur la source de la Néva, et ils arrivent dans le fleuve, environ à une demi-lieue au-dessous du lac qu'ils ne sont plus obligés de traverser.

Voilà le beau travail qu'on me permettait d'examiner en détail : j'avais demandé une prison d'État, on me répond par des écluses.

Le ministre de la guerre terminait son billet en m'annonçant que l'aide-de-camp-général, directeur des voies de communications de l'Empire, avait reçu l'ordre de me donner les moyens de faire ce voyage avec facilité.

Quelle facilité !.... bon Dieu !.... à quels ennuis m'avait exposé ma curiosité ! et quelle leçon de discrétion ne me donnait-on pas par tant de cérémonies qualifiées de politesses ! Ne pas profiter de la permission quand les ordres étaient envoyés pour moi sur toute la route, c'eût été m'exposer au reproche d'ingratitude ; examiner les écluses avec la minutie russe ; sans même voir le château de Schlusselbourg, c'était donner volontairement dans le piége et perdre un jour ; perte grave en cette saison déjà bien avancée pour tout ce que j'ai le projet de voir encore en Russie, sans toutefois y passer l'hiver.

Je résume les faits : vous en tirerez les conséquences. On n'est pas arrivé ici jusqu'à parler librement des iniquités du règne d'Élisabeth ; tout ce qui fait réfléchir sur l'espèce de légitimité du pouvoir actuel passe pour une impiété ; il a donc fallu mettre ma demande sous les yeux de l'Empereur ; celui-ci ne veut ni l'accorder ni la refuser directement : il la modifie et me permet d'admirer une merveille d'industrie à laquelle je n'avais pas songé : de l'Empereur cette permission redescend au ministre, du ministre au directeur général, du directeur général à un ingénieur en chef, et enfin à un sous-officier chargé de m'accompagner, de me servir de guide et de répondre de ma *sûreté* pendant tout le temps du voyage, *faveur* qui rappelle un peu le janissaire dont on honore les étrangers en Turquie....... Cette marque de protection me paraissait trop semblable à une preuve de défiance pour me flatter autant qu'elle me gênait : ainsi, tout en rongeant mon frein et en broyant dans mes mains la lettre de recommandation du ministre, je disais : « Le prince *** que j'ai rencontré sur le bateau de Travemünde, avait bien raison quand il s'écriait que la Russie est le pays des formalités inutiles. »

Je suis allé chez l'aide-de-camp-général, directeur des voies de communication, etc., etc., etc., pour réclamer l'exécution de la parole suprême.

Le directeur ne recevait pas, ou il était sorti : on

me renvoie au lendemain; ne voulant pas perdre un jour de plus, j'insiste : on me dit de revenir le soir. Je reviens et je parviens enfin jusqu'à ce grave personnage ; il me reçoit avec la politesse à laquelle m'ont habitué ici les hommes en place, et après une visite d'un quart d'heure, je sors de chez lui, muni, notez ceci, des ordres nécessaires pour l'ingénieur de Schlusselbourg, mais non pour le gouverneur du château! En me reconduisant jusqu'à l'antichambre, il me promit qu'un sous-officier serait à ma porte le lendemain dès quatre heures du matin.

Je ne dormis pas; j'étais frappé d'une idée qui vous paraîtra folle : de l'idée que mon protecteur pourrait devenir mon bourreau. Si cet homme, au lieu de me conduire à Schlusselbourg à dix-huit lieues de Pétersbourg, exhibe au sortir de la ville l'ordre de me déporter en Sibérie pour m'y faire expier ma curiosité inconvenante, que ferai-je, que dirai-je ? il faudra commencer par obéir; et plus tard, en arrivant à Tobolsk, si j'y arrive, je réclamerai;.... la politesse ne me rassure pas, au contraire; car je n'ai point oublié les caresses d'Alexandre à l'un de ses ministres saisi par le feldjæger au sortir même du cabinet de l'Empereur qui avait donné l'ordre de le conduire en Sibérie, à partir du palais, sans le ramener un seul instant chez lui. Bien d'autres exemples d'exécutions de ce genre venaient justifier mes pressentiments et me troubler l'imagination.

La qualité d'étranger n'est pas non plus une garantie suffisante[1] : je me retraçais les circonstances de l'enlèvement de Kotzebue qui, au commencement de ce siècle, fut également saisi par un feldjæger et transporté d'un trait ainsi que moi (je me voyais déjà en chemin) de Pétersbourg à Tobolsk.

Il est vrai que l'exil du poëte allemand ne dura que six semaines; aussi dans ma jeunesse m'étais-je moqué de ses lamentations; mais cette nuit, je n'en riais plus. Soit que l'analogie possible de nos destinées m'eût fait changer de point de vue, soit que l'âge m'eût rendu plus équitable, je plaignais Kotzebue du fond du cœur. Un pareil supplice ne doit pas s'apprécier d'après sa durée : le voyage de dix-huit cents lieues en téléga sur des rondins et sous ce climat est déjà une torture que bien des corps ne pourraient supporter; mais sans s'arrêter à ce premier inconvénient, quel homme n'aurait

---

[1] *Voyez* dans l'Appendice, tome IV, l'histoire de l'emprisonnement d'un Français, de M. Pernet, à Moscou.

compassion d'un pauvre étranger enlevé à ses amis, à sa famille et qui, pendant six semaines, croit qu'il est destiné à finir ses jours dans des déserts sans noms, sans limites parmi des malfaiteurs et leurs gardiens, voire même parmi des administrateurs à grades plus ou moins élevés? Une telle perspective est pire que la mort et suffit pour la donner, ou au moins pour troubler la raison.

Mon ambassadeur me réclamera; oui, mais pendant six semaines j'aurai subi le commencement d'un exil éternel! Ajoutez que nonobstant toute réclamation, si l'on trouve un intérêt sérieux à se défaire de moi, on répandra le bruit qu'en me promenant en petite barque sur le lac Ladoga, j'ai chaviré. Cela se voit tous les jours. L'ambassadeur de France ira-t-il me repêcher au fond de cet abîme? On lui dira qu'on a fait de vaines recherches pour retrouver mon corps : la dignité de notre nation à couvert, il sera satisfait et moi perdu.

Quelle avait été l'offense de Kotzebue? Il s'était fait craindre, parce qu'il publiait ses opinions et qu'on pensait qu'elles n'étaient pas toutes également favorables à l'ordre de choses établi en Russie. Or, qui m'assure que je n'ai pas encouru précisément le même reproche ou, ce qui serait suffisant, le même soupçon? C'est ce que je me disais en arpentant ma chambre, faute de pouvoir trouver le sommeil dans mon lit. N'ai-je pas aussi la manie de penser et d'écrire? Si je donne ici le moindre ombrage, puis-je espérer qu'on aura plus d'égards pour moi qu'on n'en a eu pour tant d'autres plus puissants et plus en évidence? J'ai beau répéter à tout le monde que je ne publierai rien sur ce pays, on croit d'autant moins sans doute à mes paroles que j'affecte plus d'admiration pour ce qu'on me montre; on a beau se flatter, on ne peut penser que tout me plaise également. Les Russes se connaissent en mensonges prudents.... D'ailleurs je suis espionné; tout étranger l'est : on sait donc que j'écris des lettres, que je les garde; on sait aussi que je ne sors pas de la ville, ne fût-ce que pour un jour, sans emporter avec moi ces mystérieux papiers dans un grand portefeuille; on sera peut-être curieux de connaître ma pensée véritable. On me préparera un guet-apens dans quelque forêt; on m'attaquera, on me pillera pour m'enlever mes lettres, et l'on me tuera pour me faire taire.

Telles sont les craintes qui m'obsédèrent toute la nuit d'avant-hier, et quoique j'aie visité hier sans accident la forteresse de Schlusselbourg, elles ne sont pas tellement déraisonnables que je m'en sente tout à fait à l'abri pour le reste de mon voyage. J'ai beau me répéter que la police russe, prudente, éclairée, bien informée, ne se permet, en fait de coups d'État, que ceux qu'elle croit nécessaires; que c'est attacher bien de l'importance à mes remarques et à ma personne que de me figurer qu'elles puissent inquiéter les hommes qui gouvernent cet Empire : ces motifs de sécurité et bien d'autres encore que je me dispense de noter me paraissent plus spécieux que solides; l'expérience ne m'a que trop prouvé l'esprit de minutie qui règne chez les personnages trop puissants; tout importe à qui veut cacher qu'il domine par la peur; et quiconque tient à l'opinion ne peut dédaigner celle d'un homme indépendant qui écrit : un gouvernement qui vit de mystère et dont la force est dans la dissimulation, pour ne pas dire la feinte, s'effarouche de tout; tout lui paraît de conséquence; en un mot, l'amour-propre s'accorde avec la réflexion et avec mes souvenirs pour me persuader que je cours ici quelques dangers.

Si j'appuie sur ces inquiétudes, c'est parce qu'elles vous peignent le pays. Supposez que mes craintes soient des visions, ce sont au moins des visions qui ne pourraient me troubler l'esprit qu'à Pétersbourg et à Maroc : voilà ce que je veux constater. Toutefois mes appréhensions se dissipent dès qu'il faut agir ; les fantômes d'une nuit d'insomnie ne me suivent pas sur le grand chemin. Téméraire dans l'action, je ne suis pusillanime que dans la réflexion ; il m'est plus difficile de penser que d'agir énergiquement. Le mouvement me rend autant d'audace que l'immobilité m'inspirait de défiance.

Hier, à cinq heures du matin, je suis parti dans une calèche attelée de quatre chevaux de front ; dès qu'on fait une course à la campagne ou un voyage en poste, les cochers russes adoptent cet attelage antique, qu'ils mènent avec adresse et témérité.

Mon feldjæger s'est placé devant moi sur le siége, à côté du cocher, et nous avons traversé Pétersbourg très-rapidement, laissant derrière nous le quartier élégant ; puis, le quartier des manufactures, où se trouvent entre autres celle des glaces, qui est magnifique, puis d'immenses filatures de coton, ainsi que bien d'autres usines, pour la plupart dirigées par des Anglais. Cette partie de la ville ressemble à une colonie : c'est la cité des fabricants.

Comme un homme n'est apprécié ici que d'après

ses rapports avec le gouvernement, la présence du feldjæger sur ma voiture produisait beaucoup d'effet. Cette marque de protection suprême faisait de moi un personnage et mon propre cocher, qui me mène depuis que je suis à Pétersbourg, paraissait s'enorgueillir soudain de la dignité trop longtemps ignorée de son maître : il me regardait avec un respect qu'il ne m'avait jamais témoigné ; on eût dit qu'il voulait me dédommager de tous les honneurs dont jusqu'alors il m'avait privé mentalement par ignorance. Les paysans à pied, les cochers de drowska, et les charretiers, tout le monde subissait la magique influence de mon sous-officier : celui-ci n'avait pas besoin de montrer son cantchou ; d'un signe du doigt il écartait les embarras comme par magie ; et la foule, ordinairement assez peu pliable, était devenue pareille à un banc d'anguilles au fond d'un vivier où elles se tordent en tout sens, s'écartent rapidement, s'anéantissent, pour ainsi dire, afin d'éviter la fouine qu'elles ont aperçue de loin dans la main du pêcheur ; ainsi faisaient les hommes à l'approche de mon sous-officier.

Je remarquais avec épouvante l'efficacité merveilleuse de ce pouvoir chargé de me protéger, et je pensais qu'il se ferait obéir avec la même ponctualité s'il recevait l'ordre de m'écraser. La difficulté qu'on éprouve pour s'introduire dans ce pays m'ennuie, mais elle m'effraie peu; ce dont je suis frappé, c'est de celle qu'on aurait à s'enfuir. Les gens du peuple disent : « Pour entrer en Russie les portes sont larges; pour en sortir elles sont étroites. » Quelque grand que soit cet Empire, j'y suis à la gêne; la prison a beau être vaste, le prisonnier s'y trouve toujours à l'étroit. C'est une illusion de l'imagination, j'en conviens, mais il fallait venir ici pour y être sujet.

Sous la garde de mon soldat, j'ai suivi rapidement les bords de la Néva; on sort de Pétersbourg par une espèce de rue de village un peu moins monotone que les routes que j'ai parcourues jusqu'ici en Russie. Quelques échappées de vue sur la rivière à travers des allées de bouleaux, une suite de fabriques, des usines en assez grand nombre et qui paraissent en grande activité; des hameaux de bois varient un peu le paysage. N'allez pas vous figurer une nature vraiment pittoresque dans l'acception ordinaire de ce terme; cette partie du pays est moins désolée que ce qu'on a vu de l'autre côté; voilà tout. D'ailleurs, j'ai de la prédilection pour les sites tristes; il y a toujours quelque gran-

deur dans une nature dont la contemplation porte
à la rêverie. J'aime encore mieux, comme paysage
poétique, les bords de la Néva, que le revers de
Montmartre du côté de la plaine de Saint-Denis, ou
que les riches champs de blé de la Beauce et de la
Brie.

L'apparence de certains villages m'a surpris : il
y a là une richesse réelle et même une sorte d'élégance rustique qui plaît ; les maisons sont alignées
le long d'une rue unique; ces habitations, toujours
en bois, paraissent assez soignées. Elles sont peintes
sur la rue, et les extrémités de leurs toits sont
chargées d'ornements qu'on peut dire prétentieux ;
car en comparant ce luxe extérieur avec la rareté
des choses commodes et le manque de propreté
dont on est frappé dans l'intérieur de ces joujoux,
on regrette de voir régner déjà le goût du superflu
chez un peuple qui ne connaît pas encore le nécessaire. En y regardant de près on voit que ces baraques sont réellement fort mal bâties. Ce sont des
poutres et des solives à peine équarries, échancrées
aux deux bouts, et enchevêtrées l'une dans l'autre
pour former les coins de la cabane; ces madriers,
grossièrement entassés les uns sur les autres, laissent
entre eux des interstices soigneusement calfeutrés

de mousse goudronnée, dont l'odeur sauvage se répand dans toute l'habitation et même au dehors.

Les ornements ajustés aux toits des chaumières consistent en une espèce de dentelle de bois ; ces ciselures peintes ressemblent aux découpures des papiers de confiseurs. Ce sont des planches appliquées sur le pignon de la maison, toujours tourné vers la rue ; elles descendent de la pointe jusqu'au bout du toit. Les dépendances rurales se trouvent dans une cour planchéiée. Ne voilà-t-il pas des mots qui sonnent bien à votre oreille ? mais aux yeux c'est triste et fangeux. Néanmoins, ces cabanes, ainsi galonnées sur la rue, m'amusent à voir du dehors, mais je ne puis les croire destinées à servir d'habitations aux paysans que je vois dans les champs. Avec leurs planches extrêmement ouvragées, percées à jour et bariolées de mille couleurs, elles ressemblent à des cages entourées de guirlandes de fleurs, et leurs habitants me paraissent des marchands forains dont les baraques vont être enlevées après la fête.

Toujours le même goût pour ce qui saute aux yeux !!.... Le paysan est ici traité comme le seigneur se traite lui-même ; les uns et les autres trouvent plus naturel et plus agréable d'orner la route que d'embellir l'intérieur de la maison ; on se nourrit ici de l'admiration peut-être de l'envie qu'on inspire. Mais le plaisir, le vrai plaisir où est-il? les Russes eux-mêmes seraient bien embarrassés de répondre à cette question.

L'opulence en Russie est une vanité colossale ; moi qui n'aime de la magnificence que ce qui ne paraît pas, je blâme dans ma pensée tout ce qu'on espère me faire admirer ici. Une nation de décorateurs et de tapissiers ne réussira jamais qu'à m'inspirer la crainte d'être sa dupe ; en mettant le pied sur ce théâtre où les fausses trappes dominent, je n'ai qu'un désir : le désir d'aller regarder derrière la coulisse et j'éprouve la tentation de lever un coin de la toile de fond. Je viens voir un pays, je trouve une salle de spectacle.

J'avais envoyé un relais à dix lieues de Pétersbourg : quatre chevaux frais et tout garnis m'attendaient dans un village. J'ai trouvé là une espèce de *venta* russe, et j'y suis entré. En voyage, j'aime à ne rien perdre de mes premières impressions ; c'est pour les sentir que je parcours le monde, et pour les renouveler que je décris mes courses. Je suis donc descendu de voiture afin de voir une ferme russe. C'est la première fois que j'aperçois les paysans chez eux. Péterhoff n'était pas la Russie naturelle : la foule entassée là pour une fête changeait l'aspect ordinaire du pays, et transportait à la campagne les habitudes de la ville. C'est donc ici mon début dans les champs.

Un vaste hangar tout en bois; murs en planches de trois côtés, planches sous les pieds, planches sur la tête; voilà ce que je remarque d'abord; j'entre sous cette halle énorme qui occupe la plus grande partie de l'habitation rustique, et, malgré les courants d'air, je suis saisi par l'odeur d'oignons, de choux aigres et de vieux cuir gras qu'exhalent les villageois et les villages russes.

Un magnifique étalon attaché à un poteau absorbait l'attention de plusieurs hommes occupés à le ferrer, non sans peine. Ces hommes étaient munis de cordes pour garrotter le fougueux animal, de morceaux de laine pour lui couvrir les yeux, de caveçon et de torche-nez pour le mater. Cette superbe bête appartient, m'a-t-on dit, au haras du seigneur voisin; dans la même enceinte, au fond du hangar, un paysan monté sur une voiture fort petite, comme toutes les charrettes russes, entasse dans un grenier du foin non botté, et qu'il enlève par fourchetées afin de l'élever au-dessus de sa tête; un autre homme s'en empare et va le serrer sous le toit. Huit personnes environ restent occupées autour du cheval : tous ces hommes ont une taille, un costume et une physionomie remarquables. Cependant la population des provinces attenantes à la capitale n'est pas belle, elle n'est même pas russe, étant fort mêlée d'hommes de race finoise et qui ressemblent aux Lapons.

On dit que dans l'intérieur de l'Empire je retrouverai les types des statues grecques dont j'ai déjà remarqué quelques modèles à Saint-Pétersbourg, où les seigneurs élégants se font servir par des hommes nés dans leurs domaines lointains. Une salle basse et peu spacieuse est attenante à ce prodigieux hangar : j'y pénètre et me crois dans la chambre principale de quelque bateau plat naviguant sur une rivière : je me crois aussi dans un tonneau; tout est en bois; les murs, le plafond, le plancher, les siéges, la table, ne sont qu'un assemblage de madriers et de douves de diverses longueurs et grossièrement travaillés. L'odeur du chou aigre et de la poix domine toujours.

Dans ce réduit presque privé d'air et de lumière, car les portes en sont basses et les fenêtres petites comme des lucarnes, j'aperçois une vieille femme occupée à servir du thé à quatre ou cinq paysans barbus, couverts de pelisses de mouton dont la laine est tournée en dedans (il fait assez froid déjà depuis quelques jours, le 1ᵉʳ août); ces hommes, de petite taille pour la plupart, sont assis à une table; leur pelisse de cuir drape l'homme de plusieurs manières, elle a du style, mais elle a encore plus de mauvaise odeur; je ne connais que les parfums des seigneurs qui soient pires. Sur la table brille une bouilloire en cuivre jaune et une théière. Le thé est toujours de bonne qualité, fait avec soin, et si l'on ne veut pas le boire pur on trouve partout du bon lait. Cet élégant breuvage, servi dans des bouges meublés comme des granges, je dis granges pour m'exprimer poliment, me rappelle le chocolat des Espagnols. C'est un des mille contrastes dont le voyageur est frappé à chaque pas qu'il fait chez ces deux peuples également singuliers dans des genres aussi différents que les climats qu'ils habitent.

J'ai souvent lieu de vous le répéter, le peuple russe a le sentiment de ce qui prête à la peinture : parmi les groupes d'hommes et d'animaux qui m'environnaient dans cet intérieur de ferme russe un peintre aurait trouvé le sujet de plusieurs charmants tableaux.

La chemise rouge ou bleue des paysans, boutonnée sur la clavicule et serrée autour des reins avec une ceinture, par-dessus laquelle le haut de cette espèce de sayon retombe en plis antiques, tandis que le bas flotte comme une tunique, et recouvre le pantalon où on ne l'enferme pas :[1] la longue robe à la persanne souvent ouverte, et qui lorsque l'homme ne travaille pas recouvre en partie cette blouse, les cheveux longs des côtés séparés sur le front, mais coupés ras par derrière un peu plus haut que la nuque, ce qui laisse à découvert la force du col : tout cet ensemble ne compose-t-il pas un costume original et gracieux ?... L'air doux et sauvage à la fois des paysans russes n'est pas dénué de grâce : leur taille élégante, leur force qui ne nuit pas à la légèreté, leur souplesse, leurs larges épaules, le sourire doux de leur bouche, le mélange de tendresse et de férocité qui se retrouve dans leur regard sauvage et triste, rend leur aspect aussi différent de celui de nos laboureurs que les lieux qu'ils habitent et le pays qu'ils cultivent sont différents du reste de l'Europe. Tout est nouveau ici pour un étranger. Les personnes y

[1] Voir lettre dix-huitième la description du costume de Fedor par le prince *** dans l'histoire de Thelenef.

ont un certain charme qu'on sent et qui ne s'exprime pas : c'est la langueur orientale jointe à la rêverie romantique des peuples du Nord; et tout cela sous une forme inculte, mais noble, qui lui donne le mérite des dons primitifs. Ce peuple inspire beaucoup d'intérêt sans confiance : c'est encore une nuance de sentiment que j'ai appris à connaître ici. Les hommes du peuple en Russie sont des fourbes amusants. On pourrait les mener loin si on ne les trompait pas, mais les paysans, lorsqu'ils voient que leurs maîtres ou les agents de leurs maîtres mentent plus qu'eux, s'abrutissent dans la ruse et la bassesse. Il faut valoir quelque chose pour savoir civiliser un peuple : la barbarie du serf accuse la corruption du seigneur.

Si vous êtes étonné de la malveillance de mes jugements, je vous étonnerai davantage en ajoutant que je ne fais qu'exprimer l'opinion générale, seulement je dis ingénument ce que tout le monde dissimule ici avec une prudence que vous cesseriez de mépriser si vous voyiez comme moi à quel point cette vertu, qui en exclut tant d'autres, est nécessaire à qui veut vivre en Russie.

La malpropreté est grande en ce pays; mais celle des maisons et des habits me frappe plus que celle des individus : les Russes prennent assez de soin de leurs personnes ; à la vérité leurs bains de vapeur nous paraissent dégoûtants ; ce sont des émanations d'eau chaude : j'aimerais mieux l'eau pure à grands flots ; cependant ce brouillard bouillant lave le corps et le fortifie, tout en ridant la peau prématurément. Néanmoins, grâce à l'usage de ces bains, on voit souvent des paysans qui ont la barbe et les cheveux nets tandis qu'on n'en peut dire autant de leurs habits. Des vêtements chauds coûtent cher : on est forcé de les porter longtemps ; et ils paraissent sales bien avant d'être usés ; des chambres où l'on ne pense qu'à se garantir du froid sont nécessairement moins aérées que ne le sont les logements des hommes du Midi. En général la saleté du Nord, toujours renfermée, est plus repoussante et plus profonde que celle des peuples qui vivent au soleil : l'air qui purifie manque aux Russes pendant neuf mois de l'année ; la saleté de leurs maisons et celle de leurs personnes est donc plutôt l'inévitable résultat du climat sous lequel ils vivent que l'effet de leur complexion et de leur négligence.

Dans certaines contrées les hommes qui travaillent portent sur la tête une casquette de drap bleu foncé en forme de ballon. Cette coiffure ressemble à celle des bonzes : ils ont plusieurs autres manières de se couvrir la tête; toutes ces toques et tous ces bonnets de formes diverses sont assez agréables à l'œil. Que de goût, en comparaison de la négligence prétentieuse des gens du peuple, aux environs de Paris!

Lorsqu'ils travaillent nu-tête, ils seraient gênés par leurs longs cheveux; pour remédier à cet inconvénient ils s'avisent de se couronner d'un diadème[1] : ils se nouent un ruban, une ficelle, un roseau, un jonc, une lanière de cuir autour de la tête; ce diadème grossier, mais toujours attaché avec soin, leur coupe le front et lisse leurs cheveux; il sied aux jeunes gens, et comme les hommes de cette race ont en général la tête ovale et d'une jolie forme, ils se sont fait une parure d'une coiffure de travail.

Mais que vous dirai-je des femmes? Jusqu'ici celles que j'ai aperçues m'ont paru repoussantes. J'espérais dans cette excursion rencontrer quelques belles villageoises. Mais c'est ici comme à Pétersbourg, elles ont de grosses tailles courtes et elles se mettent la ceinture aux épaules un peu au-dessus de la gorge, qui continue de s'étendre librement sous la jupe; c'est hideux! Ajoutez à cette dif-

[1] *Voyez* l'histoire de Thelenef dans la lettre dix-huitième.

formité volontaire de grosses bottes d'hommes, en cuir puant et gras, et une espèce de houppelande de peau de mouton, pareille à celle des pelisses de leurs maris, et vous vous ferez l'idée d'une créature souverainement désagréable; malheureusement cette idée sera exacte. Pour comble de laideur la fourrure des femmes est coupée d'une manière moins gracieuse que la petite redingote des hommes, et, ceci tient sans doute à une louable économie, elle est aussi d'ordinaire plus mangée des vers; elle tombe en lambeaux, à la lettre!!... Telle est leur parure. Nulle part assurément le beau sexe ne se dispense de coquetterie plus que chez les paysannes russes (je parle du coin de pays que j'ai vu); néanmoins ces femmes sont les mères des soldats dont l'Empereur est fier, et des beaux cochers qu'on aperçoit dans les rues de Pétersbourg, portant si bien l'armiak et le cafetan : costume imité de l'habit persan.

A la vérité, la plupart des femmes qu'on rencontre dans le gouvernement de Pétersbourg sont de race finoise. On m'assure que dans l'intérieur du pays que je vais visiter il y a de fort belles paysannes.

La route de Pétersbourg à Schlusselbourg est mauvaise dans quelques passages : ce sont tantôt des sables profonds, tantôt des boues mouvantes sur lesquelles on a jeté des planches insuffisantes pour les piétons, et nuisibles aux voitures; ces morceaux de bois mal assujétis font la bascule et vous éclaboussent jusqu'au fond de votre calèche; c'est là le moindre des inconvénients du chemin; il y a quelque chose de pis que les planches, je veux parler des rondins non fendus et posés tout bruts en travers, sur certaines portions de terrains spongieux qu'il faut franchir de distance en distance, et dont le sol sans solidité engloutirait tout autre encaissement qu'une route de bûches. Malheureusement ce rustique et mobile parquet posé sur la bourbe est construit en bouts de bois mal joints, inégaux; tout l'édifice branlant danse à la fois sous les roues dans un terrain sans fond, toujours détrempé, et qui à la moindre pression devient élastique. Au train dont on voyage en Russie on a bientôt brisé sa voiture sur de pareilles *grandes* routes : les hommes s'y cassent les os et de verste en verste les boulons des calèches sautent de tous côtés; le fer des roues se coupe, les ressorts éclatent; ceci doit réduire les équipages à leur plus simple expression, à quelque chose d'aussi primitif que la téléga.

Excepté la fameuse chaussée de Pétersbourg à

Moscou, la route de Schlusselbourg est encore un des chemins où il y a le moins de ces redoutables rondins. J'y ai compté beaucoup de ponts en mauvaises planches, et l'un de ces ponts m'a semblé périlleux. La vie humaine est peu de chose en Russie. Avec soixante millions d'enfants, peut-on avoir des entrailles de père ?

A mon arrivée à Schlusselbourg où j'étais attendu, je fus reçu par l'ingénieur chargé de diriger les travaux des écluses.

Le canal Ladoga, tel qu'il est aujourd'hui, longe la partie du lac qui se trouve entre la ville du même nom et Schlusselbourg : c'est un magnifique ouvrage ; il sert à préserver les bateaux des dangers auxquels les tempêtes du lac les exposaient jadis ; maintenant les barques tournent cette mer orageuse, et les ouragans ne peuvent plus interrompre une navigation qui passait autrefois, même parmi les plus hardis mariniers, pour très-périlleuse [1].

---

[1] « Pierre Ier, en joignant par un canal la Msta à la Twer, avait établi une communication entre la mer Caspienne et le lac Ladoga, c'est-à-dire entre les rivages de la Perse et ceux de la mer Baltique ; mais le lac, souvent orageux, est hérissé d'écueils, sur lesquels la Russie perdait chaque année un grand nombre de bâtiments. L'Empereur Pierre Ier conçut le projet

Il faisait un temps gris, froid, venteux; à peine descendu de voiture devant la maison de l'ingénieur, bonne habitation toute de bois, je fus introduit par lui-même dans un salon convenable, où il m'offrit une légère collation en me présentant avec une sorte d'orgueil conjugal à une jeune et belle personne; c'était sa femme. Elle m'attendait là toute seule, assise sur un canapé d'où elle ne se leva pas à mon arrivée; elle ne disait mot, parce qu'elle ne savait pas le français, et n'osait se mou-

d'épargner au commerce ce passage funeste en réunissant, par un nouveau canal, le Volkof à la Néva. Il commença les travaux; mais il fut mal secondé. Les ingénieurs qui obtinrent sa confiance se trompèrent et le trompèrent lui-même; les nivellements furent mal pris, et cet ouvrage utile ne fut terminé que sous le règne de Pierre II. »

(*Histoire de Russie et des principales nations de l'Empire russe*, par Pierre Charles l'Évêque, 4ᵉ édition, publiée par Malte-Brun, Depping.)

Si j'insère ici cet extrait, c'est par un sentiment d'équité. Je juge Pierre Iᵉʳ d'une manière différente de la plupart des écrivains, et j'ai trouvé juste de citer, à propos des travaux qui font honneur aux règnes suivants, un trait propre à mettre en relief la sagacité d'esprit du fondateur de l'Empire russe moderne. Il s'est trompé en général dans la direction de sa politique intérieure, mais il apportait un jugement sûr, un tact fin dans les détails de l'administration.

voir, je ne sais pourquoi ; elle prenait peut-être
l'immobilité pour de la politesse, parce qu'elle con-
fondait les airs guindés avec le bon goût ; sa manière de me faire les honneurs de chez elle con-
sistait à ne se permettre aucun mouvement ; elle
semblait s'appliquer à représenter devant moi la
statue de l'hospitalité vêtue de mousseline blanche
doublée de rose. Dans cette parure plus recherchée qu'élégante, elle me faisait l'effet d'une belle
apparition ; ou plutôt, en considérant avec attention sa jupe brochée, ouverte par devant et doublée de soie, et tous les pompons dont elle s'était
affublée pour éblouir l'étranger ; en voyant, dis-
je, cette figure de cire, rose, impassible, étalée
sur un grand sofa duquel on eût dit qu'elle ne pouvait se détacher, je la prenais pour une madone
grecque sur l'autel ; il ne lui manquait que des lèvres
moins roses, des joues moins fraîches, qu'une châsse
et des applications d'or et d'argent pour rendre
l'illusion complète. Je mangeais et me réchauf-
fais en silence ; elle me regardait sans presque
oser détourner les yeux de dessus moi ; c'eût été
les mouvoir, et le parti de l'immobilité était si bien
pris que ses regards mêmes étaient fixes. Si j'avais
pu soupçonner qu'il y eût au fond de ce singulier

accueil de la timidité, j'aurais éprouvé de la sympathie ; je ne sentis que de l'étonnement : le sentiment en pareil cas ne me trompe guère, car je me connais en timidité.

Mon hôte me laissa contempler à loisir cette curieuse pagode, qui me prouva ce que je savais, c'est que les femmes du Nord sont rarement naturelles, et que leur affectation est quelquefois si grande qu'elle n'a pas besoin de paroles pour se trahir ; ce brave ingénieur me parut flatté de l'effet que son *épouse* produisait sur un étranger ; il prenait mon ébahissement pour de l'admiration ; cependant, voulant remplir sa charge en conscience, il finit par me dire : « Je regrette de vous presser de sortir, mais nous n'avons pas trop de temps pour visiter les travaux que j'ai reçu l'ordre de vous montrer en détail. »

J'avais prévu le coup sans pouvoir le parer, je le reçus avec résignation et me laissai conduire d'écluses en écluses, toujours pensant avec un inutile regret à cette forteresse, tombeau du jeune Ivan dont on ne voulait pas me laisser approcher. J'avais sans cesse présent à la pensée ce but non avoué de ma course : vous verrez bientôt comment il fut atteint.

LETTRE VINGTIÈME.

Le nombre de quartiers de granit que j'ai vus pendant cette matinée, de vannes enchâssées dans des rainures pratiquées au milieu des blocs de cette même pierre, de dalles de la même matière employées à paver le fond d'un canal gigantesque, ne vous importe guère, et j'en suis fort aise, car je ne pourrais vous le dire : sachez seulement que depuis dix ans que les premières écluses sont terminées, elles n'ont exigé aucune réparation. Étonnant exemple de solidité dans un climat comme celui du lac Ladoga, où le granit, les pierres, les marbres les plus solides ne durent que quelques années.

Ce magnifique ouvrage est destiné à égaliser la différence de niveau qu'il y a entre le canal Ladoga et le cours de la Néva près de sa source, à l'extrémité occidentale de l'émissaire qui débouche dans la rivière par plusieurs déversoirs. On a multiplié les écluses avec un luxe admirable afin de rendre aussi facile et aussi prompte que possible une navigation que la rigueur des saisons laisse à peine libre pendant trois ou quatre mois de l'année.

Rien n'a été épargné pour la solidité ni pour la précision du travail; on se sert autant que possible du granit de Finlande pour les ponts, pour les parapets, même, je le répète avec admiration, pour le fond du lit du canal; les ouvrages en bois sont soignés de manière à répondre à ce luxe de matériaux : bref, on a profité de toutes les inventions, de tous les perfectionnements de la science moderne; et l'on a complété à Schlusselbourg un travail aussi parfait dans son genre que le permettent les rigueurs de la nature sous ces climats ingrats.

La navigation intérieure de la Russie mérite d'occuper toute l'attention des hommes du métier; c'est une des principales sources de la richesse du pays; moyennant un système de canalisation colossale, comme tout ce qui s'exécute dans cet Empire, on est parvenu, depuis Pierre-le-Grand, à joindre sans danger pour les bateaux, la mer Caspienne à la mer Baltique par le Volga, le lac Ladoga et la Néva. L'Europe et l'Asie sont ainsi traversées par des eaux qui joignent le Nord au Midi. Cette pensée, hardie à concevoir, prodigieuse à réaliser, a fini par produire une des merveilles du monde civilisé : c'est beau et bon à savoir, mais j'ai trouvé que c'était ennuyeux à voir, surtout sous la conduite d'un des exécuteurs du chef-d'œuvre; l'homme du métier accorde à son ouvrage l'estime qu'il mérite

LETTRE VINGTIÈME.

sans doute, mais pour un simple curieux tel que moi l'admiration reste étouffée sous des détails minutieux et dont je vous fais grâce. Nouvelle preuve de ce que je vous ai dit ailleurs, abandonné à soi-même, un voyageur en Russie ne voit rien : protégé, c'est-à-dire escorté, gardé à vue, il voit trop, ce qui revient au même.

Quand je crus avoir strictement accordé ce qui était dû de mon temps et de mes éloges aux merveilles que j'étais contraint de passer en revue pour répondre à la grâce qu'on croyait me faire, je revins au premier motif de mon voyage, et déguisant mon but pour le mieux atteindre, je demandai à voir la source de la Néva. Ce désir, dont l'insidieuse innocence ne put dissimuler l'indiscrétion, fut d'abord éludé par mon ingénieur qui me répondit : « Elle surgit sous l'eau à la sortie du lac Ladoga, au fond du canal qui sépare ce lac de l'île où s'élève la forteresse. »

Je le savais.

« C'est une des curiosités naturelles de la Russie, repris-je. N'y aurait-il pas moyen d'aller visiter cette source ?

— Le vent est trop fort ; nous ne pourrons apercevoir les bouillonnements de l'eau, il faudrait un temps calme pour que l'œil pût distinguer une gerbe d'eau qui s'élance au fond des vagues; cependant je vais faire ce que je pourrai afin de satisfaire votre curiosité. »

A ces mots, l'ingénieur fit avancer un fort joli bateau conduit par six rameurs élégamment habillés, et nous partîmes soi-disant, pour aller voir la source de la Néva, mais réellement pour nous approcher des murs du château fort, ou plutôt de la prison enchantée dont on me refusait l'accès avec la plus habile politesse : mais les difficultés ne faisaient qu'exciter mon envie; j'aurais eu parole d'y pouvoir délivrer quelque malheureux prisonnier que mon impatience n'eût guère été plus vive.

La forteresse de Schlusselbourg est bâtie sur une île plate, espèce d'écueil peu élevé au-dessus du niveau des eaux. Ce roc divise le fleuve en deux; il sépare également le fleuve du lac proprement dit, car il sert d'indication pour reconnaître la ligne où les eaux se confondent. Nous tournâmes autour de la forteresse afin, disions-nous, d'approcher le plus près possible de la source de la Néva. Notre embarcation nous porta bientôt tout juste au-dessus de ce tourbillon. Les rameurs étaient si habiles à couper les lames que malgré le mauvais temps et la petitesse de notre barque, nous sentions à peine le balancement de la vague qui pourtant s'agite en cet endroit comme au milieu de la mer. Ne pouvant distinguer la source dont le tourbillon était caché par le mouvement des vagues qui nous emportaient, nous fîmes d'abord une promenade sur le grand lac, puis au retour, le vent un peu calmé nous permit d'apercevoir à une assez grande profondeur quelques flots d'écume : c'était la source même de la Néva au-dessus de laquelle nous voguions.

Lorsque le vent d'ouest fait refluer le lac, le canal qui tient lieu d'émissaire à cette mer intérieure reste presque à sec, et alors cette belle source paraît à découvert. Dans ces moments, heureusement fort rares, les habitants de Schlusselbourg savent que Pétersbourg est sous l'eau, et ils attendent d'heure en heure le récit de la nouvelle catastrophe. Ce récit n'a jamais manqué de leur arriver le lendemain, parce que le même vent d'ouest qui repousse les eaux du lac Ladoga, et met à sec la Néva près de sa source, fait refluer, lorsqu'il est violent, les eaux du golfe de Finlande dans l'embouchure de la Néva. Aussitôt le cours de cette rivière s'arrête : et l'eau trouvant le passage barré par la mer, rebrousse chemin en débordant sur Pétersbourg et sur les environs.

Quand j'eus bien admiré le site de Schlusselbourg, bien vanté cette curiosité naturelle, bien contemplé avec la lunette d'approche la position de la batterie placée par Pierre-le-Grand pour bombarder le château fort des Suédois, enfin bien vanté tout ce qui ne m'intéressait guère; « allons voir l'intérieur de la forteresse, dis-je de l'air du monde le plus dégagé : elle est dans un site qui me paraît bien pittoresque », ajoutai-je un peu moins adroitement, car c'est surtout en fait de finesse qu'il ne faut rien de trop. Le Russe jeta sur moi un regard scrutateur dont je sentis toute la portée; ce mathématicien devenu diplomate reprit :

« Cette forteresse n'a rien de curieux pour un étranger, monsieur.

— N'importe, tout est curieux dans un pays aussi intéressant que le vôtre.

— Mais, si le commandant ne nous attend pas, on ne nous laissera pas entrer.

— Vous lui ferez demander la permission d'introduire un voyageur dans la forteresse; d'ailleurs je crois qu'il nous attend. »

En effet, on nous admit sur le premier message

de l'ingénieur, ce qui me fit supposer que ma visite avait été sinon annoncée comme certaine, au moins indiquée comme probable.

Reçus avec le cérémonial militaire, nous fûmes conduits sous une voûte à travers une porte assez mal défendue, et, après avoir traversé une cour où l'herbe croît, on nous introduisit dans.... la prison?.... Point du tout, dans l'appartement du commandant. Il ne sait pas un mot de français, mais il m'accueillit avec honnêteté, affectant de prendre ma visite pour une politesse dont lui seul était l'objet; il me faisait traduire par l'ingénieur les remercîments qu'il ne pouvait m'exprimer lui-même. Ces compliments astucieux me paraissaient plus curieux que satisfaisants. Il fallut faire salon et avoir l'air de causer avec la femme du commandant, qui lui non plus ne parlait guère le français, il fallut prendre du chocolat, enfin s'occuper à tout autre chose qu'à visiter la prison d'Ivan, ce prix fabuleux de toutes les peines, de toutes les ruses, de toutes les politesses et de tous les ennuis du jour. Jamais l'accès d'un palais de fées ne fut désiré plus vivement que je souhaitais l'entrée de ce cachot.

Enfin, quand le temps d'une visite raisonnable

me parut écoulé, je demandai à mon guide s'il était possible de voir l'intérieur de la forteresse. Quelques mots, quelques coups d'œil furent rapidement échangés entre le commandant et l'ingénieur, et nous sortîmes de la chambre.

Je croyais toucher au terme de mes efforts ; la forteresse de Schlusselbourg n'a rien de pittoresque ; c'est une enceinte de murailles suédoises peu élevées et dont l'intérieur ressemble à une espèce de verger où l'on aurait dispersé divers bâtiments tous très-bas ; savoir : une église, une habitation pour le commandant, une caserne, enfin des cachots invisibles et masqués par des jours dont la hauteur n'excède pas celle du rempart. Rien n'annonce la violence, le mystère est ici dans le fond des choses, il n'est pas dans leur apparence. L'aspect presque serein de cette prison d'État me semble plus effrayant pour la pensée que pour la vue. Les grilles, les ponts-levis, les créneaux, enfin l'appareil un peu théâtral qui décorait les redoutables châteaux du moyen âge ne se retrouvent point ici. En sortant du salon du gouverneur on a commencé par me montrer de *superbes ornements d'église !* les quatre chapes qui furent solennellement déployées devant moi ont coûté trente mille roubles, à ce que le commandant a pris la peine de me dire lui-même. Las de tant de simagrées, j'ai parlé tout simplement du tombeau d'Ivan VI; à cela on a répondu en me montrant une brèche faite aux murailles par le canon du Czar Pierre, lorsqu'il assiégeait en personne la forteresse suédoise, la clef de la Baltique.

« Le tombeau d'Ivan, ai-je repris, sans me déconcerter, où est-il ? » Cette fois on m'a mené derrière l'église, près d'un rosier du Bengale : « il est ici », m'a-t-on dit.

Je conclus que les victimes n'ont pas de tombeau en Russie.

« Et la chambre d'Ivan », poursuivis-je avec des instances qui devaient paraître aussi singulières à mes hôtes que l'étaient pour moi leurs scrupules, leurs réticences et leurs tergiversations.

L'ingénieur me répondit à demi-voix qu'on ne pouvait pas montrer la chambre d'Ivan, parce qu'elle était dans une des parties de la forteresse actuellement occupée par des prisonniers d'État.

L'excuse me parut légitime, je m'y attendais; mais ce qui me surprit, ce fut la colère du commandant de la place; soit qu'il entendît le français mieux qu'il ne le parlait, soit qu'il eût voulu me tromper en faisant semblant d'ignorer notre langue, soit enfin qu'il eût deviné le sens de l'explication qu'on venait de me donner, il réprimanda sévèrement mon guide à qui son indiscrétion, ajouta-t-il, pourrait quelque jour devenir funeste. C'est ce que celui-ci, piqué de la semonce, trouva le moyen de me dire en choisissant un instant favorable, et en ajoutant que le gouverneur l'avait averti d'une manière très-significative, de s'abstenir désormais de parler *d'affaires publiques*, ni d'introduire des étrangers dans une prison d'État. Cet ingénieur a toutes les dispositions nécessaires pour devenir bon Russe, mais il est jeune et ne sait pas encore le fond de son métier...... Ce n'est pas de celui d'ingénieur que je veux parler.

Je sentis qu'il fallait céder; j'étais le plus faible, je me reconnus vaincu et je renonçai à visiter la chambre où le malheureux héritier du trône de Russie était mort imbécile, parce qu'on avait trouvé plus commode de le faire crétin qu'Empereur. Je ne pouvais assez m'étonner de la manière dont le gouvernement russe est servi par ses agents. Je me souvenais de la mine du ministre de la guerre, la première fois que j'osai témoigner le désir de visiter un château devenu historique par un crime commis du temps de l'Impératrice Élisabeth ; et je comparais avec une admiration, mêlée d'effroi, le désordre des idées qui règne chez nous à l'absence de toute pensée, de toute opinion personnelle, à la soumission aveugle qui fait la règle de conduite des chefs de l'administration russe, aussi bien que des employés subalternes : l'unité d'action de ce gouvernement m'épouvantait ; j'admirais en frémissant l'accord tacite des supérieurs et des subordonnés pour faire la guerre aux idées et même aux faits. Je me sentais autant d'envie de sortir, que l'instant d'auparavant j'avais eu d'impatience d'entrer, et rien ne pouvant plus attirer ma curiosité dans une forteresse, dont on n'avait voulu me montrer que la sacristie, je demandai de retourner à Schlusselbourg. Je redoutais de devenir par force un des habitants de ce séjour des larmes secrètes et des douleurs ignorées. Dans mon angoisse toujours croissante, je n'aspirais plus qu'au plaisir physique de marcher, de respirer ; et j'oubliais que le pays même que j'allais revoir est encore une prison : prison d'autant plus redoutable, qu'elle est plus vaste, et qu'on en atteint et franchit plus difficilement les limites.

Une forteresse russe ! ! ! ce mot produit sur l'imagination une impression différente de ce qu'on ressent en visitant les châteaux forts des peuples réellement civilisés, sincèrement humains. Les puériles précautions qu'on prend en Russie pour dissimuler ce qu'on qualifie de secrets d'État, me confirment plus que ne le feraient des actes de barbarie à découvert dans l'idée que ce gouvernement n'est qu'une tyrannie hypocrite. Depuis que j'ai pénétré dans une prison d'État russe, et que j'ai moi-même éprouvé l'impossibilité d'y parler de ce que tout étranger vient pourtant chercher dans un lieu pareil, je me dis que tant de dissimulation doit servir de masque à une profonde inhumanité : ce n'est pas le bien qu'on voile avec un pareil soin.

Si, au lieu de chercher à déguiser la vérité sous une fausse politesse, on m'eût mené simplement dans les lieux qu'il est permis de montrer; si l'on eût répondu avec franchise à mes questions sur un fait accompli depuis un siècle, j'eusse été moins occupé de ce que je n'aurais pu voir; mais ce qu'on m'a refusé trop artificieusement m'a prouvé le contraire de ce qu'on voulait me persuader. Tous ces vains détours sont des révélations aux yeux de l'observateur expérimenté. Ce qui m'indignait,

LETTRE VINGTIÈME.

c'était que les hommes qui usaient avec moi de ces subterfuges pussent croire que j'étais la dupe de leurs ruses d'enfants. On m'assure, et je tiens ceci de bon lieu, que les cachots sous-marins de Kronstadt renferment, entre autres prisonniers d'État, des infortunés qui s'y trouvent relégués depuis le règne d'Alexandre. Ces malheureux sont abrutis par un supplice dont rien ne peut excuser ni motiver l'atrocité; s'ils venaient maintenant à sortir de terre, ils se lèveraient comme autant de spectres vengeurs qui feraient reculer d'effroi le despote lui-même, et tomber en ruine l'édifice du despotisme; tout peut se défendre par de belles paroles et même par de bonnes raisons; les arguments ne manquent à pas une des opinions qui divisent le monde politique, littéraire et religieux; mais on dira ce qu'on voudra, un régime dont la violence exige qu'on le soutienne par de tels moyens est un régime profondément vicieux.

Les victimes de cette odieuse politique ne sont plus des hommes : ces infortunés, déchus du droit commun, croupissent étrangers au monde, oubliés de tous, abandonnés d'eux-mêmes dans la nuit de leur captivité, où l'imbécillité devient le fruit et la dernière consolation d'un ennui sans terme ; ils ont perdu la mémoire, et jusqu'à la raison, cette lumière humaine qu'aucun homme n'a le droit d'éteindre dans l'âme de son semblable. Ils ont oublié même leur nom, que les gardiens s'amusent à leur demander, par une dérision brutale et toujours impunie ; car il règne au fond de ces abîmes d'iniquité un tel désordre, les ténèbres y sont si épaisses, que les traces de toute justice s'y effacent.

On ignore jusqu'au crime de certains prisonniers, qu'on retient pourtant toujours, parce qu'on ne sait à qui les rendre, et qu'on pense qu'il y a moins d'inconvénient à perpétuer le forfait qu'à le publier. On craint le mauvais effet de l'équité tardive, et l'on aggrave le mal, pour n'être pas forcé d'en justifier les excès.....; atroce pusillanimité qui s'appelle respect pour *les convenances*, prudence, obéissance, sagesse, sacrifice au bien public, à la raison d'État..., que sais-je?... Les paroles ne manquent pas aux oppresseurs ; n'y a-t-il pas deux noms pour toutes choses dans les sociétés humaines? C'est ainsi qu'on nous dit à chaque instant qu'il n'y a pas de peine de mort en Russie. Enterrer vif, ce n'est pas tuer ! Quand on pense d'un côté à tant de malheurs, de l'autre à tant d'injustice et d'hypocrisie, on ne connaît plus de coupable en prison ; le juge seul paraît criminel, et, ce qui porte au comble mon épouvante, c'est que je sais que ce juge inique n'est point féroce par plaisir. Voilà ce qu'un mauvais gouvernement peut faire des hommes intéressés à sa durée!... Mais la Russie marche au-devant de ses destinées; ceci répond à tout. Certes si l'on mesure la grandeur du but à l'étendue des sacrifices, on doit présager à cette nation l'empire du monde.

Au retour de cette triste visite, une nouvelle corvée m'attendait chez l'ingénieur : un dîner de cérémonie avec des personnes de la classe moyenne. L'ingénieur avait réuni chez lui, pour me faire honneur, des parents de sa femme et quelques propriétaires des environs. Société qui m'eût paru curieuse à observer, si dès le début je n'eusse reconnu que je n'avais rien à y apprendre. Il y a peu de bourgeois en Russie; mais la classe des petits employés et des propriétaires, obscurs bien qu'anoblis, y représente la bourgeoisie des autres pays. Envieux des grands, mais en butte à l'envie des petits, ces hommes ont beau s'appeler nobles, ils se trouvent exactement dans la position où les bourgeois étaient en France avant la révolution; les mêmes données produisent partout les mêmes résultats.

Je sentis qu'il régnait dans cette société une hostilité mal déguisée contre la véritable grandeur et contre l'élégance réelle de quelque pays qu'elle fût. Cette roideur de manières, cette aigreur de sentiments mal déguisées sous un ton doucereux et des airs patelins ne me rappelaient que trop l'époque où nous vivons et que j'avais un peu oubliée en Russie où je vois uniquement la société des gens de la cour. J'étais chez des ambitieux subalternes, inquiets de ce qu'on doit penser d'eux; et ces hommes-là sont les mêmes partout.

Les hommes ne me parlèrent pas et parurent faire peu d'attention à moi, ils ne savent le français que pour le lire, encore difficilement : ils formaient un groupe dans un coin de la chambre et causaient en russe. Une ou deux femmes de la famille portaient tout le poids de la conversation française. Je vis avec surprise qu'elles connaissaient de notre littérature tout ce que la police russe en laisse pénétrer dans leur pays

La toilette de ces dames, qui, excepté la maîtresse de la maison, étaient toutes des personnes âgées, me parut manquer d'élégance; le costume des hommes était encore plus négligé : de grandes redingotes brunes traînant presque à terre remplaçaient l'habit national, qu'elles rappelaient un peu cependant, tout en le faisant regretter ; mais, ce qui m'a surpris plus que la tenue négligée des personnes de cette société, c'est le ton mordant et contrariant de leurs discours et le manque d'aménité de leur langage. La pensée russe, déguisée avec soin par le tact des hommes du grand monde, se montrait ici à découvert. Cette société, plus franche, était moins polie que celle de la cour, et je vis clairement ce que je n'avais fait que pressentir ailleurs, c'est que l'esprit d'examen, de sarcasme et de critique domine dans les relations des Russes avec les étrangers : ils nous détestent comme tout imitateur hait son modèle ; leurs regards scrutateurs nous cherchent des défauts avec le désir de nous en trouver. Quand j'eus reconnu cette disposition, je ne me sentis nullement porté à l'indulgence.

J'avais cru devoir adresser quelques mots d'excuses sur mon ignorance de la langue russe, à la personne qui s'était chargée d'abord de causer avec moi, je finis ma harangue en disant que tout voyageur devrait savoir la langue du pays où il va, attendu qu'il est plus naturel qu'il se donne la peine de s'exprimer comme les personnes qu'il vient chercher que de leur imposer celle de parler comme il parle.

A ce compliment on répondit sur un ton d'humeur : disant qu'il fallait cependant bien me résigner à entendre estropier le français par les Russes sous peine de voyager en muet.

« C'est ce dont je me plains, répliquai-je ; si je savais estropier le russe comme je le devrais, je ne vous forcerais pas à changer vos habitudes pour parler ma langue.

— Autrefois nous ne parlions que français.

— C'était un tort.

— Ce n'est pas à vous de nous le reprocher.

— Je suis vrai avant tout.

— La vérité est donc encore bonne à quelque chose en France ?

— Je l'ignore, mais ce que je sais, c'est qu'on doit aimer la vérité sans calcul.

— Cet amour-là n'est plus de notre siècle.

— En Russie ?

— Nulle part, ni surtout dans un pays gouverné par les journaux. »

J'étais de l'avis de la dame ; ce qui me donna le désir de changer de conversation, car je ne voulais ni parler contre mon opinion, ni acquiescer à celle d'une personne qui, même lorsqu'elle pensait comme moi, exprimait sa manière de voir avec une âpreté capable de me dégoûter de la mienne. Je ne dois pas oublier de noter que cette disposition hostile, espèce de bouclier opposé d'avance à la moquerie française, était déguisée sous un son de voix fluté, factice, et d'une douceur extrêmement désagréable.

Un incident vint fort à propos faire diversion à l'entretien. Un bruit de voix dans la rue attira tout le monde à la fenêtre : c'était une querelle de bateliers; ces hommes paraissaient furieux; la rixe menaçait de devenir sanglante; mais l'ingénieur se montre sur le balcon, et la vue seule de son uniforme produit un coup de théâtre. La rage de ces hommes grossiers se calme, sans qu'il soit nécessaire de leur dire une parole; le courtisan le plus rompu aux faussetés de cour ne pourrait mieux dissimuler son ressentiment. Je fus émerveillé de cette politesse de manants.

« Quel bon peuple ! » s'écria la dame qui m'avait entrepris.

Pauvres gens, pensais-je en me rasseyant, car je n'admirerai jamais les miracles de la peur ; toutefois je jugeai prudent de me taire....

« L'ordre ne se rétablirait pas ainsi chez vous », poursuivit mon infatigable ennemie, sans cesser de me percer de ses regards inquisitifs.

Cette impolitesse était nouvelle pour moi ; en général j'avais trouvé à tous les Russes des manières presque trop affectueuses à cause de la malignité de leur pensée, que je devinais sous leur langage patelin ; ici je reconnaissais un accord encore plus désagréable entre les sentiments et l'expression.

« Nous avons chez nous les inconvénients de la liberté, mais nous en avons les avantages, répliquai-je.

— Quels sont-ils ?
— On ne les comprendrait point en Russie.
— On s'en passe.
— Comme de tout ce qu'on ne connaît pas. »

Mon adversaire piquée, tâcha de me cacher son dépit en changeant subitement le sujet de la conversation.

« Est-ce de votre famille que madame de Genlis parle si longuement dans les *Souvenirs de Félicie*, et de votre personne dans ses *Mémoires* ? »

Je répondis affirmativement ; puis je témoignai

ma surprise de ce qu'on connût ces livres à Schlusselbourg. « Vous nous prenez pour des Lapons, repartit la dame avec le fond d'aigreur que je ne pus parvenir à lui faire quitter, et qui à la longue réagissait sur moi au point de me monter au même diapason.

— Non, madame, mais pour des Russes qui ont mieux à faire que de s'occuper des commérages de la société française.

— Madame de Genlis n'est point une commère.

— Tant s'en faut; mais ceux de ses écrits où elle ne fait que raconter avec grâce les petites anecdotes de la société de son temps ne devraient, ce me semble, intéresser que les Français.

— Vous ne voulez pas que nous fassions cas de vous et de vos écrivains.

— Je veux qu'on nous estime pour notre vrai mérite.

— Si l'on vous ôte l'influence que vous avez exercée sur l'Europe par l'esprit de société, que vous restera-t-il? »

Je sentis que j'avais affaire à forte partie : « Il nous restera la gloire de notre histoire et même celle de l'histoire de Russie, car cet Empire ne doit sa nouvelle influence en Europe qu'à l'énergie avec laquelle il s'est vengé de la conquête de sa capitale par les Français.

— Il est sûr que vous nous avez prodigieusement servis, quoique sans le vouloir.

— Avez-vous perdu quelque personne chère dans cette terrible guerre?

— Non monsieur. »

J'espérais pouvoir m'expliquer par quelque ressentiment trop légitime l'aversion contre la France qui perçait à chaque mot dans la conversation de cette rude dame. Mon attente fut trompée.

La conversation qui ne pouvait devenir générale languit jusqu'au dîner sur le même ton inquisitif et amer d'une part, contraint et forcément réservé de l'autre. J'étais décidé à garder beaucoup de mesure, et j'y réussissais tant que la colère ne me faisait pas oublier la prudence. Je cherchai à détourner l'entretien vers notre nouvelle école littéraire : on ne connaissait que Balzac qu'on admire infiniment et qu'on juge bien..... Presque tous les livres de nos écrivains modernes sont prohibés en Russie; ce qui atteste l'influence qu'on leur suppose.

Enfin, après une mortelle attente, on se mit à table. La maîtresse de la maison, toujours fidèle à son rôle de statue, ne fit de la journée qu'un seul mouvement : elle se transporta, sans remuer les yeux ni les lèvres, de son canapé du salon à sa chaise de la salle à manger; ce déplacement opéré spontanément me prouva que la pagode avait des jambes.

Le dîner se passa non sans gêne, mais il ne fut pas long et me parut assez bon, hors la soupe dont l'originalité passait les bornes. Cette soupe était froide et remplie de morceaux de poissons qui nageaient dans un bouillon de vinaigre très-épicé, très-sucré, très-fort. A part ce ragoût infernal et le quarss aigre qui est une boisson du pays, je mangeai et bus de tout avec appétit. On servit d'excellent vin de Bordeaux et de Champagne; mais je voyais clairement qu'on s'imposait une grande gêne à mon égard : ce qui me mettait moi-même au supplice. L'ingénieur n'était pas complice de tant de contrainte; tout entier à ses écluses il s'annulait absolument chez lui, et laissait sa belle-mère faire les honneurs de sa maison avec la grâce dont vous avez pu juger.

A six heures du soir, mes hôtes et moi, avec un contentement réciproque et non dissimulé, il faut l'avouer, nous prîmes congé les uns des autres, et je partis pour le château de ***, où j'étais attendu.

La franchise de ces bourgeoises m'avait raccommodé avec les minauderies de certaines grandes dames : tout vaut mieux qu'une sincérité déplaisante. On espère triompher de l'affectation; le naturel est invincible.

Tel fut mon début dans les classes moyennes et tel fut le premier essai que je fis de cette hospitalité russe tant vantée en Europe.

Il faisait encore jour quand j'arrivai à ***, qui n'est qu'à six ou huit lieues de Schlusselbourg; je passai là le reste de la soirée à me promener au crépuscule dans un jardin fort beau pour le pays; à voguer en petit bateau sur la Néva et surtout à jouir de l'élégante et gracieuse conversation d'une personne du grand monde. J'avais besoin de cette diversion aux souvenirs de la politesse ou plutôt de l'impolitesse bourgeoise que je venais d'essuyer. J'appris dans cette journée qu'en fait de prétentions les pires ne sont pas les plus mal fondées, car toutes celles dont on m'avait fait souffrir étaient justifiées; c'est ce que je reconnaissais avec un dépit comique. J'avais causé avec une femme qui prétendait parler assez bien le français : elle ne le parlait pas mal, quoique moyennant beaucoup de temps entre chaque phrase et d'accent à chaque mot; elle prétendait connaître la France; elle la jugeait assez bien, quoiqu'avec prévention; elle prétendait aimer son pays, elle l'aimait trop; enfin elle voulait se montrer capable de faire sans fausse humilité les honneurs de la maison de sa fille à un Parisien, et elle m'accabla du poids de tous ses avantages : c'était un aplomb imperturbable, une phraséologie d'hospitalité plutôt cérémonieuse que polie, mais irréprochable au moins aux yeux d'une dame russe du second rang en province.

Je conclus que ces pauvres ridicules tant bafoués sont quelquefois bons à quelque chose, quand ce ne serait qu'à mettre à leur aise ceux qui s'en croient exempts : j'ai trouvé là des personnes désagréablement hostiles. Mais tous les inconvénients de leur conversation portaient sur moi et ne prêtaient nullement à rire à leurs dépens, comme il arrive en pareille circonstance dans les pays à bonnes gens, à esprits naïfs; la surveillance continuelle qu'elles exerçaient sur elles-mêmes et sur moi me prouvait que rien ne pourrait leur produire une impression nouvelle; toutes leurs idées étaient fixées depuis vingt ans; cette conviction a fini par me faire sentir mon isolement en leur présence, au point de regretter la bonhomie des esprits moins difficiles à émouvoir et à satisfaire ; j'ai presque dit : la crédulité des sots !.... voilà où m'a réduit la malveillance trop visible des Russes de province. Ce que j'en ai vu à Schlusselbourg ne me fera pas rechercher les occasions d'affronter des interrogatoires tels que ceux que j'ai subis dans cette société-là. De pareils salons ressemblent à des champs de bataille. Le grand monde avec tous ses vices me paraît valoir mieux que ce petit monde avec ses vertus.

Revenu à Pétersbourg après minuit, j'avais fait dans ma journée à peu près trente-six lieues par des chemins sableux ou fangeux, avec deux attelages de chevaux de remise.

Ce qu'on fait faire aux bêtes est en proportion de ce qu'on exige des hommes : les chevaux russes ne durent guère plus de huit à dix ans. Il faut convenir que le pavé de Pétersbourg est funeste aux animaux, aux voitures et même aux personnes ; dès que vous sortez des incrustations de bois qui n'existent que dans un petit nombre de rues, la tête vous fend. Il est vrai que les Russes, qui mettent beaucoup de luxe aux choses mal faites, dessinent sur leur détestable pavé de beaux compartiments en grosses pierres, ornement qui accroît encore le mal, car il rend les rues plus cahoteuses. Lorsque les roues passent sur ces cordons, semblables pour le coup d'œil aux dessins d'un parquet, la voiture et ceux qu'elle transporte éprouvent une secousse à tout briser. Mais qu'importe aux Russes que les choses qu'ils font servent à l'usage auquel ils les destinent? Un certain air d'élégance, l'apparence de la magnificence, la fanfaronnade de la richesse et de la grandeur : voilà uniquement ce qu'ils cherchent en toutes choses. Ils ont commencé le travail de la civilisation par le superflu; si c'était là le moyen d'aller loin, il faudrait crier : *Vive la vanité! à bas le sens commun!*

Je pars sans faute après-demain pour Moscou; pour Moscou, entendez-vous bien!

SOMMAIRE DE LA LETTRE VINGT ET UNIÈME.

Adieux à Pétersbourg. — Rapport qu'il y a entre l'absence et la nuit. — Effets de l'imagination. — Description de Pétersbourg au crépuscule. — Contraste du ciel au couchant et au levant. — La Néva la nuit. — Lanterne magique. — Tableaux naturels. — Mythologie du Nord expliquée par les sites. — Dieu visible par toute la terre. — Ballade de Coleridge. — Réné vieillissant. — La pire des intolérances. — Conditions nécessaires pour vivre dans le monde. — De quoi se compose le succès. — Contagion des opinions. — Diplomatie de salon. — Défaut des esprits solitaires. — Flatterie au lecteur. — Le pont de la Néva la nuit. — Sens symbolique du tableau. — Pétersbourg comparé à Venise. — L'Évangile dangereux. — On ne prêche pas en Russie. — Janus. — Soi-disant conspirations polonaises. — Ce qui en résultera. — Argument des Russes. — Scènes de meurtres au bord du Volga. — Le loup de La Fontaine. — Avenir certain, époque douteuse. — Visite inattendue. — Communication intéressante. — Histoire du prince et de la princesse Troubetzkoï. — Émeute lors de l'avénement de l'Empereur au trône. — Dévouement de la princesse. — Quatorze années dans les mines de l'Oural. — Ce que c'est que cette vie. — Justice humaine. — Comment un despote flatte. — Opinion de beaucoup de Russes sur la condition des condamnés aux mines. — Le 18 fructidor. — Froid de 40 degrés. — Première lettre au bout de sept ans de galères. — Les enfants de galériens. — Réponse de l'Empereur. — Justice russe. — Ce qu'on appelle en Sibérie, coloniser. — Les enfants chiffrés. — Désespoir, humiliation d'une mère. — Seconde lettre au bout de quatorze ans. — Ce qui prouve l'éternité. — Réponse de l'Empereur à la 2ᵉ lettre de la princesse. — Comment il faut qualifier de tels sentiments. — Ce qu'il faut entendre par l'abolition de la peine de mort en Russie. — La famille des exilés. — L'Empereur supplié par la mère de famille. — Éducation involontaire qu'elle donne à ses enfants. — Apostrophe de Dante. — Changements dans mes projets et dans mes sentiments. — Conjectures. — Parti que je prends pour cacher mes lettres. — Moyen détourné de tromper la police. — Note touchant la peine de mort. — Citation de la brochure de M. Tolstoï. — Ce qu'on y apprend.

LETTRE VINGT ET UNIÈME.

Pétersbourg, ce 2 août 1839, à minuit.

Je viens de jeter un dernier coup d'œil sur cette ville extraordinaire : j'ai dit adieu à Pétersbourg.... Adieu!! c'est un mot magique!! il prête aux lieux comme aux personnes un attrait inconnu. Pourquoi Pétersbourg ne m'a-t-il jamais paru si beau que ce soir? c'est que je le vois pour la dernière fois. L'âme riche d'illusions a donc le pouvoir de métamorphoser le monde dont la figure n'est jamais pour nous que le reflet de notre vie intérieure? Ceux qui disent que rien n'existe hors de nous ont peut-être raison; mais moi, philosophe sans le vouloir, métaphysicien sans autre mission que le laisser aller naturel de mon esprit, inclinant toujours vers les questions insolubles, j'ai tort sans doute de chercher à me rendre compte de cet incompréhensible prestige. Le tourment de ma pensée, le plus grand défaut de mon style, tient au besoin de définir l'indéfinissable; ma force se perd à la poursuite de l'impossible, mes paroles n'y suffisent non plus que mes sentiments, que mes passions..... Nos rêves, nos visions, sont aux idées nettes ce qu'un horizon de nuages brillants est aux montagnes dont ils imitent quelquefois la chaîne entre le ciel et la terre. Nulle expression ne peut rendre ces fugitives créations de la fantaisie qui s'évanouissent sous la plume de l'écrivain, comme les brillantes perles d'une eau vive et courante échappent aux filets du pêcheur.

Expliquez-moi ce que peut ajouter à la beauté réelle d'un lieu l'idée que vous allez le quitter. En songeant que je le regarde pour la dernière fois, je crois le voir pour la première.

Notre destin est si mobile, comparé à l'immobilité des choses, que tout ce qui nous retrace la brièveté de nos jours nous inspire un redoublement d'admiration : ce respect pour ce qui dure plus que nous nous porte à faire un retour sur nous-mêmes. Le courant que nous descendons est tellement rapide que ce que nous laissons sur le bord nous semble à l'abri du temps. L'eau de la cascade doit croire à l'immortalité de l'arbre qui l'ombrage; et le monde nous paraît éternel, tant nous passons précipitamment.

Peut-être la vie du voyageur n'est-elle si féconde en émotions que parce que les départs dont elle se compose sont une répétition de la mort. Voilà sans doute une des raisons qui font qu'on voit en beau ce qu'on quitte; mais il y en a une autre qu'à peine j'ose indiquer ici.

Dans certaines âmes le besoin de l'indépendance va jusqu'à la passion; la peur des liens fait qu'on ne s'attache qu'à ce qu'on fuit, parce que l'attrait qu'on sent pour ce qu'on va laisser derrière soi n'engage à rien. On s'enthousiasme sans conséquence; on part! Partir, n'est-ce pas faire acte de liberté? Par l'absence on se dégage des entraves du sentiment; l'homme jouit en toute sécurité du plaisir d'admirer ce qu'il ne reverra jamais; il s'abandonne à ses affections, à ses préférences, sans crainte et sans contrainte : il sait qu'il a des ailes!!... Mais quand, à force de les déployer et de les reployer, il sent qu'il les use; quand il découvre que le voyage l'instruit moins qu'il ne le fatigue, alors le temps du retour et du repos est venu; je m'aperçois qu'il approche pour moi.

C'était la nuit : l'obscurité a son prestige comme l'absence, comme elle, elle nous force à deviner; aussi vers la fin de la journée l'esprit s'abandonne à la rêverie, le cœur s'ouvre à la sensibilité, aux regrets; quand tout ce qu'on voit disparaît, il ne reste que ce qu'on sent : le présent meurt, le passé revient ; la mort, la terre, rendent ce qu'elles avaient pris, et la nuit riche d'ombre laisse tomber sur les objets un voile qui les agrandit et les fait paraître plus touchants; l'obscurité comme l'absence captive la pensée par l'incertitude, elle appelle le vague de la poésie au secours de ses enchantements : la nuit l'absence et la mort sont des magiciennes et leur puissance à toutes les trois est un mystère aussi bien que tout ce qui agit sur l'imagination. L'imagination dans ses rapports avec la nature, dans ses effets, dans ses prestiges ne sera jamais définie d'une manière satisfaisante par les esprits les plus subtils, ni les plus sublimes. Définir clairement l'imagination ce serait remonter à la cause des passions. Source de l'amour, véhicule de la pitié, instrument du génie, don redoutable entre tous les dons, car il fait de l'homme un nouveau Prométhée, l'imagination est la force du Créateur, prêtée pour un instant à la créature ; l'homme la reçoit, il ne la mesure pas ; elle est en lui, elle n'est pas à lui.

Quand la voix cesse de chanter, quand l'arc-en-ciel s'efface, savez-vous où sont allés les sons et les couleurs? pouvez-vous dire d'où ils étaient venus? Tels sont, mais bien plus incalculables, bien plus variés, plus fugitifs et surtout plus inquiétants les prestiges de l'imagination!!... Je l'ai senti toute ma vie avec un inutile effroi, j'ai beaucoup trop d'imagination pour ce que j'en fais : je devais me rendre le maître de cette faculté; j'en suis resté le jouet et devenu la victime.

Abîme de désirs et de contradictions, c'est elle encore qui me presse de parcourir le monde, et c'est elle qui m'attache aux lieux dans le moment même où elle m'appelle ailleurs. O illusions! que vous êtes perfides quand vous nous séduisez, et cruelles quand vous nous quittez!!...

Il était plus de dix heures : je revenais de la promenade des îles. C'est le moment où l'aspect de la ville est d'un effet singulier et bien difficile à décrire; car la beauté de ce tableau ne consiste pas dans les lignes puisque le site est entièrement plat, elle est dans la magie des vaporeuses nuits du Nord; nuits lumineuses et qu'il faut voir pour en comprendre la poétique majesté.

Du côté du couchant la ville restait sombre; la ligne tremblante qu'elle dessinait à l'horizon ressemblait à une petite découpure en papier noir collé sur un fond blanc : ce fond, c'est le ciel de l'Occident, où le crépuscule luit longtemps après que le soleil a disparu, tandis que par un effet contraire la même lueur illumine au loin les édifices du quartier opposé dont les élégantes façades se détachent en clair sur une partie du ciel de l'Orient, moins transparente et plus profonde que celle où brille la gloire du couchant. Il arrive de cette opposition qu'à l'ouest la ville est noire et que le ciel est clair, tandis qu'à l'est, ce qui s'élève sur la terre est éclairé et se détache en blanc sur un ciel sombre ; ce contraste produit à l'œil un effet que les paroles ne rendent que très-imparfaitement. La lente dégradation des teintes du crépuscule, qui semble perpétuer le jour en luttant contre l'obscurité toujours croissante, communique à toute la nature un mouvement mystérieux : les terres basses de la ville, avec leurs édifices peu élevés au bord de la Néva, semblent osciller entre le ciel et l'eau : on s'attend à les voir disparaître dans le vide.

La Hollande, quoiqu'elle ait un meilleur climat et une plus belle végétation, pourrait donner l'idée de quelques-unes des vues de Pétersbourg, mais seulement en plein jour, car les nuits polaires ont des apparitions merveilleuses.

Plusieurs des tours et des clochers de la ville sont, comme je vous l'ai dit ailleurs, surmontés de flèches aiguës et qui ressemblent à des mâts de vaisseau; la nuit, ces aigrettes des monuments russes, dorées selon l'usage national, nagent dans le vague de l'air, sous un ciel qui n'est ni noir ni clair, et lorsqu'elles ne s'y détachent pas en ombre, elles brillent de mille reflets semblables à la moire des écailles du lézard.

Nous sommes au commencement du mois d'août, c'est la fin de l'été sous cette latitude : pourtant une petite partie du ciel reste encore lumineuse pendant toute la nuit; cette auréole de nacre fixée sur l'horizon se reflète dans la Néva, qui, les jours calmes, paraît sans courant; le fleuve, ou plutôt le lac, ainsi éclairé, devient semblable à une immense plaque de métal, et cette plaine argentée n'est séparée du ciel blanc comme elle que par la silhouette d'une ville. Ce peu de terre qu'on voit se détacher et trembler sur l'eau comme une écume apportée par l'inondation, ces petits points noirs et irréguliers, à peine marqués entre le blanc du ciel et le blanc du fleuve, seraient-ils la capitale d'un vaste empire ? ou bien tout cela n'est-il qu'une apparence, qu'un effet d'optique ? Le fond du tableau est une toile et les figures sont des ombres animées un instant par la lanterne magique qui leur prête une existence imaginaire ; et tandis qu'elles mènent dans l'espace leur ronde silencieuse la lampe va s'éteindre, la ville va retomber dans le vide, et e spectacle finira comme une fantasmagorie.

J'ai vu l'aiguille de l'église de la cathédrale où sont déposés les restes des derniers souverains de la Russie se détacher en noir sur la toile blanche du ciel : cette flèche domine la forteresse et la cité : plus haute et plus aigüe que la pyramide d'un cyprès, elle produisait sur le gris de perle du lointain l'effet d'un coup de pinceau trop dur et trop hardi, donné par l'artiste dans un moment d'ivresse : un trait qui attire l'œil gâterait un tableau ; il embellit la réalité : Dieu ne sait pas peindre comme nous. C'était beau... peu de mouvement, mais un calme solennel, un vague inspirateur. Tous les bruits, toutes les agitations de la vie ordinaire étaient interrompus ; les hommes avaient disparu, la terre restait livrée aux puissances surnaturelles : il y a dans ces restes de jour, dans ces inégales et mourantes clartés des nuits boréales des mystères que je ne saurais définir et qui expliquent la mythologie du Nord. Je comprends aujourd'hui toutes les superstitions des Scandinaves. Dieu se cache dans la lumière du pôle comme il se révèle dans le jour éclatant des tropiques. Tous les lieux, tous les climats sont beaux aux yeux du sage qui ne veut voir dans la création que le Créateur.

En quelque coin du monde que l'inquiétude de mon cœur me fasse porter mes pas, c'est toujours le même Dieu que j'admire, toujours la même voix que j'interroge. Partout où l'homme abaisse son regard religieux, il reconnaît que la nature est le corps dont Dieu est l'âme.

Vous vous rappelez la ballade de Coleridge, où le matelot anglais voit le spectre d'un vaisseau glisser sur la mer : c'est à quoi je songeais tout à l'heure devant le spectre d'une ville endormie. Ces prestiges nocturnes sont pour les habitants des régions polaires, ce qu'est la Fata Morgana en plein jour pour les hommes du Midi : les couleurs, les lignes, les heures sont différentes; l'illusion est la même.

En contemplant avec attendrissement une des contrées de la terre où la nature est la plus pauvre et passe pour la moins digne d'admiration, j'aime à me reposer sur cette consolante pensée que Dieu a départi assez de beautés à chaque point du globe pour que ses enfants puissent le reconnaître partout à des signes non douteux, et qu'ils aient sujet de lui rendre grâce quelles que soient les zones où sa providence les appelle à vivre. La physionomie du Créateur est empreinte sur toutes les parties de la terre, qu'elle rend saintes à l'œil de l'homme.

Je voudrais pouvoir passer un été à Pétersbourg uniquement occupé à faire chaque soir ce que j'ai fait aujourd'hui.

Quand j'ai trouvé le beau site d'un pays ou d'une ville, je m'y attache avec passion, j'y reviens tous les jours à l'heure favorable. C'est le même refrain sans cesse répété, mais qui chaque fois nous dit quelque chose de nouveau. Les lieux ont leur âme, selon l'expression si poétique de Jocelyn; je ne puis me lasser d'un site qui me parle; l'enseignement que j'en retire suffit au modeste bonheur de ma vie. Le goût des voyages n'est chez moi ni une mode, ni une prétention, ni une consolation. Je suis né voyageur comme on naît homme d'État : ma patrie à moi est partout où j'admire, où je reconnais Dieu dans ses œuvres; or, de toutes les œuvres de Dieu, celle que je comprends le plus facilement, c'est l'aspect de la nature et ses affinités avec les créations de l'art. Dieu est là qui se révèle à mon cœur par les indéfinissables rapports établis entre son Verbe éternel et la pensée fugitive de l'homme : j'y trouve le sujet d'une méditation féconde. Cette contemplation toujours la même et toujours nouvelle est l'aliment de ma pensée, le secret, la justification de ma vie; elle emploie mes forces morales et intellectuelles, elle occupe mon temps, elle absorbe mon esprit. Oui, dans l'isolement mélancolique mais délicieux auquel me condamne cette vocation de pèlerin, ma curiosité me tient lieu d'ambition, de puissance, de crédit, de carrière....; ces rêveries, je le sais, ne sont plus de mon âge; M. de Chateaubriant était trop grand poëte pour nous peindre un Réné vieillissant. Les langueurs de la jeunesse excitent la sympathie, son avenir lui tient lieu de force et d'espérance; mais la résignation de Réné grisonnant ne prête guère à l'éloquence; pourtant mon destin, à moi pauvre glaneur dans le champ de la poésie, était de vous montrer comment vieillit un homme né pour mourir jeune; sujet plus triste qu'intéressant, tâche ingrate entre toutes les tâches ! Mais je vous dis tout sans crainte, sans scrupule, parce que je n'affecte rien.

Appelé par mon caractère, qui a fait mon sort, à voir passer la vie des autres plutôt qu'à vivre moi-même, si vous me refusez la rêverie sous prétexte que j'ai joui trop longtemps de cette ivresse des enfants et des poëtes, vous m'ôtez avant l'heure ce que Dieu m'avait départi d'existence.

Mais que deviendrait la société, dites-vous, si tous les hommes faisaient ce que vous faites? Singulière crainte des serviteurs du siècle! Ils croient toujours leur idole menacée d'abandon. Je n'ai garde de les prêcher; néanmoins je rappellerai à ces glorieux esprits que la pire des intolérances est l'intolérance philosophique.

Je ne puis vivre de la vie du monde parce que ses intérêts, son but ou du moins les moyens qu'il emploie pour les défendre et pour l'atteindre n'ont rien qui m'inspire cette émulation salutaire, sans laquelle un homme est vaincu d'avance dans les luttes d'ambition ou de vertu qui font la vie des sociétés. Là le succès se compose de deux problèmes contraires : vaincre ses rivaux et faire proclamer sa victoire par ses rivaux. Voilà pourquoi il est si difficile à conquérir une fois, si rare pour ne pas dire si impossible à obtenir longtemps....

J'y ai renoncé même avant l'âge du découragement. Puisque je dois cesser de lutter un jour, j'aime mieux ne pas commencer : c'est ce que mon cœur me disait en me rappelant la belle expression du prédicateur des gens du monde : « Tout ce qui finit est si court ! » Là-dessus je laisse défiler sans envie comme sans dédain le cortége de nos audacieux jouteurs qui croient que le monde est à eux parce qu'ils se donnent à lui.

Accordez-moi mon congé sans craindre que jamais les soldats viennent à manquer aux luttes de ce monde, et laissez-moi tirer tout le parti possible de mon loisir et de mon indifférence; ne voyez-vous pas d'ailleurs que l'inaction n'est qu'apparente, et que l'intelligence profite de la liberté pour observer plus attentivement, pour réfléchir sans distraction ?

L'homme qui voit les sociétés à distance est plus lucide dans ses jugements que celui qui s'expose toute sa vie au froissement de la machine politique; l'esprit discerne d'autant mieux la figure des mécaniques employées à la fabrication des choses de ce monde, qu'il demeure plus étranger à leur triture : ce n'est pas en grimpant sur une montagne qu'on en distingue les formes.

Les hommes d'action n'observent que de mémoire et ne pensent à peindre ce qu'ils ont vu que lorsqu'ils sont retirés du théâtre; mais alors aigris par une disgrâce ou sentant s'approcher leur fin, fatigués, désenchantés, ou livrés à des accès d'espérance dont l'inutile retour est une inépuisable source de déception, ils gardent presque toujours pour eux seuls le trésor de leur expérience.

Croyez-vous que si j'eusse été poussé à Pétersbourg par le courant des affaires, j'aurais deviné, j'aurais aperçu le revers des choses comme je les vois, et en si peu de temps? Renfermé dans la société des diplomates, j'aurais considéré ce pays de leur point de vue; obligé de traiter avec eux, il m'eût fallu conserver ma force pour l'affaire en discussion; et sur tout le reste, j'aurais eu intérêt à me concilier leur bienveillance par une grande facilité; ne croyez pas que ce manége puisse s'exercer longtemps sans réagir sur le jugement de celui qui s'en impose la contrainte. J'aurais fini par me persuader que, sur beaucoup de points, je pensais comme ils pensent, ne fût-ce que pour m'excuser à mes propres yeux de la faiblesse de parler comme ils parlent. Des opinions que vous n'osez réfuter, quelque peu fondées que vous les trouviez d'abord, finissent par modifier les vôtres : quand la politesse va jusqu'à une tolérance aveugle, elle équivaut à une trahison envers soi-même : elle nuit au coup d'œil de l'observateur qui doit vous montrer les choses et les personnes non comme il les veut, mais comme il les voit.

Et encore, malgré toute l'indépendance dont je me targue, suis-je souvent forcé pour ma sûreté personnelle de flatter l'amour-propre féroce de cette nation ombrageuse, parce que tout peuple à demi barbare est défiant. Ne croyez pas que mes jugements sur les Russes et sur la Russie étonnent ceux des diplomates étrangers qui ont eu le loisir, le goût et le temps d'apprendre à connaître cet Empire : soyez sûr qu'ils sont de mon avis; mais c'est ce dont ils ne conviendront pas tout haut..... Heureux l'observateur placé de manière à ce que personne n'ait le droit de lui reprocher un abus de confiance !

Toutefois je ne me dissimule pas les inconvénients de ma liberté : pour servir la vérité, il ne suffit pas de l'apercevoir; il faut la manifester aux autres. Le défaut des esprits solitaires, c'est qu'ils sont trop de leur avis, tout en changeant à chaque instant de point de vue; car la solitude livre l'esprit de l'homme à l'imagination qui le rend mobile.

Mais vous, vous pouvez et vous devez mettre à profit mes apparentes contradictions pour retrouver l'exacte figure des personnes et des choses à travers mes capricieuses et mouvantes peintures. Remerciez-moi : peu d'écrivains sont assez courageux pour abandonner au lecteur une partie de leur tâche et pour braver le reproche d'inconséquence plutôt que de charger leur conscience d'un mérite affecté. Quand l'expérience du jour dément mes conclusions de la veille, je ne crains pas de l'avouer : avec la sincérité dont je fais profession, mes voyages deviennent des confessions : les hommes de parti pris sont tout méthode, tout ordonnance, et par là ils échappent à la critique pointilleuse; mais ceux qui, comme moi, disent ce qu'ils sentent sans s'embarrasser de ce qu'ils ont senti, doivent s'attendre à payer la peine de leur laisser aller. Ce naïf et superstitieux amour de l'exactitude est sans doute une flatterie au lecteur, mais c'est une flatterie dangereuse par le temps qui court. Aussi m'arrive-t-il parfois de craindre que le monde où nous vivons ne soit pas digne du compliment.

J'aurai donc tout risqué pour satisfaire l'amour de la vérité, vertu que personne n'a; et dans mon zèle imprudent, sacrifiant à une divinité qui n'a plus de temple, prenant au positif une allégorie, je manquerai la gloire du martyre et passerai pour un niais! Tant il est vrai, que dans une société où le mensonge trouve toujours son salaire la bonne foi est nécessairement punie!.... Le monde a des croix pour chaque vérité.

Pour méditer sur ces matières et sur bien d'autres je me suis arrêté longtemps au milieu du grand pont de la Néva : je désirais me graver dans la mémoire les deux tableaux différents dont j'y pouvais jouir en me retournant seulement et sans changer de place.

Au levant, le ciel sombre, la terre brillante; au couchant, le ciel clair et la terre dans l'ombre : il y avait dans l'opposition de ces deux faces de Pétersbourg à l'occident et à l'orient un sens symbolique que je croyais pénétrer : à l'ouest est l'ancien, à l'est le moderne Pétersbourg; c'est bien cela, me disais-je : le passé, la vieille ville, dans la nuit; l'avenir, la ville nouvelle, dans la lumière.... Je serais demeuré là longtemps, j'y serais encore si je n'avais voulu me hâter de rentrer chez moi pour vous peindre, avant d'en avoir perdu la mémoire, une partie de l'admiration rêveuse que me faisaient éprouver les tons décroissants de ce mouvant tableau. L'ensemble des choses se rend mieux de souvenir, mais, pour peindre certains détails, il faut saisir ses premières impressions au vol.

Le spectacle que je viens de vous décrire me remplissait d'un attendrissement religieux et que je craignais de perdre. On a beau croire à la réalité de ce qu'on sent vivement, on n'est point arrivé à l'âge que j'ai sans savoir qu'entre tout ce qui passe, rien ne passe si vite que les émotions tellement vives qu'elles nous semblent devoir durer toujours.

Pétersbourg me paraît moins beau, mais plus étonnant que Venise. Ce sont deux colosses élevés par la peur : Venise fut l'œuvre de la peur toute simple : les derniers des Romains aiment mieux fuir que mourir, et le fruit de la peur de ces colosses antiques devient une des merveilles du monde moderne; Pétersbourg est également le produit de la terreur, mais d'une terreur pieuse, car la politique russe a su faire de l'obéissance un dogme. Le peuple russe passe pour très-religieux, soit : mais qu'est-ce qu'une religion qu'il est défendu d'enseigner? On ne prêche jamais dans les églises russes. L'Évangile révélerait la liberté aux Slaves.

Cette crainte de laisser comprendre une partie de ce qu'on veut faire croire m'est suspecte : plus la raison, plus la science resserrent le domaine de la foi, et plus cette lumière divine concentrée dans son foyer répand d'éclat; on croit mieux quand on croit moins. Les signes de croix ne prouvent pas la dévotion; aussi, malgré leurs génuflexions et toutes leurs marques extérieures de piété, il me semble que les Russes dans leurs prières pensent à l'Empereur plus qu'au bon Dieu. A ce peuple idolâtre de ses maîtres, il faudrait, comme au Japonais, un second souverain : un Empereur spirituel pour le conduire au ciel. Le souverain temporel l'attache trop à la terre. « Réveillez-moi quand vous en serez au bon Dieu », disait un ambassadeur endormi dans une église russe par la liturgie Impériale.

Quelquefois je me sens prêt à partager la superstition de ce peuple. L'enthousiasme devient communicatif lorsqu'il est général, ou seulement qu'il le paraît; mais sitôt que le mal me gagne, je pense à la Sibérie, à cet auxiliaire indispensable de la civilisation moscovite, et soudain je retrouve mon calme et mon indépendance.

La foi politique est plus ferme ici que la foi religieuse; l'unité de l'Église grecque n'est qu'apparente : les sectes, réduites au silence par le silence habilement calculé de l'Église dominante, creusent leurs chemins sous terre ; mais les nations ne sont muettes qu'un temps : tôt ou tard le jour de la discussion se lève : la religion, la politique, tout parle, tout s'explique à la fin. Or, sitôt que la parole sera rendue à ce peuple muselé, on entendra tant de disputes que le monde étonné se croira revenu à la confusion de Babel : c'est par les dissensions religieuses qu'arrivera quelque jour une révolution sociale en Russie.

Lorsque je m'approche de l'Empereur, que je vois sa dignité, sa beauté, j'admire cette merveille ; un homme à sa place, c'est chose rare à rencontrer partout ; mais sur le trône, c'est le phénix. Je me réjouis de vivre dans un temps où ce prodige existe, vu que j'aime à respecter comme d'autres se plaisent à insulter.

Toutefois j'examine avec un soin scrupuleux les objets de mon respect ; il arrive de là que lorsque je considère de près ce personnage unique sur la terre, je crois que sa tête est à deux faces comme celle de Janus, et que les mots violence, exil, oppression, ou leur équivalent à tous, Sibérie, sont gravés sur celui des deux fronts que je ne vois pas.

Cette idée me poursuit sans cesse, même quand

je lui parle. J'ai beau m'efforcer de ne penser qu'à ce que je lui dis, mon imagination voyage malgré moi de Varsovie à Tobolsk, et ce seul nom de Varsovie me rend toute ma défiance.

Savez-vous qu'à l'heure qu'il est les chemins de l'Asie sont encore une fois couverts d'exilés nouvellement arrachés à leurs foyers, et qui vont à pied chercher leur tombe comme les troupeaux sortent du pâturage pour marcher à la boucherie? Ce renouvellement de colère est dû à une soi-disant conspiration polonaise; conspiration de *jeunes fous*, qui seraient des héros s'ils avaient réussi, quoique pour être désespérées leurs tentatives n'en soient, ce me semble, que plus généreuses. Mon cœur saigne pour les bannis, pour leur famille, pour leur pays!!... qu'arrivera-t-il quand les oppresseurs de ce coin de terre où fleurit naguère la chevalerie, auront peuplé la Tartarie de ce qu'il y avait de plus noble et de plus courageux parmi les enfants de la vieille Europe? Alors, achevant de combler leur glacière politique, ils jouiront de leur succès : la Sibérie sera devenue le royaume et la Pologne le désert.

Ne devrait-on pas rougir de honte en prononçant le mot de libéralisme, quand on pense qu'il existe en Europe un peuple qui fut indépendant, et qui ne connaît plus d'autre liberté que celle de l'apostasie? Les Russes, lorsqu'ils tournent contre l'Occident les armes qu'ils emploient avec succès contre l'Asie, oublient que le même mode d'action qui aide au progrès chez les Calmoucks, devient un crime de lèse-humanité chez un peuple depuis longtemps civilisé. Je m'abstiens, vous voyez avec quel soin, de proférer le mot de tyrannie : il serait pourtant à sa place; mais il prêterait des armes contre moi à des hommes blasés sur les plaintes qu'ils excitent sans cesse. Ces hommes sont toujours prompts à crier *aux déclamations révolutionnaires!* Ils répondent aux arguments par le silence, cette raison du plus fort; à l'indignation par le mépris, ce droit du plus faible usurpé par le plus fort; connaissant leur tactique, je ne veux pas les faire sourire.... Mais de quoi me vais-je inquiéter? Passé quelques pages, ils ne me liront pas : ils mettront le livre à l'index et défendront d'en parler; ce livre n'existera pas, il n'aura jamais existé pour eux, ni chez eux; leur gouvernement se défend en faisant le muet comme leur Église; une telle politique a réussi jusqu'à ce jour et doit réussir longtemps encore dans un pays où les

LETTRE VINGT ET UNIÈME.

distances, l'isolement, les marais, les bois, et les hivers tiennent lieu de conscience aux hommes qui commandent, et de patience à ceux qui obéissent.

On ne peut assez le répéter, leur révolution sera d'autant plus terrible qu'elle se fera au nom de la religion : la politique russe a fini par fondre l'Église dans l'État, par confondre le ciel et la terre : un homme qui voit Dieu dans son maître n'espère le paradis que de la grâce de l'Empereur.

Les scènes du Volga continuent; et l'on attribue ces horreurs aux provocations des émissaires polonais : imputation qui rappelle la justice du loup de La Fontaine. Ces cruautés, ces iniquités réciproques préludent aux convulsions du dénouement et suffisent pour nous faire prévoir quelle en sera la nature. Mais dans une nation gouvernée comme l'est celle-ci, les passions bouillonnent longtemps avant d'éclater; le péril a beau s'approcher d'heure en heure, le mal se prolonge, la crise se retarde; nos petits-enfants ne verront peut-être pas l'explosion que nous pouvons cependant présager dès aujourd'hui comme inévitable, mais sans en prédire l'époque.

(*Suite de la lettre précédente.*)

Pétersbourg, ce 3 août 1839.

Je ne partirai jamais, le bon Dieu s'en mêle!... encore un retard!.... mais celui-ci est légitime, vous ne me le reprocherez pas..... J'allais monter en voiture; un de mes amis insiste pour me voir : il entre. C'est une lettre qu'il veut me faire lire à l'instant même. Quelle lettre, bon Dieu!!... Elle est de la princesse Troubetzkoï, qui l'adresse à une personne de sa famille chargée de la montrer à l'Empereur. Je désirais la copier pour l'imprimer sans y changer un mot, c'est ce qu'on n'a pas voulu me permettre. « Elle parcourrait la terre entière, disait mon ami, effrayé de l'effet qu'il venait de produire sur moi.

— Raison de plus pour la faire connaître, répondis-je.

— Impossible. Il y va de l'existence de plusieurs individus; d'ailleurs on ne me l'a **prêtée** que pour vous la montrer sous parole d'honneur et à condition qu'elle sera rendue dans **une demi-heure.** »

Malheureux pays, où tout étranger apparaît

LETTRE VINGT ET UNIÈME.

comme un sauveur aux yeux d'un troupeau d'opprimés, parce qu'il représente la vérité, la publicité, la liberté chez un peuple privé de tous ces biens.

Avant de vous dire ce que contient cette lettre, il faut vous conter en peu de mots une lamentable histoire. Vous en connaissez les principaux faits, mais vaguement comme tout ce qu'on sait d'un pays lointain et auquel on ne prend qu'un froid intérêt de curiosité : ce vague vous rend cruel et indifférent comme je l'étais avant de venir en Russie : lisez et rougissez; oui, rougissez, car quiconque n'a pas protesté de toutes ses forces contre la politique d'un pays où de pareils actes sont possibles, en est jusqu'à un certain point complice et responsable.

Je renvoie les chevaux par mon feldjæger sous prétexte d'indisposition subite, et je le charge de dire à la poste que je ne partirai que demain; débarrassé de cet espion officieux, je me mets à vous écrire.

Le prince Troubetzkoï fut condamné *aux galères* il y a quatorze ans; jeune alors il venait de prendre une part très-active à la révolte du quatorze décembre.

Il s'agissait de tromper les soldats sur la légitimité de l'Empereur Nicolas. Les chefs des conjurés espéraient profiter de l'erreur des troupes pour opérer à la faveur d'une émeute de caserne une révolution politique, dont heureusement ou malheureusement pour la Russie, eux seuls jusqu'alors avaient senti le besoin. Le nombre de ces réformateurs était trop peu considérable pour que les troubles excités par eux pussent aboutir au résultat qu'ils se proposaient : c'était faire du désordre pour le désordre.

La conspiration fut déjouée par la présence d'esprit de l'Empereur [1] ou mieux par l'intrépidité de son regard ; ce prince, dès le premier jour d'autorité, puisa dans l'énergie de son attitude toute la force de son règne.

La révolution arrêtée, il fallut procéder à la punition des coupables. Le prince Troubetzkoï, un des plus compromis, ne put se justifier, on l'envoya comme forçat aux mines de l'Oural pour quatorze ou quinze ans et pour le reste de sa vie en Sibérie dans une de ces colonies lointaines que les malfaiteurs sont destinés à peupler.

Le prince avait une femme dont la famille tient à

---

[1] Voyez tome II, treizième lettre, conversation de l'Empereur.

ce qu'il y a de plus considérable dans le pays; on ne put jamais persuader à la princesse de ne pas suivre son mari dans le tombeau. « C'est mon devoir, disait-elle; je le remplirai : nulle puissance humaine n'a le droit de séparer une femme de son mari; je veux partager le sort du mien. » Cette noble épouse obtint la grâce d'être enterrée vivante avec son époux. Ce qui m'étonne depuis que je vois la Russie, et que j'entrevois l'esprit qui préside à ce gouvernement, c'est que, par un reste de vergogne, on ait cru devoir respecter cet acte de dévouement pendant quatorze années. Qu'on favorise l'héroïsme patriotique, c'est tout simple, on en profite; mais tolérer une vertu sublime qui ne s'accorde pas avec les vues politiques du souverain, c'est un oubli qu'on a dû se reprocher. On aura craint les amis des Troubetzkoï ; une aristocratie, quelque énervée qu'elle soit, conserve toujours une ombre d'indépendance, et cette ombre suffit pour offusquer le despotisme. Les contrastes abondent dans cette société terrible : beaucoup d'hommes y parlent entre eux aussi librement que s'ils vivaient en France : cette liberté secrète les console de l'esclavage public qui fait la honte et le malheur de leur pays.

Donc dans la crainte d'exaspérer des familles prépondérantes, on aura cédé à je ne sais quel genre de prudence ou de miséricorde : la princesse est partie avec son mari le galérien; et ce qu'il y a de plus merveilleux, c'est qu'elle est arrivée. Voyage immense, et qui était à lui seul une épreuve terrible. Vous savez que ces voyages se font en téléga, petite charrette découverte, sans ressorts; on roule pendant des centaines, des milliers de lieues sur des rondins qui brisent les voitures et les corps. La malheureuse femme a supporté cette fatigue et bien d'autres après celle-là : j'entrevois ses privations, ses souffrances, mais je ne puis vous les décrire, les détails me manquent, et je ne veux rien imaginer : la vérité dans cette histoire m'est sacrée.

L'effort vous paraîtra plus héroïque quand vous saurez que jusqu'à l'époque de la catastrophe les deux époux avaient vécu assez froidement ensemble. Mais un dévouement passionné ne tient-il pas lieu d'amour? n'est-ce pas l'amour lui-même? L'amour a plusieurs sources et le sacrifice est la plus abondante.

Ils n'avaient point eu d'enfants à Pétersbourg; ils en eurent cinq en Sibérie !

LETTRE VINGT ET UNIÈME.

Cet homme glorifié par la générosité de sa femme est devenu un être sacré aux yeux de tout ce qui s'approche de lui. Eh! qui ne vénérerait l'objet d'une amitié si sainte!

Quelque criminel que fut le prince Troubetzkoï, sa grâce, que l'Empereur refusera probablement jusqu'à la fin, car il croit devoir à son peuple et se devoir à lui-même une sévérité implacable, est depuis longtemps accordée au coupable par le Roi des Rois; les vertus presque surnaturelles d'une épouse peuvent apaiser la colère d'un Dieu, elles n'ont pu désarmer la justice humaine. C'est que la toute-puissance divine est une réalité, tandis que celle de l'Empereur de Russie n'est qu'une fiction.

Il y a longtemps qu'il aurait pardonné s'il était aussi grand qu'il le paraît, mais la clémence, outre qu'elle répugne à son naturel, lui semble une faiblesse par laquelle le Roi manquerait à la royauté; habitué qu'il est à mesurer sa force à la peur qu'il inspire, il regarderait la pitié comme une infidélité à son code de morale politique.

Quant à moi qui ne juge du pouvoir d'un homme sur les autres que par celui que je lui vois exercer sur lui-même, je ne crois son autorité assurée que lorsqu'il a su pardonner; l'Empereur Nicolas n'a osé que punir. C'est que l'Empereur Nicolas, qui se connaît en flatterie, puisqu'il est flatté toute sa vie par soixante millions d'hommes, lesquels s'évertuent à lui persuader qu'il est au-dessus de l'humanité, croit devoir rendre à son tour quelques grains d'encens au peuple dont il est adoré, et cet encens empoisonné inspire la cruauté. Le pardon serait une leçon dangereuse à donner à un peuple aussi rude encore au fond du cœur que l'est le peuple russe. Le prince se rabaisse au niveau de ses sauvages sujets; il s'endurcit avec eux, il ne craint pas de les abrutir pour se les attacher : peuple et souverain luttent entre eux de déceptions, de préjugés et d'inhumanité. Abominable combinaison de barbarie et de faiblesse, échange de férocité, circulation de mensonge qui fait la vie d'un monstre, d'un corps cadavéreux dont le sang est du venin : voilà le despotisme dans son essence et dans sa fatalité!....

Les deux époux ont vécu pendant quatorze ans à côté, pour ainsi dire, des mines de l'Oural, car les bras d'un ouvrier comme le prince avancent peu le travail matériel de la pioche; il est là pour y être..... voilà tout; mais il est galérien, cela suffit..... Vous verrez tout à l'heure à quoi cette condition condamne un homme..... *et ses enfants!!*...

Il ne manque pas de bons Russes à Pétersbourg; et j'en ai rencontré qui regardent la vie des condamnés aux mines comme fort supportable et qui se plaignent de ce que les *modernes faiseurs de phrases* exagèrent les souffrances des conspirateurs de l'Oural. A la vérité, ils conviennent qu'on ne peut leur faire parvenir aucun argent; mais leurs parents ont la permission de leur envoyer des denrées : ils reçoivent ainsi des vêtements et des vivres....... des vivres !.... Il est peu d'aliments qui puissent traverser ces distances fabuleuses sous un tel climat sans se détériorer. Mais quelles que soient les privations, les souffrances des condamnés, les vrais patriotes approuvent sans restriction le bagne politique d'invention russe. Ces courtisans des bourreaux trouvent toujours la peine trop douce pour le crime.

Au 18 fructidor, les républicains français ont usé du même moyen : l'un des cinq directeurs, Barthélemy, fut déporté à Cayenne, ainsi qu'un nombre considérable de personnes accusées et convaincues de n'avoir pas adopté avec assez d'enthousiasme les idées philanthropiques du parti de la majorité; mais au moins ces malheureux furent exilés sans être dégradés; on les traitait en citoyens quoiqu'en ennemis vaincus. La République les envoyait mourir dans des pays où l'air empoisonne les Européens, mais en les tuant pour se débarrasser d'eux, elle n'en faisait pas des parias.

Quoi qu'il en soit des délices de la Sibérie, la santé de la princesse Troubetzkoï est altérée par son séjour aux mines : on a peine à comprendre qu'une femme habituée au luxe du grand monde dans un pays voluptueux, ait pu supporter si longtemps les privations de tous genres auxquelles elle s'est soumise par choix. Elle a voulu vivre; elle a vécu, elle est devenue grosse, elle est accouchée, elle a élevé ses enfants sous une zone où la longueur et le froid de l'hiver nous paraissent contraires à la vie. Le thermomètre y descend chaque année de 36 à 40 degrés : cette température seule suffirait pour détruire la race humaine.... Mais la sainte femme a bien d'autres soucis.

Au bout de sept années d'exil, lorsqu'elle vit ses enfants grandir, elle crut devoir écrire à une personne de sa famille pour tâcher qu'on suppliât humblement l'Empereur de permettre qu'ils fussent envoyés à Pétersbourg ou dans quelque autre grande

LETTRE VINGT ET UNIÈME.

ville, afin d'y recevoir une éducation convenable.

La supplique fut portée aux pieds du Czar, et le digne successeur des Ivan et de Pierre Ier a répondu que des enfants de galérien, galériens eux-mêmes, sont toujours assez savants.

Sur cette réponse, la famille,..... la mère,..... le condamné, ont gardé le silence pendant sept autres années. L'humanité, l'honneur, la charité chrétienne, la religion humiliés, protestaient seuls pour eux, mais tout bas; pas une voix ne s'est élevée pour réclamer contre une telle *justice*.

Cependant aujourd'hui un redoublement de misère vient de tirer un dernier cri du fond de cet abîme.

Le prince a fait son temps de galères, et maintenant les exilés libérés, comme on dit, sont condamnés à former, eux et leur jeune famille, une colonie dans un coin des plus reculés du désert. Le lieu de leur nouvelle résidence, choisi *à dessein* par l'Empereur lui-même, est si sauvage que le nom de cet antre n'est pas même encore marqué sur les cartes de l'état-major russe, les plus fidèles et les plus minutieuses cartes géographiques que l'on connaisse.

Vous comprenez que la condition de la princesse

(je ne nomme qu'elle), est plus malheureuse depuis qu'on lui permet d'habiter cette solitude (remarquez que dans cette langue d'opprimés, interprétée par l'oppresseur, les permissions sont obligatoires); aux mines elle se chauffait sous terre ; là du moins cette famille avait des compagnons d'infortune, des consolateurs muets, des témoins de son héroïsme : elle rencontrait des regards humains qui contemplaient et déploraient respectueusement son martyre *inglorieux*, circonstance qui le rendait plus sublime. Il s'y trouvait des cœurs qui battaient à sa vue ; enfin, sans même avoir besoin de parler, elle se sentait en société, car les gouvernements ont beau faire de leur pis, la pitié se fera jour partout où il y aura des hommes.

Mais comment attendrir des ours, percer des bois impénétrables, fondre des glaces éternelles, franchir les bruyères spongieuses d'un marais sans bornes, se garantir d'un froid mortel dans une baraque ? comment enfin subsister seule avec son mari et ses cinq enfants, à cent lieues, peut-être plus loin de toute habitation humaine, si ce n'est de celle du surveillant des colons ? car c'est là ce qu'on appelle en Sibérie coloniser !...

Ce que j'admire autant que la résignation de la

princesse, c'est ce qu'il lui a fallu trouver dans son cœur d'éloquence et de tendresse ingénieuse pour surmonter la résistance de son mari, et pour réussir à lui persuader qu'elle était encore moins à plaindre en restant avec lui, en souffrant comme lui, qu'elle ne le serait à Pétersbourg entourée de toutes les commodités de la vie, mais séparée de lui. Quand je considère ce qu'elle est parvenue à donner et à faire recevoir, je reste muet d'admiration; c'est ce triomphe du dévouement récompensé par le succès, puisqu'il est consenti par l'objet de tant d'amour, que je regarde comme un miracle de délicatesse, de force et de sensibilité; savoir faire le sacrifice de soi-même, c'est noble et rare; savoir faire accepter un pareil sacrifice, c'est sublime....

Aujourd'hui, ce père et cette mère dénués de tout secours, sans force physique, contre tant d'infortunes, épuisés par les trompeuses espérances du passé, par l'inquiétude de l'avenir, perdus dans leur solitude, brisés dans l'orgueil de leur malheur qui n'a plus même de témoins, punis dans leurs enfants, dont l'innocence ne sert que d'aggravations au supplice de leurs parents : ces martyrs d'une politique féroce ne savent plus comment vivre eux et leur famille. Ces petits forçats de naissance, ces parias impériaux ont beau porter des numéros en guise de noms, s'ils n'ont plus de patrie, plus de place dans l'État, la nature leur a donné des corps qu'il faut nourrir et vêtir : une mère, quelque dignité, quelque élévation d'âme qu'elle ait, verra-t-elle périr le fruit de ses entrailles sans demander grâce? non; elle s'humilie;.... et cette fois ce n'est pas par vertu chrétienne; la femme forte est vaincue par la mère au désespoir; prier Dieu ne suffit que pour le salut éternel, elle prie l'homme pour du pain : que Dieu lui pardonne !.... elle voit ses enfants malades sans pouvoir les secourir, sans avoir aucun remède à leur administrer pour les soulager, pour les guérir peut-être, pour leur sauver la vie qu'ils vont perdre.... Aux mines, on pouvait encore les faire soigner; dans leur nouvel exil ils manquent de tout. Dans ce dénûment extrême, elle ne voit plus que leur misère; le père, le cœur flétri par tant de malheur, la laisse agir selon son inspiration, bref, pardonnant.... (demander grâce, c'est pardonner?....) pardonnant avec une générosité héroïque à la cruauté d'un premier refus, la princesse écrit une seconde lettre du fond de sa hutte; cette lettre est adressée à sa famille, mais destinée

LETTRE VINGT ET UNIÈME.

à l'Empereur. C'était se mettre sous les pieds de son ennemi, c'était oublier ce qu'on se doit à soi-même; mais qui ne l'absoudrait, l'infortunée?.....
Dieu appelle ses élus à tous les genres de sacrifices, même à celui de la fierté la plus légitime; Dieu est généreux et ses trésors sont inépuisables.... Oh! l'homme qui pourrait comprendre la vie sans l'éternité n'aurait vu des choses de ce monde que le beau côté! il aurait vécu d'illusions comme on voudrait me faire voyager en Russie.

La lettre de la princesse est arrivée à sa destination, l'Empereur l'a lue; et c'est pour me communiquer cette lettre qu'on m'a empêché de partir; je ne regrette pas le retard : je n'ai rien lu de plus simple ni de plus touchant : des actions comme les siennes dispensent des paroles : elle use de son privilége d'héroïne, elle est laconique, même en demandant la vie de ses enfants... C'est en peu de lignes qu'elle expose sa situation, sans déclamations, sans plaintes. Elle s'est placée au-dessus de toute éloquence : les faits seuls parlent pour elle; elle finit en implorant pour unique faveur la permission d'habiter à portée d'une apothicairerie, afin, dit-elle, de pouvoir donner quelque médecine à ses enfants quand ils sont malades... Les environs de Tobolsk, d'Irkutsk ou d'Orenbourg lui paraîtraient le paradis. Dans les derniers mots de sa lettre elle ne s'adresse plus à l'Empereur, elle oublie tout, excepté son mari, c'est à la pensée de leur cœur qu'elle répond avec une délicatesse et une dignité qui mériteraient l'oubli du forfait le plus exécrable : et elle est innocente!... et le maître auquel elle s'adresse est tout-puissant, et il n'a que Dieu pour juge de ses actes !... « Je suis bien malheureuse, dit-elle, pourtant si c'était à refaire, je le ferais encore. »

Il s'est trouvé dans la famille de cette femme une personne assez courageuse, et quiconque connaît la Russie doit rendre hommage à cet acte de piété, une personne assez courageuse pour oser porter cette lettre à l'Empereur et même pour appuyer d'une humble supplication la requête d'une parente disgraciée. On n'en parle au maître qu'avec terreur comme on parlerait d'une criminelle ; cependant devant tout autre homme que l'Empereur de Russie, on se glorifierait d'être allié à cette noble victime du devoir conjugal. Que dis-je? il y a là bien plus que le devoir d'une femme, il y a l'enthousiasme d'un ange.

Néanmoins il faut compter pour rien tant d'héroïsme; il faut trembler, demander grâce pour une vertu qui force les portes du ciel; tandis que tous les époux, tous les fils, toutes les femmes, tous les humains devraient élever un monument en l'honneur de ce modèle des épouses, tous devraient tomber à ses pieds en chantant ses louanges; on la glorifierait devant les saints; on n'ose la nommer devant l'Empereur!!... Pourquoi règne-t-on, si ce n'est pour faire justice à tous les genres de mérite? Quant à moi, si elle revenait dans le monde, j'irais la voir passer, et si je ne pouvais m'approcher d'elle et lui parler, je me contenterais de la plaindre, de l'envier, et de la suivre de loin comme on marche derrière une bannière sacrée.

Eh bien! après quatorze ans de vengeance suivie sans relâche, mais non asssouvie..... Ah! laissez éclater mon indignation, ménager les termes en racontant de tels faits ce serait trahir une cause sacrée! Que les Russes réclament s'ils l'osent: j'aime mieux manquer de respect au despotisme qu'au malheur. Ils m'écraseront s'ils le peuvent, mais au moins l'Europe apprendra qu'un homme à qui soixante millions d'hommes ne cessent de dire qu'il est tout-puissant, se venge!... Oui, c'est le mot vengeance que je veux attacher à une telle justice!! Donc après quatorze ans, cette femme ennoblie par tant d'héroïques misères, obtient de l'Empereur Nicolas, pour toute réponse, les paroles que vous allez lire, et que j'ai recueillies de la bouche même d'une personne à qui le courageux parent de la victime venait de les répéter : « Je suis étonné qu'on ose encore me parler.....(deux fois en quinze ans!....) d'une famille dont le chef a conspiré contre moi. » Doutez de cette réponse, j'en doute moi-même, cependant j'ai la preuve qu'elle est vraie. La personne qui me l'a redite, mérite toute confiance; d'ailleurs les faits parlent : la lettre n'a rien changé au sort des exilés.

Et la Russie se vante de l'abolition de la peine de mort!!. [1] Modérez votre zèle, abolissez seulement le mensonge qui préside à tout, défigure

---

[1] A quoi servent les institutions dans un pays où le gouvernement est au-dessus des lois, où le peuple languit dans l'oppression à côté de la justice, qui lui est montrée de loin comme on présente un morceau friand à un chien qu'on bat s'il ose en approcher, comme une curiosité qui subsiste à condition que personne n'y touche. On croit rêver quand sous un régime aussi cruellement arbitraire, on lit dans la brochure de M. J. Tolstoi, intitulée : *Coup d'œil sur la législature russe*, suivi d'un léger aperçu sur l'administration de ce pays, ces paroles dérisoires : « C'est elle (l'Impératrice Élisa-

LETTRE VINGT ET UNIÈME. 155

tout, envenime tout chez vous et vous aurez fait assez pour le bien de l'humanité.

Les parents des exilés, les Troubetzkoï, famille

« beth) qui décréta l'abolition de la peine de mort; cette question
« si difficile à résoudre, que les publicistes les plus éclairés, les
« criminalistes et les jurisconsultes de nos jours ont examinée, con-
« troversée et débattue sous toutes ses faces sans parvenir à en
« trouver la solution, Élisabeth l'a résolue il y a environ un siècle
« dans un pays qu'on ne cesse de représenter comme une terre
« barbare. » Ce chant de triomphe exécuté d'un air si délibéré nous donne un échantillon de la manière dont les Russes comprennent la civilisation. En fait de progrès politique et législatif, la Russie jusqu'à présent s'est contentée du mot; à la manière dont les lois sont observées dans ce pays on ne risque rien de les faire douces. C'est ainsi que par un système opposé on les faisait sévères dans l'Europe occidentale du moyen âge et avec tout aussi peu de succès ! On devrait dire aux Russes : commencez par décréter la permission de vivre, vous raffinerez ensuite sur le code pénal.

En 1836, la sœur d'un M. Pawlof, employé dans je ne sais quelle administration, avait été séduite par un jeune homme qui refusait de l'épouser, malgré les sommations du frère. Celui-ci apprenant que le séducteur allait épouser une autre femme, attend le fiancé à la porte de sa maison au moment où le cortége revient de la messe et il poignarde le marié. Le lendemain, Pawlof fut dégradé, il allait subir la peine légale de l'exil, lorsque l'Empereur, mieux informé, casse l'arrêt de l'Empereur mal informé!.... Le surlendemain, l'assassin est réhabilité.

Lors de l'affaire d'Alibaud, un Russe, qui n'est pas un paysan puisqu'il est le neveu d'un des grands seigneurs les plus spirituels puissante, vivent à Pétersbourg ; et ils vont à la cour!!!... Voilà l'esprit, la dignité, l'indépendance de l'aristocratie russe. Dans cet Empire de la Russie, déclamait contre le gouvernement français : quel pays, s'écriait-il ; juger un pareil monstre !.... que ne l'exécutait-on le lendemain de son attentat !!...

Voilà l'idée que les Russes se font du respect qu'on doit à la justice et au monarque.

La courte brochure de M. J. Tolstoi n'est qu'un hymne en prose en l'honneur du despotisme, qu'il confond sans cesse, soit à dessein, soit naïvement, avec la monarchie tempérée; cet ouvrage est précieux par les aveux qui s'y trouvent renfermés sous la forme de louanges : il a d'ailleurs un caractère officiel comme tout ce que publient les Russes qui veulent continuer de vivre dans leur pays. Voici quelques exemples de cette flatterie innocente qui ailleurs s'appellerait insulte ; mais ici l'encens n'est pas raffiné. L'auteur loue l'Empereur Nicolas des réformes introduites par ce prince dans le code des lois russes : grâce à ces améliorations, dit-il, *aucun noble ne pourra désormais être mis aux fers quelle que soit sa condamnation.* Ce titre de gloire du législateur, rapproché des actes de l'Empereur, et particulièrement des faits que vous venez de lire, vous donne la mesure de la confiance que vous pouvez accorder aux lois de ce pays et à ceux qui s'enorgueillissent tantôt de leur douceur, tantôt de leur efficacité. Ailleurs le même courtisan..., j'allais dire écrivain, poursuit son cours de louanges et nous exalte en ces termes ce qu'il prend pour la constitution de son malheureux pays : « En Russie, la loi qui
« émane directement du souverain, acquiert plus de force que les
« lois qui proviennent des assemblées délibérantes par la raison
« qu'il y a un *sentiment religieux* attaché à tout ce qui dérive de ce
« principe, l'Empereur *étant le chef-né de la religion du pays ;* et le

de la violence, la peur justifie tout!.. bien plus, elle est assurée d'une récompense. La peur, embellie du nom de prudence et de modération, est le seul mérite qui ne reste jamais oublié.

Il y a des personnes ici qui accusent la princesse Troubetzkoï de folie : « Ne peut-elle revenir seule à Pétersbourg? » dit-on. La dérision de la bassesse, c'est le coup de pied de l'âne. Fuyez un pays où l'on ne tue pas légalement, il est vrai, mais où l'on fait des familles de damnés au nom d'un fanatisme politique qui sert à tout absoudre.

Plus d'hésitation, plus d'incertitude; pour moi l'Empereur Nicolas est enfin jugé.... C'est un homme de caractère et de volonté, il en faut pour se con-

---

« peuple que des doctrines *déicides* n'ont pas encore entamé, con-
« sidère comme sacré tout ce qui découle de cette source. »

La sécurité avec laquelle cette flatterie est dispensée rend toute remarque superflue, nulle satire ne pourrait porter coup après de tels éloges. Le choix du point de vue de l'écrivain, homme du monde, homme d'esprit, homme d'affaires, vous en apprend plus sur la législation de son pays, ou plutôt sur la confusion religieuse, politique et juridique qu'on appelle l'ordre social en Russie, sur la vie civile, sur l'esprit, les opinions et les mœurs des Russes que tout ce que j'essaierais de vous développer dans des volumes de réflexions.

stituer le geôlier d'un tiers du globe; mais il manque de magnanimité : l'usage qu'il fait de son pouvoir ne me le prouve que trop. Que Dieu lui pardonne; je ne le verrai plus heureusement! Je lui dirais ce que je pense de cette histoire et ce serait le dernier degré de l'insolence..... D'ailleurs par cette audace gratuite, je porterais le coup de grâce aux infortunés dont j'aurais pris la défense sans mission, et je me perdrais moi-même[1].

Quel cœur ne saignerait à l'idée du supplice volontaire de cette malheureuse mère? Mon Dieu! si c'est là ce que vous destinez sur la terre à la vertu la plus sublime, montrez-lui votre ciel, ouvrez-le pour elle avant l'heure de la mort!... Se figure-t-on ce que doit éprouver cette femme quand elle jette les yeux sur ses enfants, et qu'aidée de son mari, elle tâche de suppléer à l'éducation qui leur manque? l'éducation!.. c'est du poison pour ces brutes numérotées! et cependant des gens du monde, des personnes élevées comme nous, peuvent-elles se résigner à n'enseigner à leurs enfants

[1] Je n'ai pas cette crainte en publiant mon voyage, car ayant écrit librement mon opinion sur toutes choses, je ne puis être soupçonné de parler, en cette circonstance, à la prière d'une famille ou d'une personne.

que ce qu'ils doivent savoir pour être heureux dans la colonie sibérienne? Peuvent-elles renier tous leurs souvenirs, toutes leurs habitudes pour dissimuler le malheur de leur position aux innocentes victimes de leur amour? L'élégance native des parents ne doit-elle pas inspirer à ces jeunes sauvages des idées qu'ils ne pourront jamais réaliser? quel danger, quel tourment de tous les instants pour eux et quelle mortelle contrainte pour leur mère! Cette torture morale ajoutée à tant de souffrances physiques est pour moi un rêve affreux dont je ne puis me réveiller : depuis hier matin, à chaque instant du jour ce cauchemar me poursuit; je me surprends disant : que fait maintenant la princesse Troubetzkoï? Que dit-elle à ses enfants : de quel œil les regarde-t-elle? Quelle prière adresse-t-elle à Dieu pour ces créatures damnées avant de naître par la providence des Russes? Ah! ce supplice qui tombe sur une génération innocente déshonore toute une nation!!...

Je finis par l'application trop méritée de ces vers de Dante. Quand je les appris par cœur j'étais loin de me douter de l'allusion qu'ils me fourniraient ici :

>   Ahi Pisa! vituperio delle genti
>   Del bel paese là dove 'l si sona;

> Poi ch' i vicini a te punir son lenti,
> Muova si la Capraia e la Gorgona ;
> E faccian siepe ad Arno in sù la foce,
> Si ch'egli annieghi in te ogni persona :
> Che se 'l conte Ugolino aveva voce
> D'aver tradita te de le castella ;
> Non dovei tu i figliuoi porre à tal croce.
> Innocenti i facea l'eta novella,
> Novella Tebe, Uguiccion, e 'l Brigata
> E gli altri due, ch' el canto suso appella.

« Ah! Pise! honte des peuples de cette belle contrée, où le oui est sonore ; puisque les voisins sont lents à te punir, que la Capraia et la Gorgona s'ébranlent et forment digue à l'Arno près de la mer afin qu'il noie chez toi tous tes citoyens. Que si le comte Ugolin passait pour avoir livré tes forteresses, devais-tu condamner ses enfants à un tel supplice? Innocents les faisait leur âge encore nouveau, nouvelle Thèbes, Uguiccion et le Brigata et les autres, que j'ai chantés plus haut. »

J'achèverai mon voyage, mais sans aller à Borodino, sans assister à l'entrée de la cour au Kremlin; sans vous parler davantage de l'Empereur : qu'aurais-je à vous dire de ce prince que vous ne sachiez maintenant aussi bien que moi? Songez, pour vous faire une idée des hommes et des choses de ce pays, qu'il s'y passe bien d'autres histoires du genre de celles que vous venez de lire : mais elles sont et resteront ignorées : il a fallu un concours de circonstances que je regarde comme providentiel pour me révéler les faits et les détails que ma conscience me force à consigner ici.

Je vais recueillir toutes les lettres que j'ai écrites pour vous depuis mon arrivée en Russie, et que vous n'avez pas reçues, car je les ai conservées par prudence ; j'y joindrai celle-ci ; et j'en ferai un paquet bien cacheté, que je déposerai en mains sûres, ce qui n'est pas chose facile à trouver à Pétersbourg. Puis je terminerai ma journée en vous écrivant une autre lettre, une lettre officielle qui partira demain par la poste ; toutes les personnes, toutes les choses que je vois ici seront louées à outrance dans cette lettre. Vous y verrez que j'admire ce pays sans restriction avec tout ce qui s'y trouve et tout ce qui s'y fait..... Ce qu'il y a de plaisant, c'est que je suis persuadé que la police russe et que vous-même vous serez également les dupes de mon enthousiasme de commande et de mes éloges sans discernement ni restrictions [1].

---

[1] Je pensais, non sans fondement, que ces flatteries circonstanciées

Si vous n'entendez plus parler de moi, pensez qu'on m'a emporté en Sibérie : ce voyage seul pourrait déranger celui de Moscou, que je ne différerai pas davantage, car mon feldjæger revient me dire que les chevaux de poste seront irrévocablement à ma porte demain matin.

saisies à la frontière assureraient ma tranquillité pendant le reste de mon voyage.

SOMMAIRE DE LA LETTRE VINGT-DEUXIÈME.

Route de Pétersbourg à Moscou. — Rapidité du voyage. — Nature des matériaux. — Balustrades des ponts. — Cheval tombé. — Mot de mon feldjæger. — Portrait de cet homme. — Postillon battu. — Train dont on mène l'Empereur. — Asservissement des Russes. — Ce que l'ambition coûte aux peuples. — Le plus sûr moyen de gouverner. — A quoi devrait servir le pouvoir absolu ? — Mot de l'Évangile. — Malheur des Slaves. — Desseins de Dieu sur l'homme. — Rencontre d'un voyageur russe. — Ce qu'il me prédit touchant ma voiture. — Prophétie accomplie. — Le postillon russe. — Ressemblance du peuple russe avec les gitanos d'Espagne. — Femmes de la campagne. — Leur coiffure, leur ajustement, leur chaussure. — La condition des paysans ; meilleure que celle des autres Russes. — Résultat bienfaisant de l'agriculture. — Aspect du pays. — Bétail chétif. — Question. — La maison de poste. — Manière dont elle est décorée. — Des distances en Russie. — Aspect désolé du pays. — Habitations rurales. — Montagnes de Valdaï : exagération des Russes. — Toque des paysans ; plumes de paon. — Chaussures de nattes. — Rareté des femmes. — Leur costume. — Rencontre d'une voiture de dames russes. — Leur manière de s'habiller en voyage. — Petites villes russes. — Petit lac ; couvent dans un site romantique. — Forêts dévastées. — Plaines monotones. — Torjeck. — Cuir brodé, maroquin. — Côtelettes de poulet. — Aspect de la ville. — Ses environs. — Double chemin. — Troupeaux de bœufs. — Charrettes. — Encombrement de la route.

LETTRE VINGT-DEUXIÈME.

Pomerania, ce 3 août 1839, maison de poste à dix-huit lieues de Pétersbourg.

Voyager en poste sur la route de Pétersbourg à Moscou, c'est se donner pendant des jours entiers la sensation qu'on éprouvait lorsqu'on descendait les montagnes russes à Paris. On fait bien d'apporter une voiture anglaise à Pétersbourg, uniquement pour avoir le plaisir de parcourir sur des ressorts réellement élastiques (ceux des voitures russes ne le sont que de nom) cette fameuse route, la plus belle chaussée de l'Europe, au dire des Russes et je crois des étrangers. Il faut convenir qu'elle est bien soignée, mais dure, à cause de la nature des matériaux qui tout cassés qu'ils sont, et même en assez petits morceaux, s'incrustent dans le corps de la chaussée, où ils forment de petites aspérités immobiles et secouent les boulons au point d'en faire sauter un ou deux par poste ; d'où il arrive qu'on perd au relais le temps qu'on a gagné sur la route, où l'on tourbillonne dans la poussière avec l'étourdissante rapidité d'un ouragan chassant les nuages devant lui. La voiture anglaise est bien agréable pour les premiers relais, mais à la longue on sent ici le besoin d'un équipage russe pour résister au train des postillons et à la dureté du chemin. Les garde-fous des ponts sont en belles grilles de fer ornées d'écussons aux armes impériales, et les poteaux qui soutiennent ces élégantes balustrades sont des piliers de granit équarris avec luxe; toutes ces choses ne font qu'apparaître aux yeux du voyageur abasourdi, le monde fuit derrière lui comme les rêves d'un malade.

Cette route, plus large que les routes d'Angleterre, est tout aussi unie quoique moins douce, et les chevaux qui vous traînent sont petits, mais pleins de nerf.

Mon feldjæger a des idées, une tenue, une figure qui ne me permettent pas d'oublier l'esprit qui règne dans son pays. En arrivant au second relais, un de nos quatre chevaux attelés de front manque des quatre pieds et tombe sous la roue. Heureusement le cocher, sûr de ceux qui lui restent, les arrête sur place; malgré la saison avancée, il fait encore dans le milieu du jour une chaleur brûlante, et la poussière rend l'air étouffant. Je pense que le cheval tombé vient d'être frappé d'un coup de soleil, et que si on ne le saigne à l'instant il va mourir; j'appelle mon feldjæger, et, tirant de ma poche un étui contenant une flamme de vétérinaire, je la lui offre en lui disant d'en faire usage tout de suite, s'il veut sauver la pauvre bête. Il me répond avec un flegme malicieux, sans prendre l'instrument que je lui présente, sans regarder l'animal : « C'est bien inutile, nous sommes au relais. »

Là-dessus, au lieu d'aider le malheureux postillon à dégager l'animal, il entre dans l'écurie voisine pour nous faire préparer un autre attelage.

Les Russes sont encore loin d'avoir comme les Anglais une loi pour protéger les animaux contre les mauvais traitements des hommes; chez eux au contraire les hommes auraient besoin qu'on plaidât leur cause comme on plaide à Londres pour les chiens et les chevaux. Mon feldjæger ne croirait pas à l'existence d'une telle loi.

Cet homme, Li̇ ̇ ̇ ̇ien d'origine, parle allemand, heureusement pour moi. Sous les dehors d'une politesse officielle, à travers un langage obséquieux, on lui lit dans la pensée beaucoup d'insolence et d'obstination. Sa taille est grêle, ses cheveux d'un blond de filasse donnent à ses traits un air enfantin que dément l'expression dure de sa physionomie et surtout de ses yeux, dont le regard est faux et cruel; ils sont gris, bordés de cils presque blancs; son front est bombé, mais bas; ses épais sourcils sont d'un blond fade; son visage est sec; sa peau serait blanche, mais elle est tannée par l'action habituelle de l'air; sa bouche fine, toujours serrée au repos, est bordée de lèvres si minces, qu'on ne les entrevoit que lorsqu'il parle. Son uniforme, vert russe, proprement tenu, bien coupé, fixé autour des reins au moyen d'une ceinture de cuir bouclée par devant, lui donne une sorte d'élégance. Il a la démarche légère, mais l'esprit extrêmement lent.

Malgré la discipline qui l'a façonné, on s'aperçoit qu'il n'est pas Russe d'origine : la race moitié suédoise, moitié teutonne qui peuple la côte méridionale du golfe de Finlande, est très-différente de celle des Slaves et des Finois qui dominent dans le gouvernement de Pétersbourg. Les vrais Russes valaient primitivement mieux que les populations bâtardes qui défendent les abords du pays.

Ce feldjæger m'inspire peu de confiance; officiellement il s'appelle mon protecteur, mon guide; mais je vois en lui un espion déguisé, et je pense qu'à chaque instant il pourrait recevoir l'ordre de se déclarer sbire ou geôlier...... De telles idées

LETTRE VINGT-DEUXIÈME.

troubleraient le plaisir de voyager ; mais je vous ai déjà dit qu'elles ne me viennent que lorsque j'écris : en route le mouvement qui m'emporte et la succession rapide des objets me distraient de tout.

Je vous ai dit aussi que les Russes entre eux font assaut de politesse et de brutalité ; tous se saluent et se frappent à l'envi les uns des autres : voici, entre mille, un nouvel exemple de cet échange de compliments et de mauvais traitements. Le postillon qui vient de me conduire à la maison de poste d'où je vous écris ceci, avait encouru au départ je ne sais par quelle faute, une peine qu'il est plus habitué à subir que je ne le suis à la voir infligée par un homme à un autre homme. Celui-ci donc tout jeune, on peut même dire tout enfant qu'il est, a été foulé aux pieds avant de me mener, et rudement frappé à coups de poing par son camarade, le chef de l'écurie. Les coups étaient forts, car je les entendais de loin retentir dans la poitrine du patient. Quand l'exécuteur des hautes œuvres, le justicier de la poste fut las de sa tâche, la victime se releva sans proférer une parole : essoufflé, tremblant, le malheureux rajuste sa chevelure, salue son supérieur, et, encouragé par le traitement qu'il vient de recevoir de lui, il monte légèrement sur mon siége, pour me faire faire au triple galop quatre lieues et demie ou cinq lieues en une heure. L'Empereur en fait sept. Les wagons du chemin de fer auraient de la peine à suivre sa voiture. Que d'hommes doivent être battus, que de chevaux doivent crever, pour rendre possible une si étonnante vélocité, et cela pendant cent quatre-vingts lieues de suite !... On prétend que l'incroyable rapidité de ces voyages en voiture découverte nuit à la santé : peu de poitrines résistent à l'habitude de fendre l'air si rapidement. L'Empereur est constitué de manière à supporter tout, mais son fils, moins robuste, se ressent des assauts qu'on livre à son corps, sous prétexte de le fortifier. Avec le caractère que ses manières, sa physionomie et son langage font supposer, ce prince doit souffrir dans son pays moralement autant que physiquement. C'est le cas d'appliquer le mot de Champfort : « Dans la vie de l'homme, il vient inévitablement un âge où il faut que le cœur se bronze ou se brise. »

Le peuple russe me fait l'effet de ces hommes d'un talent gracieux et qui se croient nés exclusivement pour la force : avec le laisser aller des Orientaux il possède le sentiment des arts, ce qui équivaut à dire que la nature lui a donné le besoin de la liberté : au lieu de cela leurs maîtres en font des machines à oppression. Un homme, pour peu qu'il s'élève d'une ligne au-dessus de la tourbe, acquiert aussitôt le droit, bien plus, il contracte l'obligation de maltraiter d'autres hommes auxquels il est chargé de transmettre les coups qu'il reçoit d'en haut; quitte à chercher, dans les maux qu'il inflige, des consolations à ceux qu'il subit. Ainsi descend d'étage en étage l'esprit d'iniquité jusque dans les fondements de cette malheureuse société qui ne subsiste que par la violence ; mais une violence telle qu'elle force l'esclave à se mentir à lui-même pour remercier le tyran; et de tant d'actes arbitraires dont se compose chaque existence particulière, naît ce qu'on appelle ici l'ordre public, c'est-à-dire une tranquillité morne, une paix effrayante, car elle tient de celle du tombeau; les Russes sont fiers de ce calme. Tant qu'un homme n'a pas pris son parti de marcher à quatre pattes, il faut bien qu'il s'enorgueillisse de quelque chose, ne fût-ce que pour conserver son droit au titre de créature humaine....... Que si l'on parvenait à me prouver la nécessité de l'injustice et de la violence pour obtenir de grands résultats politiques, j'en conclurais que le patriotisme, loin d'être une vertu civique, comme on l'a dit jusqu'à présent, est un crime de lèse-humanité.

Par esprit de réaction contre les doctrines chrétiennes on est convenu dans le monde, surtout depuis un siècle, de préconiser l'ambition, comme si ce n'était pas la plus cruelle, la plus impitoyable des passions, et comme si l'État se voyait à chaque instant menacé de manquer de talents orgueilleux, de cœurs avides, d'esprits dominateurs. Mais c'est surtout aux gouvernements qu'on permet l'ambition; il semble que les chefs des peuples aient le privilége de l'iniquité. Quant à moi, je ne vois nulle différence morale entre l'injuste convoitise d'une nation conquérante, et le vol à main armée d'un brigand. La seule distinction à établir entre les crimes publics et les forfaits isolés, c'est que les uns font un grand, et les autres un petit mal.

Les Russes s'excusent à leurs propres yeux par la pensée que le gouvernement qu'ils subissent est favorable à leurs ambitieuses espérances; mais tout but qui ne peut être atteint que par de tels moyens est mauvais. Ce peuple est intéressant; je reconnais chez les individus des dernières classes une sorte d'esprit dans leur pantomime, de souplesse, de prestesse dans leurs mouvements, de finesse, de mélancolie, de grâce dans leur physionomie qui dénote des hommes de race : on en a fait des bêtes de somme. Me persuadera-t-on qu'il faille superposer les dépouilles de ce bétail humain dans le sol, pour que la terre s'engraisse pendant des siècles avant de pouvoir produire des générations dignes de recueillir la gloire que la Providence promet aux Slaves ? La Providence défend de faire un petit mal, même dans l'espoir du plus grand bien.

Ce n'est pas à dire qu'on doive et qu'on puisse aujourd'hui gouverner la Russie comme on gouverne les autres pays de l'Europe; seulement, je soutiens qu'on éviterait bien des maux si l'exemple de l'adoucissement des mœurs était donné d'en haut. Mais qu'espérer d'un peuple de flatteurs, flatté par son souverain? Au lieu de les élever à lui, il s'efforce de s'abaisser à leur niveau.

Si la politesse de la cour influe sur les manières des hommes des dernières classes, n'est-il pas permis de penser que l'exemple de la clémence donné par un prince absolu, inspirerait le sentiment de l'humanité à tout son peuple ?

Usez de sévérité contre ceux qui abusent et de mansuétude contre ceux qui souffrent, et bientôt vous aurez changé votre troupeau en nation... problème difficile à résoudre sans doute; mais n'est-ce pas pour exécuter ce qui serait impossible à d'autres que vous êtes déclaré et reconnu tout-puissant ici-bas? L'homme qui occupe la place de Dieu sur la terre ne doit reconnaître d'impossible que le mal. Il est obligé de ressembler à la Providence pour légitimer la puissance qu'il s'attribue.

Si le pouvoir absolu n'est qu'une fiction qui flatte l'amour-propre d'un seul homme aux dépens de la dignité d'un peuple, il faut l'abolir; si c'est une réalité, elle coûte trop cher pour ne servir à rien.

Vous voulez gouverner la terre comme les anciennes sociétés : par la conquête; vous prétendez vous emparer par les armes des pays qui sont à votre convenance, et de là opprimer le reste du monde par la terreur : tel est votre but; et les moyens que vous prenez vous y mèneront, dites-vous.... c'est possible; mais moi je déteste et votre but et vos moyens.

L'extension de puissance que vous rêvez n'est point intelligente, elle n'est point morale; et si Dieu vous l'accorde ce sera pour le malheur du monde.

Je le sais trop, la terre n'est pas le lieu où la

justice absolue triomphe. Néanmoins le principe reste immuable, le mal est mal en lui sans égard à ses effets : soit qu'il serve à la perte ou à l'agrandissement d'un peuple, à la fortune ou au déshonneur d'un homme, il pèse toujours du même poids dans la balance éternelle. Ni la perversité d'un individu, ni les crimes d'un gouvernement ne sont jamais entrés dans les desseins de la Providence; Dieu n'excuse pas plus les forfaits d'un Roi et de son peuple que ceux d'un chef de bandits et de sa troupe. Mais s'il n'a pas voulu les actions coupables, le résultat des événements s'accorde toujours avec les vues de sa justice, car cette justice veut toutes les conséquences du crime qu'elle ne voulait pas. Dieu fait l'éducation du genre humain, et toute éducation est une suite d'épreuves.

Les conquêtes de l'Empire romain n'ont pas ébranlé la foi chrétienne; le pouvoir oppressif de la Russie n'empêchera pas la même foi de subsister dans le cœur des justes. La foi durera sur la terre autant que l'inexplicable et l'incompréhensible.

Dans un monde où tout est mystère, depuis la grandeur et la décadence des nations jusqu'à la reproduction et la disparition d'un brin d'herbe, où le microscope nous en apprend autant sur l'intervention de Dieu dans la nature que le télescope dans le ciel, que la renommée dans l'histoire, la foi se fortifie de l'expérience de chaque jour, car elle est la seule lumière analogue aux besoins d'un être entouré de ténèbres et qui de sa nature n'atteint qu'au doute.

Si nous étions destinés à souffrir l'ignominie d'une nouvelle invasion, le triomphe des vainqueurs ne m'attesterait que les fautes des vaincus.

Aux yeux de l'homme qui pense, le succès ne prouve rien, si ce n'est que la vie de la terre n'est ni le premier ni le dernier mode de la vie humaine. Laissons aux juifs leur croyance intéressée et rappelons-nous le mot de Jésus-Christ : *Mon royaume n'est pas de ce monde.*

Ce mot si choquant pour l'homme charnel, on est bien forcé de le répéter à chaque pas qu'on fait en Russie ; à la vue de tant de souffrances inévitables, de tant de cruautés nécessaires, de tant de larmes non essuyées, de tant d'iniquités volontaires et involontaires, car ici l'injustice est dans l'air ; devant le spectacle de ces calamités répandues non sur une famille, non sur une ville, mais sur une race, sur un peuple habitant le tiers du globe, l'âme éperdue est contrainte de se dé-

LETTRE VINGT-DEUXIÈME.

tourner de la terre, et de s'écrier : « C'est bien vrai, mon Dieu! votre royaume n'est pas de ce monde. »

Hélas! pourquoi mes paroles ont-elles si peu de puissance? Que ne peuvent-elles égaler par leur énergie l'excès d'un malheur qu'on ne saurait consoler que par un excès de pitié! Le spectacle de cette société, dont tous les ressorts sont tendus comme la batterie d'une arme qu'on va tirer, me fait peur au point de me donner le vertige.

Depuis que je vis en ce pays, et que je connais le fond du cœur de l'homme qui le gouverne, j'ai la fièvre et je m'en vante, car si l'air de la tyrannie me suffoque, si le mensonge me révolte, je suis donc né pour quelque chose de mieux, et les besoins de ma nature, trop nobles pour pouvoir être satisfaits dans des sociétés comme celle que je contemple ici, me présagent un bonheur plus pur pour moi et pour mes semblables. Dieu ne nous a pas doués de facultés sans emploi. Sa pensée nous assigne notre place de toute éternité; c'est à nous de ne pas nous rendre indignes de la gloire qu'il nous réserve et du poste qu'il nous destine. Ce qu'il y a de meilleur en nous a son terme en lui.

Savez-vous ce qui vous condamne à lire ces réflexions? c'est un accident arrivé à ma voiture et qui me donne le loisir de vous peindre tout ce qui naît dans ma pensée.

A deux heures d'ici, j'ai rencontré un Russe de ma connaissance qui avait été visiter une de ses terres et revenait à Pétersbourg. Nous nous arrêtons pour causer un instant; le Russe, en regardant ma voiture, se met à rire et à me montrer un lisoir, une traverse, des brides, l'encastrure, les mains de derrière et une des jambes de force d'un ressort.

« Vous voyez toutes ces pièces? me dit-il, elles n'arriveront pas entières à Moscou. Les étrangers qui s'obstinent à se servir de leurs voitures chez nous, partent comme vous partez et reviennent en diligence.

— Même pour n'aller qu'à Moscou?

— Même pour n'aller qu'à Moscou.

— Les Russes m'ont dit que c'était la plus belle route de l'Europe; je les ai crus sur parole.

— Il y a des ponts qui manquent, des parties de chemins à refaire; on quitte la chaussée à chaque instant pour traverser des ponts provisoires en planches inégales, et grâce à l'inattention de nos postillons les voitures étrangères cassent toujours dans ces mauvais passages.

— Ma voiture est anglaise et éprouvée par de longs voyages.

— Nulle part on ne mène aussi vite que chez nous; les voitures ainsi emportées éprouvent tous les mouvements d'un vaisseau : le tangage et le roulis combinés comme dans les grands orages; pour résister à ces longs balancements sur une route unie comme celle-ci, mais dont le fond est dur, il faut, je vous le répète, qu'elles aient été construites dans le pays.

— Vous avez encore le vieux préjugé des voitures lourdes et massives; ce ne sont pourtant pas les plus solides.

— Bon voyage! vous me direz des nouvelles de la vôtre, si elle arrive à Moscou. »

A peine avais-je quitté cet oiseau de mauvais augure qu'un lisoir a cassé. Nous étions près du relais, où me voici arrêté. Notez que je n'ai fait encore que dix-huit lieues sur cent quatre-vingts…. Je serai forcé de renoncer au plaisir d'aller vite, et j'apprends un mot russe pour dire : doucement, c'est le contraire de ce que disent les autres voyageurs.

Un postillon russe, vêtu de son cafetan de gros drap, ou s'il fait chaud comme aujourd'hui, couvert de sa simple chemise de couleur qui fait tunique, paraît au premier coup d'œil un homme de race orientale ; à voir seulement l'attitude qu'il prend en s'asseyant sur son siége on reconnaît la grâce asiatique. Les Russes ne mènent qu'en cochers, à moins qu'une voiture très-lourde n'exige un attelage de six ou huit chevaux, et même dans ce cas le premier postillon ène du siége. Ce postillon ou cocher tient dans ses mains tout un sac de cordes ; ce sont les huit rênes du quadrige : deux pour chacun des chevaux attelés de front. La grâce, la facilité, la prestesse et la sûreté avec lesquelles il dirige ce pittoresque attelage ; la vivacité de ses moindres mouvements, la légèreté de sa démarche lorsqu'il met pied à terre, sa taille élancée, sa manière de porter ses vêtements, toute sa personne enfin rappelle les peuples les plus naturellement élégants de la terre, et surtout les gitanos d'Espagne. Les Russes sont des gitanos blonds.

Déjà j'ai aperçu quelques paysannes moins laides que celles des rues de Pétersbourg. Leur taille manque toujours de finesse, mais leur visage a de l'éclat, leur teint est frais et brillant ; dans cette saison, leur coiffure consiste en un mouchoir d'indienne lié autour de la tête et dont les pointes retombent par derrière avec une grâce qui me paraît naturelle à ce peuple. Elles portent quelquefois une petite redingote coupée aux genoux, liée à la taille avec une ceinture et fendue au-dessous des hanches pour former deux basques qui s'ouvrent par devant en laissant voir la jupe. La forme de cet ajustement a de l'élégance, mais ce qui dépare ces femmes, c'est leur chaussure : elle consiste en une paire de bottes de cuir gras à grosses semelles arrondies du bout. Les pieds de ces bottes sont larges, grimaçants, et la tige en est plissée au point de cacher entièrement la forme de la jambe, on dirait qu'elles ont dérobé la chaussure de leurs maris.

Les maisons ressemblent à celles que je vous ai décrites en revenant de Schlusselbourg; mais elles ne sont pas toutes aussi élégantes. L'aspect des villages est monotone : un village, c'est toujours deux lignes plus ou moins longues de chaumières en bois, régulièrement plantées, à une certaine distance de la grande route, car en général la rue du village dont la chaussée fait le milieu, est plus large que l'encaissement de cette route. Chaque cabane construite en pièces de bois assez grossières, a le pignon tourné vers le chemin. Ces habitations se ressemblent toutes; mais, malgré l'inévitable ennui qui résulte d'une telle uniformité, il m'a paru qu'un air d'aisance et même de bien-être régnait dans les villages. Ils sont champêtres sans être pittoresques, on y respire le calme de la vie pastorale, dont on jouit doublement en quittant Pétersbourg. Les habitants des campagnes ne me paraissent pas gais, mais ils n'ont pas non plus l'air malheureux comme les soldats et les employés du gouvernement ; de tous les Russes ce sont ceux qui souffrent le moins de l'absence de la liberté ; s'ils sont les plus esclaves, ils sont les moins inquiets.

Les travaux de l'agriculture sont propres à réconcilier l'homme avec la vie sociale, quelque prix qu'elle coûte; ils lui inspirent la patience, et lui font supporter tout pourvu qu'on lui permette de se livrer sans trouble à des occupations qui toutes sont analogues à sa nature.

Le pays que j'ai parcouru jusqu'ici est une mauvaise forêt marécageuse où l'on ne découvre à perte de vue que de petits bouleaux avortés et de misérables pins clair-semés dans une plaine stérile. On ne voit ni campagne cultivée, ni bois touffus et productifs; l'œil ne se repose que sur de maigres champs ou sur des forêts dévastées. Le bétail est ce qui rapporte le plus; mais il est chétif et de mauvaise qualité. Ici le climat opprime les bêtes comme le despotisme tyrannise l'homme. On dirait que la nature et la société luttent d'efforts pour y rendre la vie difficile. Quand on pense aux données physiques d'où il a fallu partir pour organiser ici une société, on n'a plus le droit de s'étonner de rien, si ce n'est de trouver la civilisation matérielle aussi avancée qu'elle l'est chez un peuple si peu favorisé par la nature.

Serait-il vrai qu'il y eût dans l'unité des idées et dans la fixité des choses des compensations à l'oppression même la plus révoltante? Quant à moi je ne le pense pas, mais s'il m'était prouvé que ce régime fût le seul sous lequel pouvait se fonder et se soutenir l'Empire russe, je répondrais par une simple question : était-il essentiel aux destinées du genre humain que les marais de la Finlande fussent peuplés, et que des hommes réunis là pour leur malheur y bâtissent une ville merveilleuse à voir, mais qui au fond n'est qu'une singerie de l'Europe occidentale? Le monde civilisé n'a gagné à l'agrandissement des Moscovites que la peur d'une invasion nouvelle et le modèle d'un despotisme sans miséricorde comme sans exemple, si ce n'est dans l'histoire ancienne. Encore, s'il était heureux, ce peuple!... mais il est la première victime de l'ambition dont se nourrit l'orgueil de ses maîtres.

La maison d'où je vous écris est d'une élégance qui contraste grossièrement avec la nudité des campagnes environnantes, elle est à la fois poste et auberge, et je la trouve presque propre. On la prendrait pour l'habitation de campagne de quelque particulier aisé; des stations de ce genre, quoique moins soignées que celle de Pomerania, sont bâties et entretenues de distance en distance sur cette route aux frais du gouvernement : les murs et les plafonds de celle-ci sont peints à l'italienne ; le rez-de-chaussée, composé de plusieurs salles spacieuses, ressemble assez à un restaurateur de province en France. Les meubles sont recouverts en cuir; les siéges sont en canne et propres en apparence : partout on voit de grands canapés pouvant tenir lieu de lits, mais j'ai déjà trop d'expérience pour risquer d'y dormir ; je n'ose même pas m'y asseoir ; dans les auberges russes, sans excepter les plus recherchées, les meubles de bois à coussins rembourrés sont autant de ruches où fourmille et pullule la vermine.

Je porte avec moi mon lit, qui est un chef-d'œuvre d'industrie russe. Si je casse encore une fois d'ici à Moscou, j'aurai le temps de profiter de ce meuble, et de m'applaudir de ma précaution ; mais à moins d'accident on n'a pas besoin de s'arrêter entre Pétersbourg et Moscou. La route est belle, et il n'y a rien à voir : il faut donc être forcé à descendre de voiture pour interrompre le voyage.

(*Suite de la même lettre.*)

Yedrova entre Novgorod-la-Grande et Valdaï, ce 4 août 1839.

Il n'y a pas de distance en Russie : c'est ce que disent les Russes, et ce que tous les voyageurs sont convenus de répéter. J'avais adopté comme les autres ce jugement tout fait ; mais l'incommode expérience me force de dire précisément le contraire. Tout est distance en Russie : il n'y a pas autre chose dans ces plaines vides à perte de vue ; deux ou trois points intéressants sont séparés les uns des autres par des espaces immenses. Ces intervalles sont des déserts sans beautés pittoresques : la route de poste détruit la poésie du steppe ; il ne reste que l'étendue de l'espace, et l'ennui de la stérilité. C'est nu et pauvre, ce n'est pas imposant comme un sol illustré par la gloire de ses habitants, comme la Grèce ou la Judée dévastées par l'histoire et devenues le poétique cimetière des nations ; ce n'est pas non plus grandiose comme une nature vierge : ce n'est que laid, c'est une plaine tantôt aride, tantôt marécageuse, et ces deux espèces de stérilité varient seules l'aspect des paysages. Quelques villages de moins en moins soignés à mesure qu'on s'éloigne de Pétersbourg, attristent le paysage au lieu de l'égayer. Les maisons ne sont que des amas de troncs d'arbres assez bien joints, supportant des toits de planches auxquels on ajoute quelquefois pour l'hiver une double couverture en chaume. Ces habitations doivent être chaudes, mais leur aspect est attristant : elles ressemblent aux baraques d'un camp; seulement elles sont plus sales que l'intérieur des baraques provisoires des soldats.

Les chambres de ces cases sont infectes, noires, et l'on y manque d'air. Il ne s'y trouve pas de lits : l'été on dort sur des bancs qui forment divan le long des murs de la salle, et l'hiver sur le poêle, ou sur le plancher autour du poêle, c'est-à-dire qu'un paysan russe campe toute sa vie. Le mot demeurer suppose une manière de vivre confortable, des habitudes domestiques ignorées de ce peuple.

En passant par Novgorod-la-Grande,[1] je n'ai vu aucun des anciens édifices de cette ville qui fut

[1] *Voir* pour la description de ce qui reste de cette ville célèbre la relation écrite au retour de Moscou.

longtemps une république, et qui devint le berceau de l'Empire russe, je dormais profondément quand nous l'avons traversée; si je retourne en Allemagne par Vilna et Varsovie, je n'aurai vu ni le Volkof, ce fleuve qui fut le tombeau de tant de citoyens, car la turbulente république n'épargnait pas la vie de ses enfants, ni l'église de Sainte-Sophie à laquelle se rattache le souvenir des événements les plus glorieux de l'histoire russe, avant la dévastation et l'asservissement définitif de Novgorod par Ivan IV, ce modèle de tous les tyrans modernes.

On m'avait beaucoup parlé des montagnes de Valdaï que les Russes appellent pompeusement la Suisse moscovite. J'approche de cette ville, et depuis une trentaine de lieues je remarque que le terrain devient inégal, sans qu'on puisse dire qu'il soit montagneux : ce sont de petits ravins où la route est tracée de manière à ce qu'on monte et descende les pentes au galop; on continue d'être bien mené tout en perdant du temps à chaque relais : les postillons russes sont lents à garnir et à atteler leurs chevaux.

Les paysans de ce canton portent une toque aplatie et large du haut, mais très-serrée contre la tête : cette coiffure ressemble à un champignon : elle est quelquefois entourée d'une plume de paon roulée autour du bandeau qui touche le front : si l'homme porte un chapeau, le même ornement est fixé autour du ruban. Le plus souvent leur chaussure est faite de nattes de roseau tissées par les paysans eux-mêmes et attachées aux jambes en guise de bottines avec des ficelles pour servir de lacets. C'est plus beau en sculpture qu'agréable à voir dans la vie usuelle. Quelques statues antiques nous prouvent l'ancienneté de cet ajustement.

Les paysannes sont toujours rares [1] ; on voit dix hommes avant de rencontrer une femme : celles que j'ai pu apercevoir avaient un costume qui annonce l'absence totale de coquetterie : c'est une espèce de peignoir très-large qui s'agrafe au col et tombe jusqu'à terre. Ce surtout qui ne marque nullement la taille, est fermé par devant au moyen d'un rang de boutons, un grand tablier de la même longueur et attaché derrière les épaules par deux courtes bretelles croisées sans aucune grâce, car elles ressemblent aux cordons d'un sac, complète le costume champêtre. Elles marchent presque

---

[1] Il y a un peu plus de cent ans que les femmes russes vivaient renfermées.

toutes pieds nus ; les plus riches ont toujours pour chaussures les grosses bottes que j'ai déjà décrites. Elles se couvrent la tête avec des mouchoirs d'indienne ou des morceaux de toile en façon de serre-tête. La vraie coiffure nationale des femmes russes ne se porte que les jours de fête : c'est encore aujourd'hui celle des dames de la cour : elle consiste en une espèce de shako ouvert d'en haut, ou plutôt de diadème extrêmement élevé qui fait le tour de la tête. Il est brodé de pierreries pour les dames, et de fleurs en fils d'or et d'argent pour les paysannes. Cette couronne a de la noblesse et ne ressemble à aucune autre coiffure si ce n'est à la tour de Cybèle.

Les paysannes ne sont pas les seules femmes mal soignées. J'ai vu des *dames* russes qui ont en voyage une toilette des plus négligées. Ce matin, dans une maison de poste où je m'étais arrêté pour déjeuner, j'ai rencontré toute une famille que je venais de laisser à Pétersbourg où elle habite un de ces palais élégants que les Russes sont fiers de montrer aux étrangers. Ces dames étaient là magnifiquement vêtues à la mode de Paris. Mais dans l'auberge où, grâce à de nouveaux accidents arrivés à ma voiture, je fus rejoint par elles, c'était d'autres personnes ;

je les trouvais si bizarrement métamorphosées qu'à peine pouvais-je les reconnaître ; les fées étaient devenues sorcières. Figurez-vous des jeunes personnes que vous n'auriez vues que dans le monde et qui, tout à coup, reparaîtraient devant vous en costume de Cendrillon, et pire, coiffées de vieux serre-tête en toile soi-disant blanche, sans chapeaux ni bonnets, portant des robes sales, des fichus déguenillés et qui ressemblent à des serviettes, traînant aux pieds des savates en guise de souliers et de pantoufles : il y a bien là de quoi vous persuader que vous êtes ensorcelé.

Ce qu'il y avait de pis, c'est que les voyageuses étaient suivies d'un train considérable. Ce peuple de valets, hommes et femmes, affublés de vieux habits plus dégoûtants que ceux de leurs maîtresses, allant, venant, faisant un bruit infernal, complétaient l'illusion d'une scène du sabbat. Tout cela criait, courait çà et là ; on buvait, on mangeait, on engloutissait les vivres avec une avidité capable d'ôter l'appétit à l'homme le plus affamé. Cependant ces dames n'oubliaient pas de se plaindre avec affectation devant moi de la malpropreté de la maison de poste, comme si elles eussent eu le droit de remarquer de la négligence quelque part ; je me croyais tombé au milieu d'une halte de Bohémiennes, si ce n'est que les Bohémiennes n'ont pas de prétentions.

Moi qui me pique de n'être pas difficile en voyage, je trouve les maisons de poste établies sur cette route par le gouvernement, c'est-à-dire par l'Empereur, assez confortables; j'y ai fait presque bonne chère; on y pourrait même coucher pourvu qu'on se passât de lit : car ce peuple nomade ne connaît que le tapis de Perse ou de peau de mouton, ou même de natte étendue sur un divan, et sous une tente, tente de bois, de plâtre ou de toile : c'est toujours un souvenir du bivouac; l'usage du coucher comme meuble de première nécessité n'a pas encore été adopté par les peuples de race slave; le lit finit à l'Oder.

Quelquefois au bord des petits lacs dont est parsemé l'immense marécage qu'on appelle la Russie, on aperçoit de loin une ville, c'est-à-dire un amas de petites maisons en planches grises qui se reflètent dans l'eau et produisent un effet assez pittoresque. J'ai traversé deux ou trois de ces ruches d'hommes, mais je n'ai remarqué que la ville de Zimagoy. C'est une rue de maisons toutes en bois; cette rue assez montueuse a une lieue de long, et ce qui fait qu'on ne l'oublie pas, c'est qu'à quelque distance, on découvre de l'autre côté d'un des golfes du petit lac du même nom, un couvent romantique et dont les tours blanches se détachent pittoresquement au-dessus d'une forêt de sapins, qui m'a paru plus haute et plus touffue qu'aucune de celles que j'ai vues jusqu'à présent en Russie. Quand on songe à la consommation de bois que font les Russes, soit pour construire leurs maisons, soit pour les chauffer, on s'étonne qu'il reste des forêts dans leur pays.

Toutes celles que j'ai traversées jusqu'ici sont dégarnies d'arbres. On appelle cela des bois, mais ce sont des halliers fangeux et dévastés, où dominent de loin en loin des pins de peu d'apparence, et quelques bouleaux dont les maigres cépées ne peuvent servir qu'à empêcher de cultiver la terre.

(*Suite de la même lettre.*)

Torjeck, ce 5 août 1839.

On ne voit pas de loin dans les plaines parce que tout y fait obstacle à l'œil; un buisson, une barrière, un palais vous cachent des lieues de terrain avec l'horizon qui les termine. Du reste ici nul paysage ne se grave dans la mémoire, nul site n'attire vos regards; pas une ligne pittoresque, les plans sont rares, sans mouvement, sans lignes contrariées; aussi ne contrastent-ils point entre eux; sur un terrain dénué d'accidents, il faudrait au moins les couleurs du ciel méridional : elles manquent à cette partie de la Russie, où la nature doit être comptée absolument pour rien.

Ce qu'on appelle les montagnes de Valdaï sont une suite de pentes et de contre-pentes aussi monotones que les plaines tourbeuses de Novgorod.

La ville de Torjeck est citée pour ses fabriques de cuir; c'est ici qu'on fait ces belles bottes ouvragées, ces pantoufles brodées en fils d'or et d'argent, délices de tous les élégants de l'Europe, surtout de ceux qui aiment les choses bizarres pourvu qu'elles viennent de loin. Les voyageurs qui passent par Torjeck y paient les cuirs fabriqués dans cette ville beaucoup plus cher qu'on ne les vend à Pétersbourg ou à Moscou.

Le beau maroquin, le cuir de Russie parfumé se fait à Kazan, et c'est surtout à la foire de Nijni qu'on peut, dit-on, l'acheter à bon marché, et choisir ce qu'on veut parmi des montagnes de peaux.

Torjeck a encore une autre spécialité, pour parler le langage du jour, ce sont les côtelettes de poulet. L'Empereur s'arrêtant un jour à Torjeck, dans une petite auberge, y a mangé des côtelettes de poulet farcies, et à son grand étonnement, il les a trouvées bonnes. Aussitôt les côtelettes de Torjeck sont devenues célèbres par toute la Russie. Voici leur origine [1]. Un Français malheureux avait été bien reçu et bien traité dans ce lieu par l'aubergiste; c'était une femme. Avant de partir il lui dit : « Je ne puis vous payer, mais je ferai votre fortune »; et il lui montra comment il fallait accommoder les côtelettes de poulet. Le bonheur voulut, m'a-t-on dit, que cette précieuse recette fût éprouvée d'abord sur l'Empereur et qu'elle réussît. L'aubergiste de Torjeck est morte; mais ses enfants ont hérité de sa renommée, et ils l'exploitent.

Torjeck, lorsque cette ville apparaît tout d'un coup aux yeux du voyageur qui vient de Pétersbourg, fait l'effet d'un camp au milieu d'un champ de blé. Ses maisons blanchies, ses tours, ses pavillons rappellent aussi les minarets des mosquées de l'Orient. On aperçoit les flèches dorées des dômes, on voit des

---

[1] Il n'y a rien qu'un Empereur de Russie ne puisse mettre à la mode dans son pays; à Milan, si le vice-roi protége un artiste, celui-ci est perdu de réputation et sifflé impitoyablement.

clochers ronds, d'autres carrés, les uns sont à plusieurs étages, les autres sont bas, tous sont peints en vert, en bleu ; quelques-uns sont ornés de petites colonnes ; en un mot, cette ville annonce Moscou. Le terrain qui l'entoure est bien cultivé, c'est une plaine nue, ornée de seigle ; je préfère de beaucoup encore cette vue à l'aspect des bois malades dont mes yeux ont été attristés depuis deux jours : la terre labourée est au moins fertile : on pardonne à une contrée de manquer de beautés pittoresques en faveur de sa richesse ; mais une terre stérile et qui pourtant n'a pas la majesté du désert, est ce que je connais de plus ennuyeux à parcourir.

J'ai oublié de faire mention d'une chose assez singulière qui m'a frappé au commencement du voyage.

Entre Pétersbourg et Novgorod, pendant plusieurs relais de suite, je remarquai une seconde route parallèle à la chaussée principale qu'elle suivait sans interruption à une distance peu considérable. Cette espèce de contre-allée avait des barrières, des garde-fous, des ponts en bois pour aider à traverser les cours d'eau et les mares ; enfin on n'avait rien négligé afin de rendre ce chemin praticable, quoiqu'il fût moins beau et beaucoup plus raboteux que la grande route. Arrivé à un relais je fis demander au maître de poste la cause de cette singularité : mon feldjæger me transmit l'explication de cet homme; la voici : cette route de rechange est destinée aux rouliers, aux bestiaux et aux voyageurs, quand l'Empereur ou les personnes de la famille Impériale se rendent à Moscou. On évite par cette séparation la poussière et les embarras qui incommoderaient et retarderaient les augustes voyageurs si la grande route restait publique au moment de leur passage. Je ne sais si le maître de poste s'est moqué de moi, il parlait d'un air très-sérieux, et trouvait fort simple à ce qu'il me parut, de laisser accaparer le chemin par le souverain dans un pays où le souverain est tout. Le roi qui disait : *la France c'est moi !* s'arrêtait pour laisser passer un troupeau de moutons, et sous son règne le piéton, le roulier, le manant qui suivait le grand chemin, répétait notre vieux adage aux princes qu'il rencontrait : « La route est pour tout le monde ; » ce qui fait vraiment les lois, c'est la manière de les appliquer.

En France les mœurs et les usages ont de tout temps rectifié les institutions politiques; en Russie ils les exagèrent dans l'application, ce qui fait que les conséquences deviennent pires que les principes.

Au reste, je dois dire que cette double route finit à Novgorod; on a sans doute pensé que l'encombrement serait plus grand aux environs de la capitale; ou peut-être a-t-on renoncé à continuer ce chemin de rebut.

Il faut convenir qu'avec le train dont on est mené en Russie, les troupeaux de bœufs que vous rencontrez à chaque instant sur la grande route, ainsi que les longues files de charrettes conduites par un seul roulier, peuvent occasionner des accidents graves et fréquents. La précaution de la double route est peut-être plus nécessaire ici qu'ailleurs; mais je ne voudrais pas qu'on attendît pour écarter le danger qu'il menaçât la vie de l'Empereur ou des membres de sa famille : ceci n'est pas dans l'esprit de Pierre-le-Grand, qui empruntait aux marchands de Pétersbourg le prix des drowskas de louage dans lesquels il se faisait voiturer, et qui lorsqu'on voulait fermer un de ses parcs au public, s'écriait : « Vous croyez donc que j'ai dépensé tant d'argent pour moi tout seul? »

Adieu; si je continue mon voyage sans accident ma première lettre sera datée de Moscou. Chacune des lettres que je vous écris est ployée sans adresse et cachée le plus secrètement possible. Mais toutes mes précautions seraient insuffisantes si l'on venait à m'arrêter et à fouiller ma voiture.

SOMMAIRE DE LA LETTRE VINGT-TROISIÈME.

Madame la comtesse O'Donnell.—Postillons enfants.—Leur manière de mener.—Elle ressemble à une tempête sur mer.—Souvenirs du cirque des anciens. — Pindare. — Marche poétique. — Adresse merveilleuse. — Routes encombrées de rouliers.—Chariots à un cheval. — Grâce naturelle du peuple russe. — Élégance qu'il donne aux objets dont il se sert. — Intérêt particulier que la Russie doit inspirer aux penseurs. — Costume des femmes. — Bourgeoises de Torjeck.—Leur toilette.—La balançoire. — Plaisirs silencieux. — Hardiesse des Russes. — Beauté des paysannes. — Beaux vieillards. — Beauté parfaite. — Chaumières russes. — Divans des paysans.—Bivouacs champêtres.—Penchant au vol. — Politesse, dévotion. — Dicton populaire. — Mon feldjæger vole les postillons. — Propos d'une grande dame. —Parallèle de l'esprit du grand monde en France et en Russie. — Femmes d'État. — Diplomatie, double emploi des femmes dans la politique.—Conversation des dames russes. — Manque de moralité chez les paysans.—Réponse d'un ouvrier à son seigneur. — Bonheur des serfs russes.— Ce qu'il faut en penser.—Ce qui fait l'homme social.—Vérité poétique.—Effets du despotisme. — Droits du voyageur. — Vertus et crimes relatifs. — Rapports de l'Église avec le chef de l'État. — Abolition du patriarcat de Moscou.—Citation de l'Histoire de Russie, par M. l'Évesque.—Esclavage de l'Église russe.—Différence fondamentale entre les sectes et l'Église mère.—L'Évangile instrument de révolution en Russie. — Histoire d'un poulain.—A quoi tiennent les vertus. — Responsabilité du crime : plus redoutée chez les anciens que chez les modernes. — Rêve d'un homme éveillé. — Première vue du Volga. — Souvenirs de l'histoire russe. — L'Espagne et la Russie comparées.—Rosées du Nord ; leur danger.

LETTRE VINGT-TROISIÈME.

A MADAME LA COMTESSE O'DONNELL [1].

Klin, petite ville à quelques lieues de Moscou, ce 6 août 1839.

Encore un temps d'arrêt et toujours pour la même cause ! nous cassons régulièrement toutes les vingt lieues. Certes l'officier russe de Pomerania était un *gettatore !*....

Il y a des moments où, malgré mes réclamations

Milan, ce 1ᵉʳ janvier 1842.

Trois années ne se sont pas encore écoulées depuis le jour que cette lettre fut écrite, et madame la comtesse O'Donnell à qui elle était adressée, n'existe plus ; à peine arrivée jusqu'au milieu de la vie, elle est morte, quasi subitement, sans presque avoir été malade, sans pouvoir préparer sa famille, ses amis à la douleur de la perdre.

Nous qui comptions sur ses soins ingénieux pour nous consoler dans les inévitables chagrins de la vieillesse, faut-il que nous l'ayons vue, jeune encore, aimée, entourée, nous devancer sur cette pente que nous descendrons vieux et délaissés en regrettant à chaque pas l'appui que nous promettait son cœur généreux, son charmant esprit ?

Hélas ! sans craindre désormais de la compromettre en lui adressant mes jugements sur le singulier pays que je décris, je mets ici et l'usage réitéré du mot *tischné* (doucement), les postillons me font perdre haleine; alors convaincu de l'inutilité de mes instances, je me tais et je ferme les yeux pour éviter le vertige. Au reste,

son nom à l'abri du tombeau. Aussi ce nom paraîtra-t-il seul cette fois parmi les lettres que je publierai.

C'est celui d'une des femmes les plus aimables, les plus spirituelles que j'aie connues; elle était en même temps l'une des plus dignes d'inspirer, comme des plus capables d'éprouver une amitié véritable. Elle savait à la fois diriger hardiment et doucement embellir la vie de ses amis; sa raison courageuse lui inspirait les conseils les plus sages, son cœur lui dictait les résolutions les plus nobles, les plus fortes; et la gaieté de son esprit rendait l'existence facile aux plus malheureux; comment désespérer de l'avenir quand on rit du présent?

C'était un caractère sérieux, un esprit léger, piquant, aussi prompt à la réplique, qu'indépendant dans ses aperçus; esprit plein de ressort, esprit imprévu comme les circonstances qui provoquaient ses saillies; esprit toujours prêt à répondre au besoin qu'on avait de lui, et qu'il avait de lui-même, car ses reparties étaient parfois une défense terrible.

Ennemie éclairée de toute affectation, elle compatissait à la faiblesse; elle usait avec discernement des armes que lui fournissait sa pénétration naturelle; équitable jusque dans ses plaisanteries, juste même dans ses vivacités, elle ne frappait que sur les ridicules évitables; douée d'un jugement droit et en même temps exempte de toute pédanterie, elle rectifiait les préjugés des autres avec une adresse d'autant plus efficace qu'elle était mieux cachée; sans la sincérité du sentiment qui la guidait dans ce travail bien-

LETTRE VINGT-TROISIÈME.

parmi tant de postillons, je n'ai pas rencontré un maladroit, même plusieurs de ceux qu'on m'a

faisant, on aurait pris son habile instinct, son goût sûr et délicat pour de l'art, tant elle réussissait à corriger les défauts, et même à redresser les torts sans blesser les personnes. Mais cet art était de la bonté. Sa finesse ne lui a jamais servi qu'à réaliser les désirs bienveillants de son cœur.

Lorsqu'elle croyait de son devoir d'éclairer la raison d'un ami elle disait des vérités sévères sans irriter l'amour-propre, car sa franchise était une preuve d'intérêt, et rien n'était plus flatteur que de l'intéresser, parce qu'elle avait l'âme trop noble pour n'être pas indépendante; exclusive dans ses affections, elle jugeait ce qu'elle aimait; car elle avait l'esprit d'une rare justesse, qualité sans laquelle toutes les autres sont perdues.

Ce qu'elle montrait de son caractère était agréable, ce qu'elle en cachait était attachant; elle avait toujours l'envie de faire du bien, mais elle n'avouait ordinairement que celle d'amuser et de plaire.

D'autant plus ingénu, plus élégant, plus libre dans ses allures qu'il s'appliquait moins à produire, son esprit aimait à se jeter par la fenêtre comme l'or des riches. Elle disait qu'elle jouissait mieux du talent des autres, parce qu'elle ne possédait que celui de l'apprécier.

La vie de famille lui avait fourni d'abord plus qu'à personne les exemples nécessaires et les occasions favorables au développement de cette aimable disposition innée à jouir sincèrement des productions d'autrui (*), faculté qu'elle sut exercer ensuite d'une manière gracieuse au profit de tout le monde.

(*) Madame O'Donnell était fille de madame Sophie Gay et sœur de madame Delphine de Girardin.

donnés jusqu'à présent étaient d'une habileté surprenante. Les Napolitains et les Russes sont les premiers cochers du monde ; les plus habiles étaient des vieillards et des enfants ; les enfants surtout

Toutefois, on se serait trompé si l'on eût pris au mot sa modestie naturelle : un esprit si fécond en aperçus fins, en expressions originales et pittoresques, brillant parmi les plus brillants, prime-sautier, comme dirait Montaigne, équivaut bien au talent ; c'était l'esprit de conversation de la société parisienne au meilleur temps, mais appliqué à juger notre époque qu'elle comprenait comme un philosophe, et peignait comme un miroir. Tant de qualités diverses, tant de solidité de caractère, de bonté de cœur, de mouvement d'esprit, un si heureux mélange de raison et de gaieté faisait d'elle un des types de ces femmes françaises, qui avec leur énergie cachée sous des grâces dont elles seules ont le secret, sont selon les temps des coquettes séduisantes ou des héros. Les révolutions éprouvent le fond des cœurs et mettent au jour les vertus ignorées.

Naturellement obligeante, elle était heureuse du bien qu'elle faisait plus que des services qu'on lui rendait et pourtant..... faculté rare !... elle avait poussé la délicatesse de l'amitié au point d'apprendre à recevoir aussi bien qu'à donner ; c'est avoir atteint la perfection du sentiment.

Veillant de près et de loin sur ses amis, sans jamais les importuner de sa sollicitude ; toujours sincère avec elle-même et patiente envers les autres ; résignée à leurs imperfections comme à la nécessité, cachant avec un soin contraire à celui que prennent les femmes ordinaires, une sagesse profonde sous la légèreté du dism'étonnent. La première fois que je vis ma voiture et ma vie confiées à un bambin de dix ans, je protestai contre une telle imprudence; mais mon feldjæger m'assura que c'était l'usage, et comme sa

cours, elle voyait les hommes comme ils sont, et les choses du côté consolant. Ceux qui l'ont connue, savent aussi bien que moi tout ce qu'il y avait de philosophie, de courage dans sa manière prompte et simple de se soumettre aux circonstances, et de charité, d'élévation, de pénétration dans ses jugements sur les caractères.

Eclairée sur les objets de ses affections, elle les aimait malgré leurs défauts qu'elle ne cherchait à cacher qu'aux yeux du monde, elle les aimait dans leurs succès comme dans leurs revers, car elle était exempte d'envie, et ce qui est plus rare, et plus beau, elle savait en même temps s'abstenir de toute générosité de parade.

Ses procédés envers les amis malheureux paraissaient le résultat d'une douce inspiration plutôt que le produit d'un calcul de vertu formulé d'avance : rien en elle n'annonçait la contrainte, et tout avait le charme du naturel : mère, fille, sœur, amie excellente, elle n'employait sa vie qu'à faire du bien aux personnes qui lui étaient chères, et loin de se vanter de tant de dévouement, elle était la dernière à s'apercevoir des sacrifices qu'elle faisait; elle en obtenait le prix sans le demander; enfin on pardonnait en elle ce qu'on hait dans les autres : la jalousie; elle était jalouse.. mais seulement des affections et jamais des avantages; cette inquiétude exempte d'exigence et de vanité désarmait les cœurs les plus fiers et les attachait sans les révolter : l'envie inspire le mépris, la jalousie mérite la compassion.

Telle était la femme à qui j'écrivais cette lettre au moment d'entrer à Moscou; celui qui m'aurait dit alors qu'avant de la publier personne était exposée autant que la mienne, je crus ce qu'il me disait; et nous partîmes au galop de nos quatre chevaux dont l'ardeur sauvage et l'air indépendant n'étaient pas faits pour me rassurer. L'enfant expérimenté se gardait bien d'essayer de les arrêter, au contraire, les défiant à la course, il les lançait ventre à terre et la voiture suivait comme elle pouvait. Ce manége, plus d'accord avec le tempérament de l'animal qu'avec celui de l'équipage, durait tout le temps du relais; seulement au bout d'une verste, les rôles étaient changés, alors c'était le cocher toujours plus impatient qui pressait l'attelage essoufflé; à peine les chevaux paraissaient-ils vouloir ralentir leur course

j'y ajouterais une si triste note, m'aurait découragé pour tout le reste du voyage.

Elle était si aimée, si vivante, qu'on ne peut croire à sa mort, même en la pleurant. Elle revit dans tous nos souvenirs; chacun de nos plaisirs, chacune de nos peines, la font renaître dans notre imagination, et désormais notre vie ne sera qu'une continuelle évocation de cette vie que nous n'eussions jamais dû voir s'éteindre.

Ce n'est pas moi seul que je désigne ici par ce mot *nous*, je parle pour tous ceux qui l'ont aimée, c'est-à-dire bien connue, pour sa famille, surtout pour sa mère qui lui ressemble, et je suis assuré que malgré la distance qui nous sépare en ce moment ils retrouveront une partie de leurs sentiments dans l'expression des miens.

que l'homme les fouettait jusqu'à ce qu'ils eussent repris leur premier train, l'émulation qui s'établit facilement entre quatre chevaux courageux, menés de front, nous faisait conserver une extrême vitesse jusqu'au bout du relais. Ces ardents animaux courant tous quatre l'un à côté de l'autre, s'efforçaient de se devancer tout le temps du relais, ils mourraient plutôt qu'ils ne renonceraient à la lutte. En appréciant le caractère de cette race de chevaux et en voyant le parti que les hommes en tirent, je reconnus bientôt que le mot que j'avais appris à prononcer avec tant de soin, le mot *tischné*, ne servirait à rien dans ce voyage, et que même, je m'exposerais à des accidents, si je m'obstinais à ralentir le train ordinaire des postillons. Les Russes ont le don et le talent de l'équilibre; hommes et chevaux perdraient leur aplomb au petit trot; leur manière d'aller me divertirait beaucoup avec une voiture plus solide que la mienne; mais à chaque tour de roue, je crois sentir notre équipage tomber en pièces, nous cassons si souvent que mes appréhensions ne sont que trop justifiées. Sans mon valet de chambre italien qui me sert de charron et de serrurier, nous serions déjà restés en chemin; cependant j'admire l'air de nonchalance avec lequel nos cochers prennent possession de leur siége. Ils s'asseyent de côté avec une grâce non apprise, et bien préférable à l'élégance étudiée des cochers civilisés. Quand la route descend, ils se dressent tout à coup sur leurs pieds et mènent debout, le corps légèrement arqué, les bras et les huit rênes tendus. Dans cette attitude de bas-relief antique, on les prendrait pour des cochers du cirque. On fend l'air, des nuages de poussière semblables à l'écume des flots bouillonnants sous un navire marquent le passage des chevaux sur la terre qu'ils effleurent à peine. Alors les ressorts anglais font éprouver à la caisse de la voiture un balancement semblable à celui d'une barque emportée par un vent furieux, mais dont la violence est neutralisée par des courants contraires; dans ce choc des éléments, on sent le char près de s'effondrer : cependant il fuit dans la carrière; on croit relire Pindare, on croit rêver par cette foudroyante rapidité; il s'établit alors je ne sais quel rapport entre la volonté de l'homme et l'intelligence de la bête. Il y va de la vie pour tous; ce n'est pas seulement d'après une impulsion mécanique que l'équipage est guidé, on reconnaît qu'il y a là échange de pensées et de sentiments : c'est de la magie animale, un vrai magnétisme. Cette manière de marcher me paraît un prodige continuel. Le conducteur miraculeusement obéi, accroît la surprise du voyageur en faisant arrêter, tourner à volonté ses quatre animaux qu'il guide de front comme un seul cheval. Tantôt il les resserre au point de ne tenir guère plus de place qu'un attelage de deux chevaux et ils passent alors dans d'étroits défilés; tantôt il les espace de manière à ce qu'ils remplissent à eux seuls la moitié de la grande route. C'est un jeu, c'est une guerre qui tient sans cesse en haleine l'esprit et les sens. En fait de civilisation, tout est incomplet en Russie, parce que tout est moderne; sur le plus beau chemin du monde, il reste toujours quelque travail interrompu; à chaque instant, vous rencontrez des ponts volants ou provisoires, et que vous êtes obligé de traverser pour sortir brusquement de la chaussée principale, obstruée par quelque réparation urgente; alors le cocher, sans ralentir sa course, fait tourner le quadrige sur place et le mène hors de la route au grand galop comme un habile écuyer dirigerait sa monture. Reste-t-on sur la grande route, on n'y marche jamais droit, car presque tout le temps du relais, on serpente d'un côté du chemin à l'autre, et toujours avec la même adresse, la même rapidité furieuse, entre une multitude de petites charrettes à un cheval, dispersées sans ordre sur la chaussée, parce que dix de ces chariots au moins étant conduits par un seul roulier, cet homme unique ne peut maintenir en ligne un si grand nombre de voitures traînées chacune par un cheval quinteux. En Russie, l'indépendance s'est réfugiée chez les bêtes.

La route est donc nécessairement encombrée par tous ces chariots, et sans l'adresse des postillons russes à trouver un passage au milieu de ce labyrinthe mouvant, il faudrait que la poste marchât au train des rouliers, c'est-à-dire au pas. Ces voitures de transport ressemblent à de grandes tonnes coupées en long par la moitié et posées ainsi tout ouvertes sur des brancards à essieux : ce sont des espèces de coquilles de noix qui rappellent un peu nos chars de Franche-Comté, mais seulement sous le rapport de la légèreté, car la construction de l'équipage et la manière d'atteler sont particulières à la Russie. On voiture là-dessus, en fait de denrées, tout ce qu'on ne fait pas voyager par eau. Le chariot est attelé d'un seul cheval assez petit, mais dont la force est proportionnée à la charge qu'il traîne; cet animal courageux, plein de nerf, tire peu, mais il lutte longtemps avec énergie, il marche jusqu'à la mort et tombe avant de s'arrêter; aussi sa vie est-elle courte autant que généreuse; en Russie un cheval de douze ans est un phénomène.

Rien n'est plus original, plus différent de tout ce que j'ai vu ailleurs que l'aspect des voitures, des hommes et des bêtes qu'on rencontre sur les chemins de ce pays. Le peuple russe a reçu en partage l'élégance naturelle, la grâce qui fait que tout ce qu'il arrange, tout ce qu'il touche ou ce qu'il porte prend à son insu et malgré lui un aspect pittoresque. Condamnez des hommes d'une race moins fine à faire usage des maisons, des habits, des ustensiles des Russes, ces objets vous paraîtront tout simplement hideux; ici je les trouve étranges, singuliers, mais significatifs et dignes d'être peints. Condamnez les Russes à porter le costume des ouvriers de Paris, ils en feront quelque chose d'agréable à l'œil; ou pour mieux dire, jamais Russe n'imaginerait des ajustements si dénués de goût. La vie de ce peuple est amusante, si ce n'est pour lui-même, au moins pour le spectateur; l'ingénieux tour d'esprit de l'homme a réussi à triompher du climat et des obstacles de tous genres que la nature opposait à la vie sociale dans un désert sans poésie. Le contraste de l'aveugle soumission politique d'un peuple attaché à la glèbe, et de la lutte énergique et continue de ce même peuple contre la tyrannie d'un climat ennemi de la vie, son indépendance sauvage vis-à-vis de la nature perce à chaque instant sous le joug du despotisme, et c'est une source inépuisable de tableaux piquants et de méditations graves. Pour faire un voyage de Russie complet, il faudrait associer un Horace Vernet à un Montesquieu.

Dans aucune de mes courses je n'ai regretté, comme je le fais dans celle-ci, de me sentir peu de talent pour le dessin. La Russie est moins connue que l'Inde, elle a été moins souvent décrite et dessinée : elle est néanmoins tout aussi curieuse que l'Asie, même sous le rapport de l'art, de la poésie, et surtout de l'histoire.

Tout esprit sérieusement préoccupé des idées qui fermentent dans le monde politique, ne peut que gagner à examiner de près cette société, gouvernée, en principe, à la manière des États le plus anciennement nommés dans les annales du monde, mais déjà toute pénétrée des idées qui fermentent dans les nations modernes les plus révolutionnaires...... La tyrannie patriarcale des gouvernements de l'Asie en contact avec les théories de la philanthropie moderne, les caractères des peuples de l'Orient et de l'Occident incompatibles par nature et pourtant violemment enchaînés l'un à l'autre dans une société à demi barbare, mais régularisée par la peur ; c'est un spectacle dont on ne peut jouir qu'en Russie; et certes, nul homme qui pense ne regrettera la peine qu'il faut prendre pour venir l'examiner de près.

L'État social, intellectuel et politique de la Russie actuelle, est le résultat, et pour ainsi dire le résumé des règnes d'Ivan IV, surnommé le Terrible, par la Russie elle-même, de Pierre Ier, dit le Grand, par des hommes qui se glorifient de singer l'Europe, et de Catherine II, divinisée par un peuple qui rêve la conquête du monde et qui nous flatte en attendant qu'il nous dévore ; tel est le redoutable héritage dont l'Empereur Nicolas dispose... Dieu sait à quelle fin !... Nos neveux l'apprendront, car sur les faits de ce monde un homme de l'avenir sera aussi éclairé que la Providence l'est aujourd'hui.

J'ai continué de rencontrer de loin en loin quelques paysannes assez jolies ; mais je ne cesse de me récrier contre la coupe disgracieuse de leur costume. Ce n'est pas d'après cet accoutrement qu'il faut juger du sens pittoresque que j'attribue aux Russes. L'ajustement de ces femmes défigurerait, ce me semble, la beauté la plus parfaite. Figurez-vous une manière de peignoir sans corsage, sans forme, un sac qui leur tient lieu de robe, et qu'elles froncent tout juste sous l'aisselle : ce sont, je crois, les seules femmes du monde qui aient la fantaisie de se faire une taille au-dessus et non au-dessous du sein, contrairement à l'usage indiqué par la nature et adopté par toutes les autres femmes ; c'est l'exagération de nos modes du Directoire : non pas que les femmes moscovites aient imité les Françaises du pavillon d'Hanovre habillées à la grecque par David et ses élèves ; mais sans le savoir, elles sont la caricature des statues antiques que Paris a vues se promener sur les boulevards après le temps de la terreur. Ces paysannes russes se font une taille qui n'en est pas une, puisqu'elle est raccourcie comme je viens de vous le dire, au point de s'arrêter au-dessus de la gorge. Voici ce qu'il en résulte : à la première vue, la personne entière ne représente plus qu'un grand ballot, où toutes les parties du corps sont confondues sans grâce et pourtant sans liberté. Mais ce costume a encore bien d'autres inconvénients assez difficiles à décrire; une de ses plus graves conséquences, sans contredit, c'est qu'une paysanne russe pourrait donner à teter par dessus l'épaule, comme les Hottentotes. Telle est l'inévitable difformité produite par une mode qui détruit la forme du corps; les Circassiennes qui comprennent mieux la beauté de la femme et le moyen de la conserver, portent, dès le jeune âge, autour des reins une ceinture qu'elles ne quittent jamais.

J'ai remarqué à Torjeck une variante dans la toilette des femmes; elle mérite, ce me semble, d'être mentionnée. Les bourgeoises de cette ville ont un manteau court, espèce de pèlerine plissée que je n'ai vue qu'à elles, car ce collet a cela de particulier qu'il est entièrement fermé par devant, un peu échancré par derrière, montrant à nu le col et une partie du dos, et qu'il s'ouvre au-dessus des reins, entre les deux épaules; c'est précisément le contraire de tous les collets ordinaires qui sont fendus par devant. Figurez-vous un grand falbala haut de huit à dix pouces de haut, en velours, en soie ou en drap noir, attaché au-dessous de l'omoplate, faisant par devant tout le tour de la personne comme un camail d'évêque et revenant s'agrafer à l'épaule opposée, sans que les deux extrémités de cette espèce de rideau se rejoignent ou se croisent par derrière. C'est plus singulier que joli ou commode; mais l'extraordinaire suffit pour amuser un passant; ce que nous cherchons en voyage, c'est ce qui nous prouve que nous sommes bien loin de chez nous; voilà ce que les Russes ne veulent pas comprendre. Le talent de la singerie leur est si naturel, qu'ils se choquent tout naïvement quand on leur dit que leur pays ne ressemble à aucun autre : l'originalité, qui nous paraît un mérite, leur semble un reste de barbarie; ils s'imaginent qu'après nous être donné la peine de venir les voir si loin, nous devons nous estimer fort heureux de retrouver, à mille lieues de chez nous, une mauvaise parodie de ce que nous venons de quitter, par amour pour le changement.

La balançoire est le grand plaisir des paysans russes : cet exercice développe le don de l'équilibre naturel aux hommes de ce pays. Ajoutez à cela que c'est un plaisir silencieux, et que les divertissements calmes conviennent à un peuple rendu prudent par la peur.

Le silence préside à toutes les fêtes des villageois russes. Ils boivent beaucoup, parlent peu, crient encore moins : ils se taisent ou ils chantent en chœur d'une voix nasillarde des notes mélancoliques et soutenues, formant des accords d'une harmonie recherchée, mais peu bruyante. Les chants nationaux des Russes ont une expression triste ; ce qui m'a surpris, c'est que presque toutes ces mélodies manquent de simplicité.

Le dimanche, en passant par des villages populeux, je voyais des rangées de quatre à huit jeunes filles se balancer par un mouvement à peine sensible sur des planches suspendues à des cordes, tandis, qu'à quelques pas plus loin, un nombre égal de jeunes garçons se trouvaient placés de la même manière en face des femmes : leur jeu muet dure longtemps, jamais je n'ai eu la patience d'en attendre la fin. Ce doux balancement n'est qu'une espèce d'intermède qui sert de délassement dans les intervalles du divertissement animé de la véritable balançoire. Celui-ci est très-vif, même il effraie le spectateur. Une haute potence d'où descendent quatre cordes soutient, à deux pieds de terre environ, une planche aux extrémités de laquelle se placent deux personnes ; cette planche et les quatre poteaux qui la portent sont disposés de manière à ce que le balancement puisse se faire à volonté en long 1 en large.

Je n'ai jamais vu dans les moments sérieux plus de deux personnes à la fois sur la planche; ces deux personnes sont tantôt un homme et une femme, tantôt deux hommes ou deux femmes : elles se placent toujours debout, droites sur leurs jambes, aux deux extrémités de la planche, où elles conservent l'équilibre en se tenant fortement aux cordes qui font aller la machine. Dans cette attitude elles sont lancées en l'air jusqu'à des hauteurs effrayantes, car à chaque volée on voit le moment où la machine fera le tour et où les jouteurs arrachés de leur place seront lancés à terre d'une hauteur de trente ou quarante pieds ; car j'ai vu des poteaux qui je crois avaient bien vingt pieds de haut. Les Russes, dont le corps est svelte et la taille souple, trouvent aisément un aplomb qui nous étonne : ils montrent dans cet exercice beaucoup d'agilité, de grâce et de hardiesse.

Je me suis arrêté dans plusieurs villages à voir ainsi lutter des jeunes filles avec des jeunes gens, et j'ai enfin trouvé à admirer quelques visages de femmes parfaitement beaux. Elles ont le teint d'une blancheur délicate; leurs couleurs sont pour ainsi dire sous la peau, qui est transparente et d'une finesse extrême. Elles ont des dents éclatantes de blancheur, et chose rare!!... leur bouche est d'une forme parfaitement pure, et dessinée à l'antique ; leurs yeux ordinairement bleus sont cependant fendus à l'orientale; ils sont à fleur de tête, et ils ont cette expression de fourberie et d'inquiétude naturelle au regard des Slaves, qui en général voient de côté et même derrière eux sans tourner la tête. Cet ensemble a bien du charme; mais soit par un caprice de la nature, soit par l'effet du costume, tous ces agréments se trouvent plus rarement réunis chez les femmes russes que chez les hommes. Entre cent paysannes on en rencontre une charmante, tandis que le grand nombre des hommes est remarquable par la forme de la tête et la pureté des traits. Il y a des vieillards aux joues roses, au front chauve encadré de cheveux d'argent, et dont la barbe également blanche et soyeuse descend sur leur large poitrine. A voir ces beaux visages on dirait que le temps leur prête en dignité tout ce qu'il leur ôte en jeunesse : ce sont des têtes plus belles à peindre que tout ce que j'ai vu de Rubens, de l'Espagnolet ou du Titien; mais je n'ai pas trouvé une seule tête de vieille femme à mettre dans un tableau.

Il arrive quelquefois qu'un profil régulièrement grec se réunit à des traits d'une si extrême finesse que l'expression de la physionomie ne perd rien à la perfection des lignes du visage : alors on reste frappé d'admiration. Pourtant ce qui domine dans les figures d'hommes et de femmes c'est le type calmouck : les pommettes des joues saillantes et le nez écrasé. Les femmes sont plus casanières que dans l'occident de l'Europe ; elles vivent enfermées, on a peu d'occasions de les voir, si ce n'est le dimanche, ou dans les foires ; encore ces jours-là même sortent-elles moins que leurs maris. Il n'y a guère plus de cent ans que les Russes ne gardent plus leurs femmes chez eux. Les chaumières russes sont mieux closes que celles de nos paysans ; aussi la mauvaise odeur, l'obscurité qui règnent au fond de ces réduits font-elles repentir le voyageur lorsqu'il tente par curiosité de pénétrer dans l'intérieur d'un ménage rural.

A l'heure où les paysans se reposent, je suis entré dans plusieurs de ces cases presque privées d'air : point de lits : hommes et femmes sont étendus pêle-mêle sur des bancs de bois qui font divans tout autour de la salle; mais la malpropreté de ce bivouac champêtre m'a toujours arrêté, j'ai reculé; cependant jamais assez vite pour ne pas emporter dans mes habits quelque souvenir vivant en punition de mes indiscrètes tentatives.

Pour se garantir des courtes, mais vives chaleurs de l'été, il y a hors de quelques chaumières un divan en plein air; c'est un large balcon couvert, mais à jour : cette espèce de terrasse tourne autour de la maison, et sert de lit à la famille qui même choisit quelquefois pour sa couche la terre nue. Les souvenirs de l'Orient nous suivent partout.

A toutes les postes où je suis descendu pendant la nuit, j'ai trouvé une rangée de peaux de mouton noires jetées dans la rue le long des maisons. Ces toisons, que je prenais pour des sacs oubliés à terre, étaient des hommes couchés à la belle étoile pour jouir du frais. Nous avons cet été des chaleurs telles qu'on n'en a pas vu en Russie de mémoire d'homme. Le soleil lui-même penche pour cet Empire.

Les peaux de mouton, taillées en petites redingotes, servent non-seulement d'habits, mais encore de lits, de tapis et de tentes aux paysans russes. Les ouvriers qui, pendant la grande chaleur du jour, se reposent au milieu des champs, ôtent leur houppelande, et s'en font un toit pittoresque pour se défendre des rayons du soleil : ils passent, avec l'ingénieuse adresse qui les distingue des hommes de l'occident de l'Europe, les deux brancards de leur brouette dans les manches de cette pelisse, et tournent ensuite ce toit mouvant contre le jour pour s'en faire un abri, et dormir tranquillement à l'ombre de leur draperie rustique. Cet habit fort chaud est d'une forme élégante ; il serait joli s'il n'était toujours vieux et graisseux ; un pauvre paysan ne peut renouveler souvent un ajustement qui coûte si cher; ils le portent jusqu'à l'user.

Le paysan russe est industrieux, et sait se tirer d'embarras en toute occasion : il ne sort jamais sans sa hache, petit instrument de fer propre à tout dans les mains d'un homme adroit au milieu d'un pays où le bois ne manque pas encore. Avec un Russe à votre service, si vous vous perdiez dans une forêt, vous auriez une maison en peu d'heures pour y passer la nuit plus commodément peut-être et à coup sûr plus proprement que dans un vieux village. Mais si vous avez des objets de cuir, ils ne sont en sûreté nulle part : les Russes volent avec l'adresse qu'ils mettent à tout les courroies, les tabliers, les sangles de vos malles et de vos voitures; ce qui n'empêche pas ces mêmes hommes d'être fort dévots.

Je n'ai jamais achevé un relais sans que mon postillon fît au moins vingt signes de croix pour saluer autant de petites chapelles; puis, remplissant avec la même ponctualité ses devoirs de politesse, il saluait de son bonnet tous les charretiers qu'il rencontrait, et Dieu sait si le nombre en était grand!.... Ces formalités accomplies, nous arrivions à la poste, où il se trouvait toujours que, soit en attelant, soit en dételant, l'adroit, le pieux, le poli filou nous avait volé quelque chose, une valise servant de ferrière, une courroie, une enveloppe de malle, ne fût-ce qu'une bougie de lanterne, un clou, une vis; enfin il ne retournait jamais au logis *les mains nettes*, et me rappelait, à mes dépens, le naïf et caractéristique dicton russe : « Notre-Seigneur volerait aussi s'il n'avait pas les mains percées. »

Ces hommes sont extrêmement avides d'argent, mais ils n'osent se plaindre quand on les paie mal. C'est ce qui arrivait souvent ces jours derniers à ceux qui nous menaient, parce que mon feldjæger gagnait sur le prix des guides dont je lui avais remis le montant d'avance à Pétersbourg avec celui des chevaux pour toute la route. Dans le cours du voyage, m'étant aperçu de cette supercherie, je suppléais de ma poche aux guides du malheureux postillon privé d'une partie du salaire que, d'après les habitudes des voyageurs ordinaires, il avait le droit d'espérer de moi, et le fripon de feldjæger s'étant aperçu à son tour de ma générosité (c'est ainsi qu'il appelait ma justice), s'en plaignit effrontément, en me disant qu'il ne pourrait plus répondre de moi en voyage si je continuais de le contrarier dans le légitime exercice de son autorité.

Au surplus, faut-il s'étonner de voir les hommes du commun dénués de sentiments délicats dans un pays où les grands regardent les plus simples règles de la probité comme des lois bonnes pour régir les bourgeois, mais qui ne peuvent atteindre des hommes de leur rang? Ne croyez pas que j'exagère : je vous dis ce que je vois; un orgueil aristocratique, dégénéré et contraire au véritable honneur, règne en Russie dans la plupart des familles prépondérantes. Dernièrement, une grande dame me fit, sans s'en douter, un aveu naïf; son discours m'a trop frappé pour que je ne sois pas sûr de vous le rendre mot à mot; de pareils sentiments, assez communs ici parmi les hommes, sont rares parmi les femmes qui ont conservé mieux que leurs maris ou que leurs frères la tradition des idées véritablement nobles. Voilà pourquoi ce langage m'a doublement surpris dans la bouche de la personne qui le tenait.

« Nous ne saurions, disait-elle, nous faire une juste idée d'un état social tel que le vôtre ; on m'assure qu'en France aujourd'hui le plus grand seigneur pourrait être mis en prison pour une dette de deux cents francs : c'est révoltant ; voyez la différence : il n'y a pas dans toute la Russie un fournisseur, un marchand qui osât nous refuser du crédit pour un temps illimité ; avec vos opinions aristocratiques, ajouta-t-elle, vous devez vous trouver à l'aise chez nous. Il y a plus de rapports entre les Français de l'ancien régime et nous, qu'entre aucune des autres nations de l'Europe. »

Il est certain que j'ai rencontré plusieurs vieux Russes qui ont la réputation de faire très-bien de petits couplets impromptus.

Je ne saurais vous dire ce qu'il m'a fallu d'empire sur moi-même pour ne pas protester soudain et hautement contre l'affinité dont se vantait cette dame. Cependant malgré ma prudence obligée, je ne pus m'empêcher de lui faire remarquer qu'un homme qui passerait aujourd'hui chez nous pour un aristocrate ultra pourrait bien être rangé, à Pétersbourg, parmi les libéraux les plus exagérés; et je finis en ajoutant : « Quand vous m'assurez que, dans vos familles, on ne pense pas qu'il soit nécessaire de payer ses dettes, je ne vous en crois pas sur parole.

— Vous avez tort; plusieurs d'entre nous ont des fortunes énormes, mais ils seraient ruinés s'ils voulaient payer ce qu'ils doivent. »

J'ai regardé d'abord ce langage comme une vanterie de mauvais goût, ou même comme un piége tendu à ma crédulité; mais les informations que j'ai prises plus tard m'ont prouvé qu'il était sérieux.

Pour me faire comprendre à quel point les personnes du grand monde en Russie ont l'esprit français, la même dame me racontait qu'un de ses parents chez lequel on jouait un jour des vaudevilles, répondit par des vers improvisés à d'autres vers chantés en l'honneur du maître de la maison, le tout sur le même air : « Vous voyez combien nous sommes Français, » ajoutait-elle avec un orgueil qui me faisait rire tout bas. « Oui, plus que nous, répondis-je, » et nous parlâmes d'autre chose. Je me figurais l'étonnement de cette dame franco-russe, arrivant à Paris dans *les salons*[1] de madame ***, et demandant à notre France actuelle ce qu'est devenue la France du temps de Louis XV.

Sous l'Impératrice Catherine, la conversation du palais et celle de quelques personnes de la cour ressemblait à celle des salons de Paris : aujourd'hui nous sommes plus sérieux en paroles, ou du moins plus hardis qu'aucun des peuples de l'Europe, et sous ce rapport nos Français modernes sont loin de ressembler aux Russes, car nous parlons de tout et les Russes ne parlent de rien.

Le règne de Catherine a laissé dans la mémoire de quelques dames russes des traces profondes; ces dames aspirant au titre de femmes d'État, ont le génie de la politique, et comme plusieurs d'entre elles joignent à ce don des mœurs qui rappellent tout à fait celles du xvIII° siècle, ce sont autant d'Impératrices voyageuses remplissant l'Europe du bruit de leur dévergondage, mais qui sous ce cynisme de conduite cachent un profond esprit de gouvernement et d'observation. Grâce au génie d'intrigue de ces

---

[1] *Les salons d'une femme*, expression nouvellement empruntée aux restaurateurs par les gens du grand monde.

Aspasies du Nord, il n'y a presque pas une capitale en Europe qui n'ait deux ou trois ambassadeurs russes : l'un public, accrédité, reconnu et revêtu de tous les insignes de sa charge : les autres, secrets, non avoués, non responsables, et faisant en jupe et en bonnet le double rôle d'ambassadeur indépendant et d'espion de l'ambassadeur officiel.

Dans tous les temps des femmes ont été employées avec succès aux négociations politiques ; plusieurs des révolutionnaires modernes se sont servis de femmes pour conspirer plus habilement, plus en sûreté, et avec plus de secret ; l'Espagne a vu de ces infortunées devenues des héroïnes par le courage avec lequel elles ont subi la punition de leur dévouement amoureux, car la galanterie entre toujours pour beaucoup dans le courage d'une Espagnole. Chez les femmes russes, au contraire, l'amour est l'accessoire. La Russie a toute une diplomatie féminine organisée, et l'Europe n'est peut-être pas assez attentive à ce singulier moyen d'influence. Avec son armée cachée d'agents amphibies, d'amazones politiques, à l'esprit fin et mâle, au langage féminin, la cour de Russie recueille des nouvelles, reçoit des rapports, des avis qui, s'ils étaient connus, expliqueraient bien des

LETTRE VINGT-TROISIÈME.

mystères, donneraient la clef de bien des contradictions, révéleraient bien des petitesses.

La préoccupation politique de la plupart des femmes russes rend leur conversation insipide, d'intéressante qu'elle pourrait être. Ce malheur arrive surtout aux femmes les plus distinguées, qui sont naturellement les plus distraites lorsque l'entretien ne roule pas sur des sujets graves : il y a un monde entre leurs pensées et leurs discours : les paroles qu'elles vous disent vous trompent, car leur esprit est ailleurs ; elles pensent toujours à autre chose qu'à ce dont elles parlent ; il résulte de cette division un manque d'accord, une absence de naturel, en un mot, une duplicité fatigante dans les rapports ordinaires de la vie sociale. La politique est de sa nature une chose peu divertissante ; on en supporte les ennuis par le sentiment du devoir, et il en sort quelquefois des traits de lumière qui animent la conversation des hommes d'État ; mais la politique frauduleuse, la politique d'amateur est le fléau de la conversation. L'esprit qui se livre par choix à cette occupation mercenaire s'avilit, s'annule, et perd son éclat sans compensation comme sans excuse.

On m'assure que le sentiment moral n'est presque pas développé parmi les paysans russes, et mon expérience journalière confirme les récits que j'entends faire aux personnes le moins instruites.

Un grand seigneur m'a conté qu'un homme à lui, habile en je ne sais quel métier, était venu en permission exercer son talent à Pétersbourg : au bout de deux ans révolus, on lui donne congé pour quelques semaines, qu'il désire aller passer dans son village, près de sa femme. Il revient à Pétersbourg au jour prescrit.

« Es-tu content d'avoir revu ta famille? lui dit son maître.

— Fort content, réplique naïvement l'ouvrier; ma femme m'avait donné deux enfants de plus en mon absence, et je les ai trouvés chez nous avec grand plaisir. »

Ces pauvres gens n'ont rien à eux, ni leur chaumière, ni leurs femmes, ni leurs enfants, ni même leur cœur : ils ne sont pas jaloux; de quoi le seraient-ils?.... d'un accident?... l'amour chez eux n'est pas autre chose.... Telle est pourtant l'existence des hommes les plus heureux de la Russie : des serfs!!... J'ai souvent entendu envier leur sort par les grands, et peut-être à juste titre.

« Ils n'ont point de soucis, dit-on, nous sommes

chargés d'eux et de leurs familles (Dieu sait comment on s'acquitte de cette charge, quand les paysans deviennent vieux et inutiles); assurés du nécessaire pour leur vie et celle de leurs descendants, ils sont moins à plaindre cent fois que les paysans libres ne le sont chez vous. »

Je me taisais en écoutant ce panégyrique du servage : mais je pensais : s'ils n'ont point de soucis, ils n'ont point de famille, et partant point d'affections, point de bonheur, point de sentiment moral; point de compensation aux peines matérielles de la vie; ils ne possèdent rien, et c'est la propriété particulière qui fait l'homme social, parce que seule elle constitue la famille.

Les faits que je vous cite me paraissent en contradiction avec les sentiments poétiques exprimés par l'auteur de Thelenef. Ma mission n'est pas de concilier les contradictions; je ne suis obligé qu'à peindre les contrastes : les expliquera qui pourra.

D'ailleurs les poëtes russes ont le monopole du mensonge comme tous les autres poëtes : si ces privilégiés de la pensée imaginent, c'est pour être plus vrais que les historiens.

La vérité morale est la seule qui mérite notre

culte, et c'est à la saisir que tendent tous les efforts de l'esprit humain, quelle que soit la sphère de ses travaux.

Si dans mes voyages, je mets un soin extrême à peindre le monde tel qu'il est, c'est pour exciter dans tous les cœurs et surtout dans le mien le regret de ne pas le trouver tel qu'il devrait être. C'est pour réveiller dans les âmes le sentiment de l'immortalité en nous rappelant à chaque injustice, à chaque abus inhérents aux choses de la terre, le mot de Jésus-Christ : « Mon royaume n'est pas de ce monde. »

Jamais je n'ai eu tant d'occasions d'appliquer ce mot que depuis mon séjour en Russie : il me revient à chaque instant; sous le despotisme, toutes les lois sont calculées pour profiter à l'oppression ; c'est-à-dire que plus l'opprimé aura sujet de se plaindre, moins il en aura le droit ni la hardiesse. Il faut avouer cependant que devant Dieu, la mauvaise action d'un citoyen est plus criminelle que la même mauvaise action d'un serf; celui qui voit tout, tient compte de l'insensibilité de sa conscience à l'homme abruti par le spectacle de l'iniquité toujours triomphante.

Le mal est mal partout, dira-t-on, et l'homme

qui vole à Moscou est un voleur tout comme le filou de Paris. Voilà précisément ce que je nie. C'est de l'éducation générale que reçoit un peuple que dépend en grande partie la moralité de chaque individu, d'où il suit qu'une effrayante et mystérieuse solidarité de torts et de mérites a été établie par la Providence entre les gouvernements et les sujets, et qu'il vient un moment dans l'histoire des sociétés où l'État est jugé, condamné, exterminé comme un seul homme.

Il faut le répéter souvent; les vertus, les vices, les crimes des esclaves n'ont pas la même signification que ceux des hommes libres : ainsi lorsque j'examine le peuple russe, je puis constater comme un fait qui n'implique pas ici le même blâme qu'il impliquerait chez nous, qu'en général il manque de fierté, de délicatesse, de noblesse; et qu'il supplée à ces qualités par la patience et la finesse : tel est mon droit d'exposition, droit acquis à tout observateur véridique; mais je l'avoue, à tort ou à raison, je vais plus loin encore; je condamne ou je loue ce que je vois; ce n'est pas assez de peindre, je juge; si vous me trouvez passionné, permis à vous d'être plus raisonnable que moi.

L'impassibilité est une vertu facile au lecteur;

tandis qu'elle a toujours paru difficile si ce n'est impossible à l'écrivain.

« Le peuple russe est doux, » me dit-on ; à cela je réponds : « Je ne lui en sais nul gré, c'est l'habitude de la soumission..... » D'autres me disent : « le peuple russe n'est doux que parce qu'il n'ose montrer ce qu'il a dans le cœur : le fond de ses sentiments et de ses idées, c'est la superstition et la férocité. » A ceci, je réponds : « Pauvre peuple ! il est si mal élevé. »

Voilà pourquoi les paysans russes me font grande pitié, quoiqu'ils soient les hommes les plus heureux, c'est-à-dire, les moins à plaindre de la Russie.

De tout ce que je vois en ce monde et surtout en ce pays, il résulte que le bonheur n'est pas le vrai but de la mission de l'homme ici-bas. Ce but est tout religieux : c'est le perfectionnement moral, la lutte et la victoire.

Mais depuis les usurpations de l'autorité temporelle, la religion chrétienne en Russie a perdu sa vertu : elle est stationnaire ; c'est un des rouages du despotisme : voilà tout. Dans ce pays où rien n'est défini nettement, et, pour cause, on a peine à comprendre les rapports actuels de l'Église avec le chef de l'État, qui s'est fait aussi l'arbitre de la foi, sans cependant proclamer positivement cette prérogative : il se l'est arrogée; il l'exerce de fait; mais il n'ose la revendiquer comme un droit; il a conservé un synode : c'est un dernier hommage rendu par la tyrannie au Roi des Rois et à son Église ruinée. Voici comment cette révolution religieuse est racontée dans l'Évesque que je lisais tout à l'heure.

J'étais descendu de voiture à la poste, et pendant qu'on allait me chercher un forgeron pour raccommoder une des mains de derrière de ma calèche, je parcourais l'*Histoire de Russie*, d'où j'ai extrait ce passage, que je vous copie sans y changer un mot.

« 1721. Depuis la mort d'Adrien [1], Pierre [2] avait
« paru différer toujours de se prêter à l'élection
« d'un nouveau patriarche. Pendant vingt années
« de délai, la vénération religieuse du peuple pour
« ce chef de l'Église s'était insensiblement re-
« froidie.

« L'Empereur crut pouvoir déclarer enfin que

---

[1] Le dernier patriarche de Moscou.   (*Note du Voyageur.*)
[2] L'Empereur.   (*Ibid.*)

« cette dignité était abolie pour toujours. Il partagea
« la puissance ecclésiastique, réunie auparavant
« tout entière dans la personne d'un grand pontife,
« et fit ressortir toutes les matières qui concernent
« la religion d'un nouveau tribunal qu'on appelle
« le saint synode.

« Il ne se déclara pas le chef de l'Église ; *mais il
« le fut en effet* par le serment que lui prêtèrent les
« membres du nouveau collége ecclésiastique. Le
« voici : « Je jure d'être fidèle et obéissant serviteur
« et sujet de mon naturel et véritable souverain...
« *Je reconnais qu'il est le juge suprême de ce collége
« spirituel.* »

« Le synode est composé d'un président, de deux
« vice-présidents, de quatre conseillers et de qua-
« tre assesseurs. Ces juges amovibles des causes
« ecclésiastiques sont bien éloignés d'avoir en-
« semble le pouvoir que possédait seul le patriar-
« che, et dont autrefois avait joui le métropolite.
« Ils ne sont point appelés dans les conseils ; leur
« nom ne paraît point dans les actes de la sou-
« veraineté ; ils n'ont même, dans les matières
« qui leur sont soumises, qu'une autorité subor-
« donnée à celle du souverain. Comme aucune
« marque extérieure ne les distingue des autres

« prélats, et que leur autorité cesse dès qu'ils ne
« siégent plus sur leur tribunal; enfin, comme ce
« tribunal lui-même n'a rien de fort imposant, ils
« n'inspirent point au peuple une vénération parti-
« culière. »

(*Histoire de Russie et des principales nations de
l'Empire russe*, par Pierre-Charles l'Évesque;
4ᵉ édition, publiée par Malte-Brun et Depping, volume 5, pages 89 et 90. Paris, 1842. Fournier, rue
Poupée, nº 7; Ferra, rue des Grands-Augustins,
nº 11.)

Ce qui me console des accidents arrivés à ma
voiture, c'est que ces retards sont favorables à
mes travaux.

Le peuple russe est de nos jours le plus croyant
des peuples chrétiens : vous venez de voir la principale cause du peu d'efficacité de sa foi. Quand
l'Église abdique la liberté, elle perd la virtualité morale; esclave, elle n'enfante que l'esclavage. On ne
peut assez le répéter, la seule Église véritablement
indépendante, c'est l'Église catholique, qui seule
aussi a conservé le dépôt de la vraie charité; toutes
les autres Églises font partie constitutive des États
qui s'en servent comme de moyens politiques pour
appuyer leur puissance. Ces Églises sont d'excellents

auxiliaires du gouvernement ; complaisantes pour les dépositaires du pouvoir temporel, princes ou magistrats, dures pour les sujets, elles appellent la Divinité au secours de la police ; le résultat immédiat est sûr, c'est le bon ordre dans la société ; mais l'Église catholique, tout aussi puissante, politiquement, vient de plus haut et va plus loin. Les Églises nationales font des citoyens : l'Église universelle fait des hommes. Chez les sectaires, le respect pour l'Église se confond avec l'amour de la patrie ; chez les catholiques, l'Église et l'humanité régénérée ne font qu'un.

En Russie, le respect pour l'autorité est encore aujourd'hui l'unique ressort de la machine publique ; ce respect est nécessaire sans doute, mais, pour civiliser profondément le cœur des hommes, il faut leur enseigner quelque chose de plus que l'obéissance aveugle.

Le jour où le fils de l'Empereur Nicolas (je dis le fils, car cette noble tâche n'appartient pas au père, obligé qu'est celui-ci d'employer son règne laborieux à resserrer les liens de la vieille discipline militaire qui est tout le gouvernement moscovite) : du jour où le fils de l'Empereur aura fait pénétrer parmi toutes les classes de cette nation l'idée que celui qui commande doit du respect à celui qui obéit, une révolution morale se sera opérée en Russie; et l'instrument de cette révolution, c'est l'Évangile.

Plus je vis dans ce pays, plus je reconnais que le mépris pour le faible est contagieux; ce sentiment devient si naturel ici que ceux qui le blâment le plus vivement finissent par le partager. J'en suis la preuve.

En Russie, le besoin de voyager vite devient une passion, et cette passion sert de prétexte à toutes sortes d'actes inhumains. Mon courrier la partage et me la communique; d'où il suit que je me rends souvent sans me l'avouer complice de ses injustices. Il se fâche lorsque le cocher descend de son siége pour rajuster un harnais, ou que cet homme s'arrête en chemin sous tout autre prétexte.

Hier au soir, au commencement d'un relais, un jeune enfant qui nous menait avait été plusieurs fois menacé de coups par mon feldjæger pour un semblable délit, et je partageais l'impatience et la colère de cet homme; tout à coup un poulain, âgé seulement de quelques jours et bien connu de l'enfant, s'échappe d'un enclos voisin de la route et se met à galoper et à hennir auprès de ma voiture, car il prenait une des juments de notre attelage pour sa mère. Le jeune postillon, déjà coupable de retard, veut encore une fois s'arrêter pour venir en aide au poulain qu'il voit à chaque instant menacé d'être écrasé sous ma voiture. Mon courrier lui défend impérieusement de descendre ; l'enfant immobile sur son siége, obéit en bon Russe qu'il est, et continue de nous mener au galop sans proférer une plainte : j'appuie l'acte de sévérité de mon courrier : « il faut soutenir l'autorité, même quand elle fait une faute, me dis-je, c'est l'esprit du gouvernement russe ; mon feldjæger n'a pas trop de zèle ; si je le décourage lorsqu'il montre de l'empressement à faire son devoir, il laissera tout aller au hasard et ne me servira plus à rien ; d'ailleurs, c'est l'usage : pourquoi serais-je moins pressé qu'un autre, il y va de ma dignité de voyager vite ; avoir du temps, c'est se déshonorer ; il faut être impatient pour être important dans ce pays..... » Pendant que je me faisais à moi-même ces raisonnements et bien d'autres, la nuit était venue.

Je m'accuse d'avoir eu la dureté, plus que russe, car je n'ai pas pour excuse mes habitudes d'enfance, de laisser le pauvre poulain et le malheureux enfant se lamenter de concert, l'un en hennissant de toute sa force, l'autre en pleurant tout bas, différence qui donnait à la brute un avantage réel sur l'homme. J'aurais dû interposer mon autorité pour faire cesser ce double supplice : mais non, j'ai assisté, j'ai contribué au martyre avec indifférence. Il fut long, car le relais était de six lieues ; l'enfant, forcé de torturer l'animal qu'il aurait voulu sauver, souffrait avec une résignation qui m'aurait touché, si je n'avais eu déjà le cœur endurci par mon séjour dans ce pays : chaque fois qu'un paysan paraissait de loin sur la route, l'enfant sentait renaître l'espoir de délivrer son cher poulain ; il faisait de loin des signes, il se préparait à parler, il criait de cent pas au-devant du piéton, mais n'osant ralentir l'impitoyable galop de nos chevaux, il ne parvenait jamais à se faire comprendre à temps. Si parfois un paysan, plus avisé que les autres, pensait de lui-même à s'emparer du poulain, la voiture lancée ne le laissait point approcher, et le jeune cheval, collé aux flancs d'une de nos bêtes, passait hors d'atteinte devant l'homme déconcerté ; la même chose avait lieu dans les villages ; à la fin, le découragement de notre postillon devint tel que l'enfant abruti n'appelait même plus les gens au secours de son protégé. Cette courageuse bête, âgée de huit jours, au dire du postillon, eut assez de nerf pour faire ses six lieues au galop.

Là, notre esclave, c'est de l'homme que je parle, se voyant enfin délivré du joug rigoureux de la discipline, put appeler le village tout entier au secours du poulain; l'énergie de ce généreux animal était telle que, malgré la fatigue d'une course forcée, malgré la roideur de ses membres ruinés avant d'être formés, il fut encore très-difficile à prendre. On ne put s'en saisir qu'en le faisant entrer dans une écurie à la suite de la jument qu'il avait adoptée pour mère. Quand on lui eut mis un licol, on l'enferma près d'une autre jument qui lui donna son lait; mais il n'avait plus la force de teter. Les uns disaient qu'il teterait plus tard, d'autres qu'il était fourbu, et qu'il allait mourir. Je commence à comprendre quelques mots de russe; en écoutant cet arrêt, prononcé par l'ancien du village, notre petit postillon s'identifiait avec le jeune animal, et prévoyant sans doute le traitement réservé au gardien des poulains, il paraissait consterné, comme s'il eût dû recevoir lui-même les coups dont on allait accabler son camarade. Jamais je n'ai vu l'expression du désespoir plus profondément empreinte sur un visage d'enfant; mais pas un regard, pas un geste de reproche contre mon cruel courrier ne lui échappa. Tant d'empire sur soi-même, tant de contrainte à cet âge me faisait peur et pitié.

Cependant le courrier, sans s'occuper un instant du poulain, sans accorder un regard à l'enfant désolé, remplissait gravement sa tâche, et s'occupait, avec l'air d'importance requis en pareil cas, de nous faire amener un nouvel attelage.

Sur cette route, la principale et la plus fréquentée de la Russie, les villages où se trouvent les relais sont peuplés de paysans établis là pour desservir la poste; à l'arrivée d'une voiture, le directeur Impérial envoie de maison en maison chercher des chevaux et un homme disponibles : quelquefois les distances sont assez considérables pour faire perdre aux voyageurs pressés un quart d'heure et beaucoup plus; j'aimerais mieux relayer plus promptement, et faire la poste avec un peu moins de rapidité. Au moment où je quittai le poulain surmené et le jeune postillon désespéré, je ne sentis pas le remords. Il ne m'est venu qu'en réfléchissant, et surtout en vous écrivant : la honte a réveillé le repentir. Vous voyez qu'on se corrompt vite à respirer l'air du despotisme.... que dis-je? en Russie le despotisme est sur le trône, mais la tyrannie est partout.

Si vous faites la part de l'éducation et des circonstances, vous reconnaîtrez que le seigneur russe le plus habitué à subir et à exercer le pouvoir arbitraire, ne peut commettre au fond de sa province une barbarie plus blâmable que l'acte de cruauté dont je me suis rendu coupable hier au soir par mon silence.

Moi, Français, qui me crois doux de caractère, qui prétends à être civilisé de longue date, qui voyage chez un peuple dont j'observe les mœurs avec une attention sévère, voilà qu'à la première occasion d'exercer un petit acte de férocité inutile, je succombe à la tentation; le Parisien se conduit en Tatare ! le mal est dans l'air.....

En France, où l'on sait respecter la vie, même chez les animaux, si mon postillon n'eût pas songé à sauver le poulain, j'aurais fait arrêter pour appeler moi-même des paysans, et je n'aurais continué ma route qu'après avoir mis la bête en sûreté : ici j'ai contribué à sa perte par un silence impitoyable. Soyez donc fier de vos vertus quand vous êtes forcé de reconnaître qu'elles dépendent des circonstances plus que de vous!! Un grand seigneur russe, qui dans un accès de colère ne bat pas à mort un de ses paysans, mérite des éloges, il est humain; tandis qu'un Français peut être cruel pour avoir laissé courir un poulain sur une route.

J'ai passé la nuit à méditer sur le grand problème des vertus et des vices relatifs ; et j'ai conclu qu'on n'a pas assez éclairci de nos jours un point de morale politique fort important. C'est la part de mérite ou de responsabilité que chaque individu a le droit de revendiquer dans ses propres actions, et celle qui revient à la société où il est né. Si la société se glorifie des grandes choses que produisent quelques-uns de ses enfants, elle doit aussi se regarder comme solidaire des crimes de quelques autres. Sous ce rapport, l'antiquité était plus avancée que nous ne le sommes ; le bouc émissaire des Juifs nous montre à quel point la nation craignait la solidarité du crime. De ce point de vue, la peine de mort n'était pas seulement le châtiment plus ou moins juste du coupable, elle était une expiation publique, une protestation de la société contre toute participation au forfait et à la pensée qui l'inspire. Ceci nous sert à comprendre comment l'homme social a pu s'arroger le droit de disposer légalement de la vie de son semblable ; œil pour œil, dent pour dent, vie pour vie : la loi du talion, en un mot, était politique ; une société qui veut subsister doit rejeter de son sein le criminel : quand Jésus-Christ est venu mettre sa charité à la place de la rigoureuse justice de Moïse, il savait bien qu'il abrégeait la durée des royaumes de la terre ; mais il ouvrait aux hommes le royaume du ciel.... Sans l'éternité et l'immortalité, le christianisme coûterait à la terre plus qu'il ne lui rapporte. C'est à quoi je rêvais tout éveillé cette nuit.

Un cortége d'idées indécises, fantômes de l'intelligence, active à demi, à demi engourdie, défilait lentement dans ma tête ; le galop des chevaux qui m'emportaient me semblait plus rapide que le travail de mon esprit appesanti ; le corps avait des ailes, la pensée était de plomb ; je la laissais, pour ainsi dire, derrière moi, en roulant dans la poussière plus vite que l'imagination ne traverse l'espace : les steppes, les marais avec leurs pins étiolés et leurs bouleaux difformes, les villages, les villes fuyaient devant mes yeux comme des figures fantastiques sans que je pusse me rendre compte de ce qui m'avait amené devant ce mouvant spectacle où l'âme ne parvenait pas à suivre le corps, tant la sensation était prompte !... Ce renversement de la nature, ces illusions de l'esprit dont la cause était matérielle, ce jeu d'optique appliqué au mécanisme des idées, ce déplacement de la vie, ces songes volontaires étaient prolongés par les chants monotones des hommes qui conduisaient mes chevaux ; tristes notes semblables aux psalmodies du plain-chant dans nos églises, ou plutôt aux accents nasillards des vieux juifs dans les synagogues allemandes. C'est à quoi se sont réduits pour moi jusqu'à présent les airs russes tant vantés. On dit ce peuple très-musical : nous verrons plus loin ; je n'ai rien entendu encore qui mérite la peine d'être écouté : la conversation chantée du cocher avec ses chevaux pendant la nuit était lugubre ; ce roucoulement sans rhythme, espèce de rêverie déclamée où l'homme confie son chagrin à la brute, la seule espèce d'amis dont l'homme n'ait point à se défier, me remplissait l'âme d'une mélancolie plus profonde que douce.

Il y a un moment où la route s'abat brusquement sur un pont de bateaux très-bas en ce moment, parce que la sécheresse a resserré le fleuve qu'il traverse. Ce fleuve, large encore, quoique rétréci par les chaleurs de l'été, a un grand nom : c'est le Volga : sur le bord de ce fleuve fameux, une ville m'apparaît au clair de lune : ses longues murailles blanches brillent dans la nuit, qui n'est qu'un crépuscule favorable aux évocations; une route nouvellement rechargée tourne autour de cette ville nouvellement recrépie et où je retrouve les éternels frontons romains et les colonnades de plâtre que les Russes aiment tant, parce qu'ils croient prouver par là qu'ils s'entendent aux arts ; on ne peut avancer qu'au pas sur cette route encombrée. La ville, dont je fais le tour, me paraît immense : c'est Twer ; ce nom me retrace les interminables disputes de famille qui ont fait l'histoire de Russie jusqu'à l'invasion des Tatares : j'entends les frères insulter leurs frères ; le cri de guerre retentit ; j'assiste au massacre ; le Volga roule du sang ; du fond de l'Asie les Calmoucks viennent le boire et en verser d'autre. Mais moi, pourquoi suis-je mêlé à cette foule altérée de carnage ? c'est pour avoir un nouveau voyage à vous raconter ; comme si le tableau d'un pays où la nature n'a rien fait, où l'art n'a produit que des ébauches ou des copies pouvait vous intéresser après la description de l'Espagne, de cette terre où le peuple le plus original, le plus gai, le plus indépendant de caractère, et même le plus libre de fait si ce n'est de droit , lutte sourdement contre le gou-

[1] A 20 lieues de Madrid, du temps de la monarchie absolue, le berger castillan ne se doutait pas qu'il y eût un gouvernement en Espagne.

vernement le plus sombre; où l'on danse, où l'on prie ensemble en attendant qu'on s'égorge et qu'on pille les églises : voilà le tableau qu'il faut vous faire oublier par la peinture d'une plaine de quelques mille lieues, et par la description d'une société qui n'a d'original que ce qu'elle cache.... La tâche est rude.

Moscou même ne me dédommagera pas de la peine que je me donne pour l'aller voir. Renonçons à Moscou, faisons tourner bride au postillon, et partons en toute hâte pour Paris. J'en étais là de mes rêveries quand le jour est venu. Ma calèche était restée découverte et dans mon demi-sommeil je ne m'apercevais pas de la maligne influence des rosées du Nord : mes habits étaient traversés, mes cheveux comme trempés de sueur, tous les cuirs de ma voiture baignés d'une eau malfaisante. J'avais mal aux yeux, un voile était sur ma vue; je me rappelais le prince de *** devenu aveugle en vingt-quatre heures pour avoir bivouaqué en Pologne sous la même latitude dans une prairie humide [1].

[1] Peu s'en fallut que ce malheur auquel je croyais avoir échappé ne m'arrivât. Le mal d'yeux qui commençait, quand j'écrivais cette lettre, n'a fait qu'augmenter pendant tout mon séjour à Mos-

Mon domestique m'annonce que ma voiture est raccommodée : je pars, et si l'on ne m'a pas ensorcelé, si quelque accident nouveau ne me retient pas en chemin, si je ne suis pas destiné à faire mon entrée à Moscou en charrette ou à pied, ma première lettre sera datée de la ville sainte des Russes, où l'on me fait espérer d'arriver dans quelques heures.

Me voyez-vous occupé à cacher mes écritures, car chacune de mes lettres, même celle qui vous paraîtrait le plus innocente, suffirait pour me faire envoyer en Sibérie. J'ai soin de m'enfermer pour écrire, et quand c'est mon feldjæger ou quelqu'un de la poste qui frappe à ma porte, je serre mes papiers avant d'ouvrir et fais semblant de lire. Je vais glisser cette lettre-ci entre la forme et la doublure de mon chapeau : ces précautions sont superflues, je l'espère bien, mais je crois nécessaire de les prendre ; c'est assez pour vous donner une idée du gouvernement russe.

cou et plus loin ; enfin, au retour de la foire de Nijni, il a dégénéré en une ophthalmie dont je me ressens encore.

SOMMAIRE DE LA LETTRE VINGT-QUATRIÈME.

Première apparition de Moscou. — Flotte en pleine terre. — Campaniles des églises grecques : leur nombre sacramentel. — Sens symbolique de cette architecture. — Peinture des toits et des clochers, décoration métallique des églises. — Château de Pétrowski. — Style de son architecture. — Entrée de Moscou. — Privilége de l'art. — Aspect du Kremlin. — Couleur du ciel. — L'église de Saint-Basile vue de loin. — Les Français à Moscou. — Anecdote relative à la marche de notre armée au delà de Smolensk. — La cassette du ministre de la guerre. — Bataille de la Moskowa. — Le Kremlin est une cité. — Origine du titre de Czar. — Intérieur de Moscou. — Auberge de madame Howard. — Précautions qu'elle prend pour maintenir la propreté chez elle. — Promenade nocturne. — Description de la ville pendant la nuit. — Aspect du Kremlin au clair de lune. — Poussière des rues; nuées de drowskas. — Chaleurs de l'été. — Population de Moscou. — Illuminations officielles. — Réflexions. — Plantations sous les murs du Kremlin. — Aspect de ses remparts. — Ce que c'est que le Kremlin. — Souvenir des Alpes. — Ivan III. — Chemin voûté. — Magie de la nuit et de l'architecture. — Bonaparte au Kremlin.

LETTRE VINGT-QUATRIÈME.

Moscou, ce 7 août 1839.

Ne vous est-il jamais arrivé, aux approches de quelque port de la Manche ou du golfe de Biscaye, d'apercevoir les mâts d'une flotte derrière des dunes peu élevées qui vous cachaient la ville, les jetées, la plage, la mer elle-même avec la coque des navires qu'elle portait? Vous ne pouviez découvrir au-dessus du rempart naturel qu'une forêt dépouillée, portant des voiles éclatantes de blancheur, des vergues, des pavillons bariolés, des banderoles flottantes, des oriflammes de couleurs vives et variées : et vous restiez surpris devant cette apparition d'une escadre en pleine terre; c'est ce qui m'est arrivé quelquefois en Hollande, et un jour en Angleterre après avoir pénétré dans l'intérieur du pays à une certaine distance de la Tamise entre Gravesende et l'embouchure du fleuve : eh bien! tel est exactement l'effet qu'a produit sur moi la première vue de Moscou : une multitude de clochers brillait seule au-dessus de la poudre de la route, et le corps de la ville disparaissait sous ce nuage tourbillonnant, tandis qu'au-dessus des derniers lointains du paysage la ligne de l'horizon s'effaçait derrière les vapeurs du ciel d'été toujours un peu voilé dans ces parages.

La plaine inégale, à peine habitée, à demi cultivée, infertile à l'œil, ressemble à des dunes où croîtraient de maigres bouquets de sapins et où des pêcheurs auraient bâti de loin en loin quelques cabanes peu solides, mais suffisantes pour abriter leur indigence. C'est du milieu de cette solitude que je vis tout à coup sortir des milliers de tours peintes et de campaniles étoilés dont je n'apercevais pas la base : c'était la ville; les maisons basses restaient encore cachées dans une des ondulations du sol, tandis que les flèches aériennes des églises, les formes bizarres des tours, des palais et des vieux couvents attiraient déjà mes regards comme une flotte à l'ancre et dont on ne peut découvrir que les mâts planant dans le ciel [1].

---

[1] Schnitzler, dans sa statistique, décrit ainsi le territoire du gouvernement de Moscou ; je copie littéralement :

« Généralement le sol est maigre, fangeux et peu fertile, et quoique près de la moitié de sa surface soit en culture, il n'est nullement proportionné à la population et ne donne qu'un produit très-

Cette première vue de la capitale de l'Empire des Slaves qui s'élève brillante dans les froides solitudes de l'Orient chrétien, produit une impression qu'on ne peut oublier.

On a devant soi un paysage triste, mais grand comme l'Océan, et pour animer ce vide, une ville poétique et dont l'architecture n'a point de nom, comme elle n'a point de modèle.

Pour bien comprendre la singularité du tableau, il faut vous rappeler le dessin orthodoxe de toute église grecque; le faîte de ces pieux monuments est toujours composé de plusieurs tours qui varient dans leur forme et dans leur hauteur, mais dont le nombre est de cinq au moins; ce nombre sacramentel est quelquefois beaucoup plus considérable. Le clocher du milieu est le plus élevé; les quatre autres, maintenus à des étages inférieurs, entourent avec respect la tour principale. Leur forme varie : le sommet de ces donjons symboliques ressemble assez souvent à des bonnets pointus posés sur une tête; on peut aussi comparer le grand clocher de certaines églises, peint et doré extérieurement,

médiocre, insuffisant pour la consommation, » etc., etc. (*La Russie, la Pologne et la Finlande*, par M. J. H. Schnitzler. Paris, chez J. Renouard, 1835. Page 37.)

à une mitre d'évêque, à une tiare ornée de pierreries, à un pavillon chinois, à un minaret, à une toque de bonze; souvent aussi c'est tout simplement une petite coupole en forme de boule et terminée par une pointe; toutes ces figures plus ou moins bizarres sont surmontées de grandes croix de cuivre travaillées à jour, dorées, et dont le dessin compliqué rappelle un peu les ouvrages en filigrane. Le nombre et la disposition de ces campaniles a toujours un sens religieux; ils signifient les degrés de la hiérarchie ecclésiastique. C'est le patriarche entouré de ses prêtres, de ses diacres et sous-diacres élevant entre la terre et le ciel sa tête radieuse. Une variété pleine de fantaisie préside au dessin de ces toitures plus ou moins ornées, mais l'intention primitive, l'idée théologique y est toujours scrupuleusement respectée. De brillantes chaînes de métal dorées ou argentées unissent les croix des flèches inférieures à la croix de la tour principale; et ce filet métallique tendu sur une ville entière produit un effet impossible à rendre même dans un tableau, à plus forte raison dans une description; car les mots restent presqu'aussi loin des couleurs que des sons. Imaginez-vous donc, si vous pouvez, l'effet de cette sainte cohorte de clochers, qui, sans avoir avec précision les formes humaines, représentent grotesquement une réunion de personnages assemblés sur le faîte de chaque église comme sur les toits des moindres chapelles : c'est une phalange de fantômes qui planent sur une ville.

Mais je ne vous ai pas dit encore ce qu'il y a de plus singulier dans l'aspect des églises russes : leurs dômes mystérieux sont, pour ainsi dire, cuirassés, tant le travail de leur enveloppe est recherché. On dirait d'une armure damasquinée, et l'on reste muet d'étonnement en voyant briller au soleil cette multitude de toits guillochés, écaillés, émaillés, pailletés, zébrés, rayés par bandes et peints de couleurs diverses, mais toujours très-vives et très-brillantes.

Représentez-vous de riches tentures étalées du haut en bas le long des édifices les plus apparents d'une ville dont les masses d'architecture se détachent sur le fond vert d'eau de la campagne solitaire. Le désert est pour ainsi dire illuminé par ce magique réseau d'escarboucles qui se détache sur un fond de sable métallique. Le jeu de la lumière, miroitant sur cette ville aérienne, produit une espèce de fantasmagorie en plein jour qui rappelle l'éclat des lampes reflétées dans la boutique d'un lapidaire : ces lueurs chatoyantes donnent à Moscou un aspect différent de celui de toutes les autres grandes cités de l'Europe. Vous pouvez vous figurer l'effet du ciel vu du milieu d'une telle ville. : c'est une gloire pareille à celle des vieux tableaux, on n'y voit que de l'or.

Je ne dois pas négliger de vous rappeler le grand nombre des églises que renferme cette ville. Schnitzler, page 52, rapporte qu'en 1730 Weber avait compté à Moscou 1500 églises et que les gens du pays faisaient alors monter ce chiffre à 1600, mais il ajoute que c'est une exagération. Coxe en 1778 le fixe à 484. Lavau redit encore ce nombre. Quant à moi je me contente de vous peindre l'aspect des choses; j'admire sans compter et je renvoie les amateurs de catalogues aux livres faits exclusivement avec des chiffres.

J'en ai dit assez, j'espère, pour vous faire comprendre et partager ma surprise à la première apparition de Moscou : voilà mon unique ambition. Votre étonnement s'accroîtra, si vous rappelez à votre souvenir ce que vous avez lu partout : que cette ville est un pays tout entier, et que les champs, les lacs, les bois renfermés dans son enceinte mettent des distances considérables entre les divers édifices dont elle est ornée. Il résulte d'un tel éparpillement un surcroît d'illusion ; la plaine entière est couverte d'une gaze d'argent ; trois ou quatre cents églises ainsi espacées forment à l'œil un demi-cercle immense ; aussi lorsqu'on approche pour la première fois de la ville vers l'heure du soleil couchant et que le ciel est orageux, on croit voir un arc-en-ciel de feu planant sur les églises de Moscou ; c'est l'auréole de la ville sainte.

Mais à trois quarts de lieue environ de la porte, le prestige s'évanouit, on s'arrête devant le très-réel château de Pétrowski, lourd palais de briques brutes, bâti par Catherine II dans un goût bizarre, d'après un dessin moderne surchargé d'ornements qui se détachent en blanc sur le rouge des murs. Cette parure, de plâtre, à ce que je crois, et non de pierre, tient du gothique, mais ce n'est pas du gothique de bon style, ce n'est qu'extravagant. L'édifice est carré comme un dé ; régularité de plan qui ne rend pas l'aspect général plus imposant. C'est là que s'arrête le souverain quand il doit faire une entrée solennelle à Moscou. J'y reviendrai, car on y a établi un spectacle d'été, planté un jardin, et bâti une salle de bal, espèce de café public, rendez-vous des oisifs de la ville pendant la belle saison.

Passé Pétrowski, le désenchantement va toujours croissant tellement qu'en entrant dans Moscou on finit par ne plus croire à ce qu'on avait vu de loin : on rêvait, et au réveil on se retrouve dans ce qu'il y a de plus prosaïque et de plus ennuyeux au monde; dans une grande ville sans monuments, c'est-à-dire sans un seul objet d'art qui soit digne d'une admiration réfléchie; devant cette lourde et maladroite copie de l'Europe, vous vous demandez ce qu'est devenue l'Asie qui vous était apparue un instant. Moscou vu du dehors et dans son ensemble, est une création des sylphes, c'est le monde des chimères; de près et en détail, c'est une vaste cité marchande, inégale, poudreuse, mal pavée, mal bâtie, peu peuplée, qui dénote sans doute l'œuvre d'une main puissante, mais en même temps la pensée d'une tête à qui l'idée du beau a manqué pour produire un seul chef-d'œuvre. Le peuple russe a la force des bras, c'est-à-dire celle du nombre; la puissance de l'imagination lui manque.

Sans génie pour l'architecture, sans talent, sans goût pour la sculpture, on peut entasser des pierres, faire des choses énormes par les dimensions; on ne peut produire rien d'harmonieux, c'est-à-dire de grand par les proportions. Heureux privilége de l'art!.... les chefs-d'œuvre se survivent à eux-mêmes, ils subsistent dans la mémoire des hommes bien des siècles après que le temps les a ruinés; ils participent par l'inspiration qui se manifeste jusque dans leurs derniers débris, à l'immortalité de la pensée qui les a créés; tandis que des masses informes, quelque solidité qu'on leur donne, seront oubliées même avant que le temps en ait fait raison. L'art, lorsqu'il atteint à sa perfection, donne de l'âme aux pierres; c'est un mystère. Voilà ce qu'on apprend en Grèce où chaque morceau de sculpture concourt à l'effet du plan général de chaque monument. En architecture, comme dans les autres arts, c'est de l'excellence des moindres détails et de leurs rapports savamment combinés avec le plan général, que naît le sentiment du beau. Rien dans toute la Russie ne produit cette impression.

Néanmoins, dans le chaos de plâtre, de briques et de planches qu'on appelle Moscou, deux points fixent incessamment les regards : l'église de Saint-Basile, je vous en décrirai tout à l'heure l'apparence, et le Kremlin; le Kremlin dont Napoléon lui-même n'a pu faire sauter que quelques pierres!

Ce prodigieux monument, avec ses murs blancs,

inégaux, déchirés, ses créneaux étagés, est à lui seul grand comme une ville. Vers la fin du jour, au moment où j'entrais à Moscou, les masses bizarres des palais et des églises renfermés dans cette citadelle se détachaient en clair sur un fond de paysage vaporeux, simple de lignes, pauvre de plans, grand de vide, mais froid de ton ; ce qui n'empêche pas que nous soyons brûlés de chaleur, étouffés de poussière, dévorés de mousquites. C'est la longue durée de la saison chaude qui colore les sites méridionaux ; dans le Nord, on sent les effets de l'été, on ne les voit pas ; l'air a beau s'échauffer par moments, la terre reste toujours décolorée.

Je n'oublierai jamais le frisson de terreur que je viens d'éprouver à la première apparition du berceau de l'Empire russe moderne : le Kremlin vaut le voyage de Moscou.

A la porte de cette forteresse, mais en dehors de son enceinte, à ce que dit mon feldjæger, car je n'ai pu encore arriver jusque-là, s'élève l'église de Saint-Basile, *Vassili Blagennoï ;* elle est connue aussi sous le nom de cathédrale de la protection de la sainte Vierge. Dans le rit grec on prodigue aux églises le titre de cathédrales, chaque quartier, chaque monastère a la sienne, chaque ville en a plusieurs; celle de Vassili est à coup sûr le monument le plus singulier, si ce n'est le plus beau de la Russie. Je ne l'ai vue que de loin, l'effet qu'elle produit est prodigieux. Figurez-vous une agglomération de petites tourelles inégales, composant ensemble un buisson, un bouquet de fleurs; figurez-vous plutôt une espèce de fruit irrégulier, tout hérissé d'excroissances, un melon cantaloup à côtes brodées, ou mieux encore une cristallisation de mille couleurs, dont le poli métallique a des reflets qui brillent de loin aux rayons du soleil comme le verre de Bohême ou de Venise, comme la faïence de Delft la plus bariolée, comme l'émail de la Chine le mieux verni : ce sont des écailles de poissons dorés, des peaux de serpents étendues sur des tas de pierres informes, des têtes de dragons, des armures de lézards à teintes changeantes, des ornements d'autel, des habits de prêtres; et le tout est surmonté de flèches dont la peinture ressemble à des étoffes de soie mordorée : dans les étroits intervalles de ces campaniles, ornés comme on parerait des personnes, vous voyez reluire des toits peints en couleur gorge de pigeon, en rose, en azur, et toujours bien vernis; le scintillement de ces tapisseries éblouit l'œil et fascine l'imagination. « Certes, le pays où un pareil monument s'appelle un lieu de prière, n'est pas l'Europe, c'est l'Inde, la Perse, la Chine, et les hommes qui vont adorer Dieu dans cette boîte de confitures ne sont pas des chrétiens. » Telle est l'exclamation qui m'est échappée en apercevant pour la première fois la singulière église de Vassili; depuis que je suis entré dans Moscou, je n'ai d'autre désir que d'aller examiner de près ce chef-d'œuvre du caprice. Il faut que ce monument soit d'un style bien extraordinaire pour m'avoir distrait du Kremlin au moment où ce redoutable château m'apparaissait pour la première fois.

Mais bientôt mes idées prenant un autre tour, mon attention s'est distraite de ce qui frappait mes regards pour se représenter les faits accomplis dans ces lieux. Quel est le Français qui pourrait se défendre d'un mouvement de respect et de fierté..... (le malheur a son orgueil, et c'est le plus légitime), en entrant dans l'unique ville où il se soit passé, de notre temps, un événement biblique, une scène, imposante comme les plus grands faits de l'histoire ancienne.

Le moyen que la ville asiatique a pris pour repousser son ennemi est un acte de désespoir sublime, et désormais le nom de Moscou est fatalement uni à celui du plus grand capitaine des temps modernes; l'oiseau sacré des Grecs s'est consumé pour échapper aux serres de l'aigle, et semblable au phénix, la colombe mystique renaît de ses cendres.

Dans cette guerre de géants où tout était gloire, la renommée est indépendante du succès!!! Le feu sous la glace, les armes des démons du Dante : telles furent les machines de guerre que Dieu mit aux mains des Russes pour nous repousser et nous anéantir! Une armée de braves peut s'honorer d'être venue jusque-là fût-ce pour y mourir.

Mais qui peut excuser le chef de qui l'imprévoyance l'a exposée à une telle lutte? A Smolensk, Bonaparte dictait ou refusait la paix qu'on n'a pas même daigné lui offrir à Moscou. Il l'espérait pourtant, il l'espérait en vain. Ainsi la manie des collections a borné l'intelligence du grand politique; il a sacrifié son armée à la puérile satisfaction d'occuper une capitale de plus. Repoussant les avis les plus sages, il fit violence à sa propre raison afin de venir s'installer dans la forteresse des Czars, comme il avait dormi dans le palais de presque tous les potentats de l'Europe : et pour ce vain triomphe du chef aventureux, l'Empereur a perdu le sceptre du monde.

La manie des capitales a causé l'anéantissement de la plus belle armée de la France et du monde, et deux ans plus tard la chute de l'Empire.

Voici un fait ignoré chez nous, mais dont je vous garantis l'authenticité : il vient à l'ap de mon opinion sur la faute impardonnable commise par Napoléon lorsqu'il a marché sur Moscou. Cette opinion d'ailleurs n'a rien de particulier, puisqu'elle est aujourd'hui celle des hommes les plus éclairés et les plus impartiaux de tous les pays.

Smolensk était considéré par les Russes comme le boulevard de leur pays; ils espéraient que notre armée se contenterait d'occuper la Pologne et la Lithuanie sans s'aventurer au delà : mais lorsqu'on apprit la conquête de cette ville, la clef de l'Empire, un cri d'épouvante s'éleva de toutes parts; la cour et le pays furent dans la consternation; et la Russie se crut au pouvoir du vainqueur. C'est à Pétersbourg que l'empereur Alexandre reçut cette désastreuse nouvelle.

Son ministre de la guerre partageait l'opinion générale, et voulant soustraire à l'ennemi ce qu'il avait de plus précieux, il mit une quantité considérable d'or, de papiers, de bijoux, de diamants dans une petite caisse qu'il fit porter à Ladoga par un de ses secrétaires, le seul homme auquel il crut pouvoir confier un tel dépôt. Il lui dit d'attendre là de nouvelles instructions, en lui annonçant que probablement il lui enverrait l'ordre de se rendre avec la cassette au port d'Archangel, et plus tard en Angleterre. On attendait avec anxiété des détails ultérieurs; quelques jours se passèrent sans qu'on vît arriver de courrier; enfin le ministre reçut l'avis officiel de la marche de notre armée vers Moscou. Sans hésiter un instant, il renvoie chercher à Ladoga son secrétaire et sa cassette, et se rend chez l'Empereur d'un air triomphant. Alexandre savait déjà ce qu'on venait lui apprendre: « Sire, lui dit le ministre, Votre Majesté a des grâces à rendre à la Providence; si vous persistez à suivre le plan arrêté, la Russie est sauvée : c'est une expédition à la Charles XII.

— Mais Moscou, reprit l'Empereur. — Il faut l'abandonner, Sire : combattre serait donner quelque chose au hasard; nous retirer en affamant le pays, c'est perdre l'ennemi sans rien risquer. La dévastation et la disette commenceront sa ruine, l'hiver et l'incendie la consommeront ; brûlons Moscou pour sauver le monde. »

L'Empereur Alexandre modifia ce plan dans l'exécution. Il exigea qu'un dernier effort fût tenté pour garantir sa capitale.

On sait avec quel courage les Russes combattirent à la Moskowa. Cette bataille, qui a reçu de leur maître le nom de Borodino, fut glorieuse pour eux et pour nous, puisque, malgré leurs généreux efforts, ils ne purent empêcher notre entrée à Moscou.

Dieu voulait fournir un récit épique aux gazetiers du siècle, siècle prosaïque entre tous ceux que le monde a vus s'écouler. Moscou fut sacrifié volontairement, et la flamme de ce pieux incendie devint le signal de la révolution de l'Allemagne et de la délivrance de l'Europe.

Les peuples sentirent enfin qu'ils n'auraient de repos qu'après avoir anéanti cet infatigable conquérant qui voulait la paix par le moyen de la guerre perpétuelle.

Tels sont les souvenirs qui dominaient ma pensée à la première vue du Kremlin. Pour récompenser dignement Moscou, l'Empereur de Russie aurait dû rétablir sa résidence dans cette ville deux fois sainte.

LETTRE VINGT-QUATRIÈME.

Le Kremlin n'est pas un palais comme un autre, c'est une cité tout entière, et cette cité est la souche de Moscou ; elle sert de frontière à deux parties du monde, l'Orient et l'Occident : le monde ancien et le monde moderne sont là en présence ; sous les successeurs de Gengis-Khan, l'Asie s'était ruée une dernière fois sur l'Europe ; en se retirant, elle a frappé du pied la terre, et il en est sorti le Kremlin !

Les princes qui possèdent aujourd'hui cet asile sacré du despotisme oriental disent qu'ils sont Européens, parce qu'ils ont chassé de la Moscovie les Calmoucks leurs frères, leurs tyrans et leurs instituteurs ; ne leur en déplaise rien ne ressemblait aux khans de Saraï comme leurs antagonistes et leurs successeurs, les Czars de Moscou, qui leur ont emprunté jusqu'à leur titre. Les Russes appelaient Czars les khans des Tatars. Karamsin dit à ce sujet, volume VI, page 438 :

« Ce mot n'est pas l'abrégé du latin César, comme
« plusieurs savants le croient sans fondement. C'est
« un ancien nom oriental que nous connûmes par
« la traduction slavonne de la Bible : donné d'abord
« par nous aux empereurs d'Orient, et ensuite aux
« khans des Tatars, il signifie en persan *trône*,

« *autorité suprême*, et se fait remarquer dans la
« terminaison des noms des rois d'Assyrie et de
« Babylone, comme Phalassar, Nabonassar, etc. »
Et en note il ajoute : « Voyez Boyer, *Origine russ.*
« Dans notre traduction de l'Écriture sainte on
« écrit Kessar au lieu de César, mais Tzar ou *Czar*
« est tout à fait un autre mot. »

Une fois entré dans l'enceinte de Moscou, j'ai oublié la poésie, l'histoire elle-même, et je n'ai plus pensé qu'à ce que je voyais ; c'était pourtant peu de chose, car je me trouvais dans des rues pareilles à celles de tous les faubourgs de grandes villes : bientôt j'ai traversé un boulevard qui ressemble à tout, puis j'ai suivi une pente assez douce au bas de laquelle je suis arrivé dans un quartier élégant, bâti en pierre, et dont les rues sont tirées au cordeau ; enfin on m'a conduit dans la Dmitriskoï : c'est la rue où m'attendait une belle et bonne chambre retenue pour moi dans une excellente auberge anglaise. J'avais été recommandé dès Pétersbourg à madame Howard, qui ne m'aurait pas admis chez elle sans cette précaution. Je n'ai garde de lui reprocher ses scrupules, car grâce à tant de prudence, on peut dormir tranquille dans sa maison.

Êtes-vous curieux de savoir à quel prix elle achète

une propreté difficile à obtenir partout, mais qui devient une vraie merveille en Russie? elle a bâti dans sa cour un corps de logis séparé, afin d'y faire coucher tous les domestiques russes. Ces hommes n'entrent dans la maison principale que pour y vaquer au service de leurs maîtres. En fait de précautions, madame Howard va plus loin encore. Elle ne reçoit presque aucun Russe; aussi ni mon postillon, ni mon feldjæger ne connaissaient sa maison; nous avons eu quelque peine à la trouver, quoique cette maison, sans enseigne il est vrai, soit la meilleure auberge de Moscou et de la Russie.

Aussitôt que je fus installé, je me suis mis à vous écrire pour me reposer. La nuit approche, il fait clair de lune; je m'interromps afin d'aller parcourir la ville; je reviendrai vous raconter ma promenade.

(Suite de la même lettre.)

Moscou, ce 8 août 1839, à 1 heure du matin.

Sorti vers dix heures du soir, sans guide, seul, me dirigeant au hasard, selon ma coutume, j'ai commencé à parcourir de longues rues larges, mal percées comme toutes les rues des villes russes, et de plus montueuses; mais ces vilaines rues sont tracées régulièrement. La ligne droite ne fait pas faute à l'architecture de ce pays; cependant, l'équerre et le cordeau ont moins défiguré Moscou qu'ils n'ont gâté Pétersbourg. Là ces imbéciles tyrans des villes modernes trouvèrent table rase; mais ils avaient à lutter ici contre les inégalités du terrain et contre de vieux monuments nationaux : grâce à ces invincibles obstacles de l'histoire et de la nature, l'aspect de Moscou est resté celui d'une ville ancienne; c'est la plus pittoresque de toutes celles de l'Empire qui la reconnaît toujours pour sa capitale, en dépit des efforts presque surnaturels du Czar Pierre et de ses successeurs; tant la loi des choses est forte contre la volonté des hommes même les plus puissants!

Dépouillée de ses honneurs religieux, privée de son patriarche, abandonnée de ses souverains et des plus courtisans de ses vieux boyards, sans autre prestige que celui d'un trait d'héroïsme trop moderne pour être justement apprécié des contemporains, Moscou est devenu, faute de mieux, une ville de commerce et d'industrie; on vante sa fabrique de soieries!!... Mais l'histoire et l'architecture sont toujours là pour lui conserver ses droits imprescriptibles à la suprématie politique. Le gouvernement russe favorise les usines : ne pouvant arrêter tout à fait le torrent du siècle, il aime encore mieux enrichir le peuple que l'affranchir.

Ce soir vers dix heures, le jour tombait et la lune se levait brillante à travers la poussière, animée d'un horizon du Nord, au moment du crépuscule. Les flèches des couvents, les aiguilles des chapelles, les tours, les remparts, les palais et toutes les masses irrégulières et imposantes du Kremlin recevaient par accident des traits de lumière resplendissants comme des franges d'or, tandis que le corps de la ville rentré dans l'ombre perdait peu à peu les luisants reflets du soleil couchant que je voyais glisser en s'affaiblissant de tuile peinte en tuile peinte, de coupole de cuivre en coupole, papillotant et se fondant par flots lumineux sur les chaînes dorées et sur les toits métalliques, qui sont le firmament de Moscou : tous ces monuments dont les peintures ressemblent à de riches tapisseries, brillaient d'un air de fête sur le fond bleuâtre du ciel. On eût dit que le soleil à son déclin voulait saluer la ville qu'il allait fuir; cet adieu du jour aux palais de fées de la vieille capitale de la Russie était magnifique. Des nuées de mousquites bourdonnaient à mes oreilles, tandis que mes yeux étaient brûlés du sable des rues, incessamment enlevé sous les pieds des chevaux qui traînent au galop dans tous les sens des milliers d'équipages.

Les plus nombreux et les plus pittoresques sont les drowskas; cette voiture vraiment nationale est la plus petite de toutes les voitures : c'est le traîneau d'été : je le compare à une mouche sans ailes. Ne pouvant transporter commodément qu'une personne à la fois, les drowskas doivent se multiplier à l'infini pour suffire aux besoins d'une population active, nombreuse, mais perdue dans une ville immense et dont les habitants refluent continuellement de toutes les extrémités vers le centre. La poussière de Moscou est extrêmement incommode; fine comme la cendre légère, comme les tourbillons d'insectes auxquels elle se mêle en cette saison, elle offusque la vue et gêne la respiration. Nous avons une température brûlante tout le jour, et les nuits sont encore trop courtes pour que la fraîcheur pernicieuse des rosées puisse tempérer l'aride chaleur du matin; la lueur de ce jour dévorant ne finit que bien avant dans la soirée. Au surplus, les Russes sont étonnés de l'intensité des chaleurs de cet été comme de leur durée.

L'Empire slave, ce soleil levant du monde politique, vers lequel toute la terre tourne les yeux, aurait-il aussi pour lui le soleil de Dieu? Les gens du pays prétendent et ils répètent souvent que le climat de la Russie s'adoucit. Étonnant pouvoir de la civilisation humaine dont les progrès changeraient jusqu'à la température du globe!... Quoi qu'il en soit des hivers de Moscou et de Pétersbourg, je connais peu de climat plus désagréable que celui de ces deux villes pendant l'été. C'est la belle saison qui est le vilain temps des pays du Nord.

La première chose qui m'a frappé dans les rues de Moscou, c'est une population qui paraissait plus vive dans ses allures, plus franche dans sa gaieté que celle de Pétersbourg : on respire ici un air de liberté inconnu dans le reste de l'Empire; c'est ce qui m'explique la secrète aversion des souverains pour cette ville qu'ils flattent, qu'ils redoutent et qu'ils fuient.

L'Empereur Nicolas qui est bon Russe l'aime beaucoup, dit-il : néanmoins je ne vois pas qu'il l'habite plus souvent que n'ont fait ses prédécesseurs qui la détestaient.

Ce soir on avait illuminé quelques rues, mais

mesquinement et par un assez petit nombre de lampions dont quelques-uns n'étaient que posés à terre. On a peine à s'expliquer le goût des Russes pour les illuminations, quand on pense que pendant la courte saison où l'on peut jouir de ce genre de décoration, il n'y a presque pas de nuit sous les latitudes de Moscou, et surtout de Saint-Pétersbourg.

En rentrant chez moi, j'ai demandé à quelle occasion se faisaient ces modestes démonstrations de joie. On m'a répondu qu'on illuminait pour célébrer les anniversaires de la naissance ou du baptême de toutes les personnes de la famille Impériale; ce sont des réjouissances permanentes. Il y a chaque année tant de fêtes de ce genre en Russie, qu'elles passent à peu près inaperçues. Cette indifférence m'a prouvé que la peur a ses imprudences, et qu'elle ne sait pas toujours si bien flatter qu'elle le voudrait. Il n'y a de flatteur habile que l'amour, parce que ses louanges, même les plus exagérées, sont sincères. Voilà une vérité que la conscience dit... inutilement, aux despotes.

L'inutilité de la conscience dans les affaires humaines, dans les plus grandes comme dans les moindres, est à mes yeux le plus étonnant mystère de ce monde, car il me prouve l'existence de l'autre.

Dieu ne fait rien sans but ; donc puisqu'il a donné la conscience à tous les hommes et que cette lumière intérieure ne sert à rien sur la terre, il faut qu'elle ait sa destination quelque part : les injustices de ce monde ont pour excuses nos passions : l'inflexible justice de l'autre aura pour avocat notre conscience.

J'ai suivi lentement des promeneurs désœuvrés et après avoir descendu et remonté plusieurs pentes à la suite d'un flot d'oisifs que je prenais machinalement pour guides, je suis arrivé vers le centre de la ville, sur une place vague où commence une allée de jardin; cette promenade me parut très-brillante : on entendait de la musique lointaine, on voyait scintiller des lumières nombreuses, plusieurs cafés ouverts rappelaient l'Europe ; mais je ne pouvais m'intéresser à ces plaisirs. : j'étais sous les murs du Kremlin; montagne colossale élevée pour la tyrannie, par les bras des esclaves. On a fait pour la ville moderne une promenade publique, une espèce de jardin planté à l'anglaise autour des murs de cette ancienne forteresse de Moscou.

Savez-vous ce que c'est que les murs du Kremlin? ce mot de murs vous donne l'idée d'une chose trop ordinaire, trop mesquine, il vous trompe; les murailles du Kremlin : c'est une chaîne de montagnes...... Cette citadelle bâtie aux confins de l'Europe et de l'Asie est aux remparts ordinaires ce que les Alpes sont à nos collines : le Kremlin est le mont Blanc des forteresses. Si le géant qu'on appelle l'Empire russe avait un cœur, je dirais que le Kremlin est le cœur de ce monstre : il en est la tête........

Je voudrais pouvoir vous donner l'idée de cette masse de pierres qui se dessinait en gradins dans le ciel : singulière contradiction !!.. cet asile du despotisme s'éleva au nom de la liberté, car le Kremlin fut un rempart opposé aux Calmoucks par les Russes : ses murailles à deux fins ont favorisé l'indépendance de l'État et servi la tyrannie du souverain. Elles suivent avec hardiesse les profondes sinuosités du terrain ; lorsque les pentes du coteau deviennent trop rapides le rempart s'abaisse par escaliers ; ces degrés qui montent entre le ciel et la terre sont énormes, c'est une échelle pour les géants qui vont faire la guerre aux dieux.

La ligne de cette première ceinture de constructions est coupée par des tours fantastiques si élevées, si fortes et d'une forme si bizarre qu'elles rappellent les pics de la Suisse avec leurs rocs de diverses figures et leurs glaciers de mille couleurs : l'obscurité, sans doute, contribuait à grandir les objets, à leur donner un dessin et des teintes hors de nature, je dis des teintes parce que la nuit a son coloris comme la gravure.... J'ignore d'où venait le prestige dont je ressentais l'influence : mais ce que je sais c'est que je ne pouvais me défendre d'une secrète épouvante.... et voir des messieurs et des dames vêtus à la parisienne, se promener aux pieds de ce palais fabuleux, c'est à croire qu'on rêve!... Je rêvais. Qu'aurait dit Ivan III, le restaurateur, on peut bien dire le fondateur du Kremlin, s'il eût pu apercevoir au pied de la forteresse sacrée ses vieux Moscovites rasés, frisés, en fracs, en pantalons blancs, en gants jaunes, nonchalamment assis au son des instruments et prenant des glaces bien sucrées devant un café bien illuminé? il aurait dit comme moi : c'est impossible!.... et pourtant c'est ce qui se voit maintenant tous les soirs d'été à Moscou.

J'ai donc parcouru les jardins publics plantés sur les glacis de la vieille citadelle des Czars, j'ai vu des tours, puis d'autres tours, des étages, puis d'autres étages de murailles; et mes regards planaient sur une ville enchantée. C'est trop peu dire que de parler de féerie!... il faudrait l'éloquence de la jeunesse, que tout étonne et surprend, pour trouver des mots analogues à ces choses prodigieuses. Au-dessus d'une longue voûte que je venais de traverser, j'ai aperçu un chemin suspendu par lequel piétons et voitures entrent dans la sainte Cité. Ce spectacle me paraissait incompréhensible; rien que des tours, des portes, des terrasses élevées les unes sur les autres, en lignes contrariées; rien que des rampes rapides, que des arceaux qui servent à porter des routes par lesquelles on sort du Moscou d'aujourd'hui du Moscou vulgaire, pour entrer au Kremlin, au Moscou de l'histoire, au Moscou merveilleux. Ces aqueducs, sans eau, supportent encore d'autres étages d'édifices plus fantastiques; j'ai entrevu, appuyée sur un de ces passages suspendus, une tour basse et ronde, toute hérissée de créneaux en fer de lance : la blancheur éclatante de cet ornement singulier se détache sur un mur rouge de sang : contraste criant! et que l'obscurité toujours un peu transparente des nuits septentrionales ne m'empêchait pas de discerner. Cette tour était un géant qui dominait de toute sa tête le fort dont il paraissait le gardien. Quand je fus rassasié du plaisir de rêver tout éveillé, je tâchai de retrouver mon chemin pour rentrer chez moi, où je me suis mis à vous écrire : occupation peu propre à calmer mon agitation. Mais je suis trop fatigué, je ne puis me reposer ; il faut de la force pour dormir.

Que ne voit-on pas la nuit au clair de lune en tournant au pied du Kremlin ? là tout est surnaturel ; on y croit aux spectres malgré soi : qui pourrait approcher sans une religieuse terreur de ce boulevard sacré dont une pierre détachée par Bonaparte a rebondi jusqu'à Sainte-Hélène pour écraser le triomphateur au milieu de l'Océan !... Pardon, je suis né du temps des phrases.

La plus nouvelle des nouvelles écoles achève de les bannir et de simplifier le langage d'après cette loi : que les peuples les plus dénués d'imagination sont ceux qui se défendent le plus soigneusement des écarts d'une faculté qu'ils n'ont pas. Je puis admirer le style puritain lorsqu'il est employé par des talents supérieurs et capables d'en racheter la monotonie : je ne saurais l'imiter.

Après avoir vu ce que j'ai vu ce soir, on ferait bien de s'en retourner tout droit dans son pays : l'émotion du voyage est épuisée.

SOMMAIRE DE LA LETTRE VINGT-CINQUIÈME.

Le Kremlin au grand jour. — Ses hôtes naturels. — Caractère de son architecture. — Sens symbolique. — Dimension des églises russes. — L'histoire des hommes employée comme un moyen de décrire les lieux. — L'influence d'Ivan IV. — Mot de Pierre Ier. — Patience coupable. — Les sujets d'Ivan IV et les Russes actuels. — Ivan IV comparé à tous les tyrans cités dans l'histoire. — Source où j'ai puisé les faits racontés. — Brochure du prince Wiasemski. — Pourquoi on doit se fier à Karamsin.

LETTRE VINGT-CINQUIÈME.

Moscou, ce 8 août 1839.

Une ophthalmie que j'ai gagnée entre Pétersbourg et Moscou m'inquiète et me fait souffrir. Malgré ce mal, j'ai voulu recommencer aujourd'hui ma promenade d'hier au soir, afin de comparer le Kremlin du grand jour avec le fantastique Kremlin de la nuit. L'ombre grandit, déplace toutes choses, mais le soleil rend aux objets leurs formes et leurs proportions.

A cette seconde épreuve, la forteresse des Czars m'a encore surpris. Le clair de lune agrandissait et faisait ressortir certaines masses de pierres, mais il m'en cachait d'autres, et tout en rectifiant quelques erreurs, en reconnaissant que je m'étais figuré trop de voûtes, trop de galeries couvertes, trop de chemins suspendus, de portiques et de souterrains, j'ai retrouvé assez de toutes ces choses pour justifier mon enthousiasme.

Il y a de tout au Kremlin : c'est un paysage de pierres.

La solidité de ses remparts surpasse la force des rochers qui les portent ; le nombre et la forme de ses monuments est une merveille. Ce labyrinthe de palais, de musées, de donjons, d'églises, de cachots est effrayant comme l'architecture de Martin, c'est aussi grand et plus irrégulier que les compositions du peintre anglais. Des bruits mystérieux sortent du fond des souterrains ; de telles demeures doivent être hantées par des esprits, elles ne peuvent convenir à des êtres semblables à nous. On y rêve aux scènes les plus étonnantes ; et l'on frémit quand on se souvient que ces scènes ne sont point de pure invention. Là les bruits qu'on entend semblent sortir du tombeau ; on y croit à tout, hors à ce qui est naturel.

Persuadez-vous bien que la citadelle de Moscou n'est nullement ce qu'on dit qu'elle est. Ce n'est pas un palais, ce n'est pas un sanctuaire national où se conservent les trésors historiques de l'Empire ; ce n'est pas le boulevard de la Russie, l'asile révéré où dorment les saints, protecteurs de la patrie : c'est moins et c'est plus que tout cela ; c'est tout simplement la prison des spectres.

Ce matin, marchant toujours sans guide, je suis arrivé jusqu'au milieu même du Kremlin, et j'ai pénétré seul dans l'intérieur de quelques-unes des églises qui font l'ornement de cette cité pieuse, aussi vénérée par les Russes pour ses reliques que pour les richesses mondaines et les glorieux trophées qu'elle renferme. Je suis trop agité en cet instant pour vous décrire les lieux avec détail; plus tard je ferai une visite méthodique au trésor, et vous saurez ce que j'y aurai vu.

Le Kremlin sur sa colline m'est apparu de loin comme une ville princière, bâtie au milieu de la ville populaire. Ce tyrannique château, cet orgueilleux monceau de pierres domine le séjour du commun des hommes de toute la hauteur de ses rochers, de ses murs et de ses campaniles, et contrairement à ce qui arrive aux monuments d'une dimension ordinaire, plus on approche de cette masse indestructible, et plus on est émerveillé. Tel que certains ossements d'animaux gigantesques, le Kremlin nous prouve l'histoire d'un monde dont nous ne pouvons nous empêcher de douter encore, même en en retrouvant les débris. A cette création prodigieuse, la force tient lieu de beauté, le caprice d'élégance; c'est le rêve d'un tyran, mais c'est puissant, c'est effrayant comme la pensée d'un homme qui commande à la pensée d'un peuple; il y a là quelque chose de disproportionné : je vois des moyens de défense qui supposent des guerres comme il ne s'en fait plus; cette architecture n'est pas en rapport avec les besoins de la civilisation moderne.

Héritage des temps fabuleux, où le mensonge était roi sans contrôle : geôle, palais, sanctuaire; boulevard contre l'étranger, bastille contre la nation, appui des tyrans, cachots des peuples : voilà le Kremlin !

Espèce d'Acropolis du Nord, de Panthéon barbare, ce sanctuaire national pourrait s'appeler l'Alcazar des Slaves.

Tel fut donc le séjour de prédilection des vieux princes moscovites, et pourtant ces redoutables murailles ne suffirent pas encore à calmer l'épouvante d'Ivan IV.

La peur d'un homme tout-puissant est ce qu'il y a de plus terrible en ce monde, aussi n'approche-t-on du Kremlin qu'en frémissant.

Des tours de toutes les formes : rondes, carrées, à flèches aiguës, des beffrois, des donjons, des tourelles, des vedettes, des guérites sur des minarets, des clochers de toutes les hauteurs, différant de couleurs, de style et de destination ; des palais, des dômes, des vigies, des murs crénelés, percés;

des meurtrières, des mâchicoulis, des remparts, des fortifications de toutes sortes, des fantaisies bizarres, des inventions incompréhensibles, un kiosque à côté d'une cathédrale ; tout annonce le désordre et la violence, tout trahit la continuelle surveillance nécessaire à la sûreté des êtres singuliers qui se condamnèrent à vivre dans ce monde surnaturel. Mais ces innombrables monuments d'orgueil, de caprice, de volupté, de gloire, de piété, malgré leur variété apparente n'expriment qu'une seule et même pensée qui domine ici partout : la guerre soutenue par la peur. Le Kremlin est sans contredit l'œuvre d'un être surhumain, mais d'un être malfaisant. La gloire dans l'esclavage, telle est l'allégorie figurée par ce monument satanique, aussi extraordinaire en architecture que les visions de saint Jean sont extraordinaires en poésie : c'est l'habitation qui convient aux personnages de l'Apocalypse.

En vain chaque tourelle a son caractère et son usage particulier, toutes ont la même signification : la terreur armée !

Les unes ressemblent à des bonnets de prêtres, d'autres à la gueule d'un dragon, d'autres à des glaives renversés : la garde en bas, la pointe en haut : d'autres rappellent la forme et jusqu'à la couleur de certains fruits exotiques : d'autres encore ont la figure d'une coiffure de Czars pointue et ornée de pierreries comme celle du doge de Venise : d'autres enfin sont de simples couronnes, et toutes ces espèces de tours revêtues de tuiles vernissées ; toutes ces coupoles métalliques, tous ces dômes émaillés, dorés, azurés, argentés brillent au soleil comme des émaux sur une étagère, ou plutôt comme les stalactites colossales des mines de sel qu'on voit aux environs de Cracovie. Ces énormes piliers, ces flèches de diverses formes, pyramidales, rondes, pointues, mais rappelant toujours un peu la figure humaine, dominent la ville et le pays.

A les voir de loin briller dans le ciel, on dirait d'une réunion de potentats richement vêtus et décorés des insignes de leur dignité : c'est une assemblée d'ancêtres, un conseil de Rois siégeant sur des tombeaux ; ce sont des spectres qui veillent sur le faîte d'un palais.

Habiter le Kremlin ce n'est pas vivre, c'est se défendre ; l'oppression crée la révolte, la révolte nécessite les précautions ; les précautions accroissent le danger, et de cette longue suite d'actions et de réactions naît un monstre, le despotisme qui s'est bâti une maison à Moscou : le Kremlin ! voilà tout. Les géants du monde antédiluvien s'ils revenaient sur terre visiter leurs faibles successeurs, pourraient encore se loger là.

Tout a un sens symbolique, volontaire ou non, dans l'architecture du Kremlin ; mais ce qui reste de réel quand vous avez surmonté votre première épouvante pour pénétrer au sein de ces sauvages magnificences, c'est un amas de cachots pompeusement surnommés palais et cathédrales. Les Russes ont beau faire, ils ne sortent pas de prison.

Leur climat lui-même est complice de la tyrannie. Le froid de ce pays ne permet pas d'y construire de vastes églises, où les fidèles seraient gelés pendant la prière; ici l'esprit n'est point élevé au ciel par la pompe de l'architecture religieuse; sous cette zone, l'homme ne peut bâtir au bon Dieu que des donjons obscurs. Les sombres cathédrales du Kremlin, avec leurs voûtes étroites et leurs épaisses murailles ressemblent à des caves, ce sont des prisons peintes comme les palais sont des geôles dorées.

Des merveilles de cette effrayante architecture il faut dire ce que les voyageurs disent de l'intérieur des Alpes : ce sont de belles horreurs.

Suite de la lettre vingt-cinquième.

Le même jour, au soir.

Mon œil s'enflamme de plus en plus : je viens de faire appeler un médecin qui m'a condamné à rester trois jours dans ma chambre avec un bandeau. Heureusement que l'un de mes yeux me reste ; je puis m'occuper.

J'ai le projet d'employer ces trois jours de loisir forcé à terminer un travail commencé pour vous à Pétersbourg et interrompu par les agitations de la vie que je menais dans cette ville. C'est l'aperçu du règne d'Ivan IV, le tyran par excellence, et l'âme du Kremlin. Ce n'est pas qu'il ait bâti cette forteresse, mais il y est né, il y est mort, il y revient, son esprit y demeure.

Le plan en fut conçu et exécuté par son aïeul Ivan III et par des hommes de cette trempe ; et je veux me servir de ces figures colossales comme de miroirs pour vous représenter le Kremlin, qu'il me faut, je le sens, renoncer à vous peindre tout simplement ; car ici mes paroles ne vont pas aux choses. D'ailleurs cette manière détournée de compléter une description me paraît neuve, et je la crois sûre; aussi bien j'ai fait jusqu'à présent ce qui dépendait de moi pour vous donner l'idée du lieu en lui-même, il faut maintenant vous faire l'histoire des hommes qui l'habitèrent.

Si de l'arrangement d'une maison nous déduisons le caractère de la personne qui l'habite, ne pouvons-nous pas, par une opération d'esprit analogue, nous figurer l'aspect des édifices d'après les hommes pour lesquels ils furent construits? Nos passions, nos habitudes, notre génie sont bien assez puissants pour se graver ineffaçablement jusque sur les pierres de nos demeures.

Certes, s'il existe un monument auquel puisse s'appliquer ce procédé de l'imagination, c'est le Kremlin......

On voit là l'Europe et l'Asie en présence, et le génie des Grecs du Bas-Empire les unit.

A tout prendre, soit que l'on considère cette forteresse sous le rapport purement historique, soit qu'on la contemple du point de vue poétique et pittoresque, c'est le monument le plus national de la Russie, et, par conséquent, le plus intéressant pour les Russes comme pour les étrangers.

Je vous l'ai dit, Ivan IV n'a point bâti le Kremlin: ce sanctuaire du despotisme fut reconstruit en pierre sous Ivan III, en 1485, par deux architectes italiens, Marco et Pietro Antonio, appelés à Moscou par le *Grand Prince*[1], qui voulait relever les remparts naguère de bois de la forteresse fondée plus anciennement sous Dmitri Donskoï.

Mais si ce palais n'est pas l'œuvre d'Ivan IV, il est sa pensée. C'est par esprit de prophétie que ce grand Roi a élevé le palais du tyran son petit-fils. Il y a eu des architectes italiens partout : nulle part ces hommes n'ont rien produit qui ressemble à l'œuvre accomplie par eux à Moscou. J'ajoute qu'il y a eu ailleurs des souverains absolus, injustes, arbitraires, bizarres, et que pourtant le règne d'aucun de ces monstres ne ressemble au règne d'Ivan IV : la même graine germant sous des zones et dans des terrains différents produit des plantes du même genre, mais de dimensions et d'aspects divers. La terre ne verra pas deux chefs-d'œuvre du despotisme pareils au Kremlin, ni deux nations aussi superstitieusement patientes que le fut la nation moscovite sous le règne fabuleux de son tyran.

Les suites s'en font encore sentir de nos jours. Si vous m'aviez accompagné dans ce voyage, vous

---

[1] C'est le titre qu'on donnait alors aux grands-ducs de Moscou.
(*Note du Voyageur.*)

découvririez, avec moi, au fond de l'âme du peuple russe les inévitables ravages du pouvoir arbitraire poussé à ses dernières conséquences ; d'abord c'est une indifférence sauvage pour la sainteté de la parole, pour la vérité des sentiments, pour la justice des actes ; puis c'est le mensonge triomphant, le manque de probité, la mauvaise foi, la fraude sous toutes les formes ; en un mot, le sens moral est émoussé.

Il me semble voir une procession de vices sortir par toutes les portes du Kremlin pour inonder la Russie.

Pierre Ier disait qu'il faudrait trois juifs pour tromper un Russe ; nous qui ne sommes pas obligés de ménager nos termes comme un Empereur, nous traduisons ce mot ainsi : « Un Russe à lui seul attraperait trois juifs. »

D'autres nations ont supporté l'oppression, la nation russe l'a aimée ; elle l'aime encore. Ce fanatisme d'obéissance n'est-il pas caractéristique ? Ici, toutefois, on ne peut nier que cette manie populaire ne devienne, par exception, le principe d'actions sublimes. Dans ce pays inhumain, si la société a dénaturé l'homme, elle ne l'a pas rapetissé : il n'est pas bon, mais il n'est pas mesquin : c'est aussi ce qu'on peut dire du Kremlin. Cela ne fait pas plaisir à regarder, mais cela fait peur. Ce n'est pas beau, c'est terrible, terrible comme le règne d'Ivan IV.

Un tel règne aveugle à jamais l'âme humaine chez la nation qui l'a subi patiemment jusqu'au bout : les derniers neveux de ces hommes, stigmatisés par les bourreaux, se ressentiront de la prévarication de leurs pères : le crime de lèse-humanité dégrade les peuples jusque dans leur postérité la plus reculée. Ce crime ne consiste pas seulement à exercer l'injustice, mais à la tolérer; un peuple qui, sous prétexte que l'obéissance est la première des vertus, lègue la tyrannie à ses neveux, méconnaît ses propres intérêts; il fait pis que cela, il manque à ses devoirs.

L'aveugle patience des sujets, leur silence, leur fidélité à des maîtres insensés sont de mauvaises vertus : la soumission n'est louable, la souveraineté vénérable qu'autant qu'elles deviennent des moyens d'assurer les droits de l'humanité. Quand le Roi les méconnaît, quand il oublie à quelles conditions il est permis à un homme de régner sur ses semblables, les citoyens ne relèvent plus que de Dieu, leur maître éternel, qui les délie du serment de fidélité au maître temporel.

Voilà des restrictions que les Russes n'ont jamais admises ni comprises ; pourtant elles sont nécessaires au développement de la vraie civilisation ; sans elles, il arriverait un moment où l'état social deviendrait plus nuisible qu'utile à l'humanité, et les sophistes auraient beau jeu pour renvoyer l'homme au fond des bois.

Cependant une telle doctrine, avec quelque modération qu'on l'expose et qu'on veuille la mettre en pratique, passe pour séditieuse à Pétersbourg, bien qu'elle ne soit que l'application des saintes Écritures. Donc, les Russes de nos jours sont les dignes enfants des sujets d'Ivan IV. C'est un des motifs qui me décident à vous faire le court résumé de ce règne.

En France j'avais oublié cette histoire ; mais en Russie on est bien forcé de s'en retracer les affreux détails. Ce sera le sujet de ma prochaine lettre ; ne craignez pas l'ennui : jamais récit ne fut plus intéressant, ou du moins plus curieux.

Cet insensé a, pour ainsi dire, dépassé les limites de la sphère où la créature a reçu de Dieu, sous le nom de libre arbitre, la permission de faire du mal : jamais le bras de l'homme n'a porté si loin. La brutale férocité d'Ivan IV fait pâlir les Tibère, les Néron, les Caracalla, les Louis XI, les Pierre-le-Cruel, les Richard III, les Henri VIII, enfin tous les tyrans anciens et modernes avec leurs juges les plus incorruptibles : Tacite à leur tête.

Aussi, avant de vous retracer les détails de ces incroyables excès, je sens le besoin de protester de mon exactitude. Je ne citerai rien de mémoire ; en commençant ce voyage, j'ai rempli ma voiture des livres qui m'étaient nécessaires, et la principale source où j'ai puisé, c'est Karamsin, auteur qui ne peut être récusé par les Russes, puisqu'on lui reproche d'avoir adouci plutôt qu'exagéré les faits défavorables à la renommée de sa nation. Une prudence excessive et qui va jusqu'à la partialité, tel est le défaut de cet auteur : en Russie le patriotisme est toujours entaché de complaisance. Tout écrivain russe est courtisan : Karamsin l'était : j'en trouve la preuve dans une petite brochure publiée par un autre courtisan, le prince Wiasemski : c'est la description de l'incendie du palais d'hiver à Pétersbourg ; description qui est écrite tout à la louange du souverain, lequel cette fois a mérité les éloges qu'on lui adresse. On y trouve le passage suivant :

« Quelle est la noble famille de Russie qui n'ait
« aussi quelque glorieux souvenir à revendiquer

« dans ses murs[1]? Nos pères, nos ancêtres, toutes
« nos illustrations politiques, administratives,
« guerrières, y reçurent des mains du souverain,
« et au nom de la patrie, les témoignages éclatants
« dus à leurs travaux, à leurs services, à leur va-
« leur. C'est ici que Lomonosloff, que Derjavine
« firent résonner leur lyre nationale, que *Karamsin*
« *lut les pages de son histoire* devant un auditoire
« auguste[2]. Ce palais était le palladium *(sic)* des
« souvenirs de toutes nos gloires; c'était le Kremlin
« de notre histoire moderne. » (*Incendie du palais
d'hiver à Saint-Pétersbourg,* par le prince Wiasemski. Paris, G. A. Dentu, Palais-Royal, galerie
vitrée, n° 13, page 11.)

On peut, on doit donc ajouter foi à Karamsin
quand il raconte les monstruosités de la vie
d'Ivan IV. J'affirme que tous les faits que vous lirez
dans mon précis, se trouvent racontés avec plus de
détails, par cet historien, dans son livre intitulé :
Histoire de l'Empire de Russie, par M. de Karamsin,
traduite par Jauffret et terminée par M. de Divoff,

---

[1] Le palais d'hiver à Pétersbourg fut brûlé le 29 décembre 1837.

[2] Karamsin n'a sûrement pas cherché à exagérer ce qui pouvait déplaire à de tels juges.

conseiller d'État actuel et chambellan de l'Empereur de Russie; onze volumes grand in-8°. Paris, à la galerie de Bossange père, libraire de S. A. R. Monseigneur le duc d'Orléans, rue de Richelieu, n° 60, près de l'arcade Colbert, 1826.

SOMMAIRE DE LA LETTRE VINGT-SIXIÈME.

Histoire d'Ivan IV.— Citation de la brochure de M. de Tolstoï— Début du règne d'Ivan IV. — Effets de sa tyrannie sur les Russes. — Une des causes de sa cruauté.— Siége de Kazan. — Prise d'Astrakan.— Comment il traite ses anciens amis. — Souvenirs de son enfance. — Changement moral et physique.— Ses mariages.— Mensonge inhérent au despotisme.— Ses raffinements de cruauté.— Supplices ordonnés et surveillés par lui.— Sort de Novgorod. — Jusqu'où vont ses vengeances. — Horloges vivantes.— Ironie sanglante.— Abdication.— Ce que font les Russes à cette occasion. — Motif secret de la servilité des Russes.— Ivan reprend la couronne. — A quelle condition.— La Slobode Alexandrowsky. — L'*opritchnina* ou les élus. — Portrait d'Ivan IV par Karamsin. — Divers extraits du même écrivain.— Conséquences de l'opritchnina.— Lâcheté d'Ivan IV. — Sa conduite lors de l'incendie de Moscou.— Ce qu'il fait de la Livonie.— La Sibérie conquise.— Sympathie d'Ivan pour Élisabeth d'Angleterre.— Lettre d'Élisabeth à Ivan.— Projet de mariage avec Marie Hastings, parente de la reine d'Angleterre. — Travestissement d'Ivan et de ses compagnons de débauche. — Explication de la servilité des sujets d'Ivan. — Résignation religieuse.— Église russe enchaînée.— Quelle est la seule Église indépendante.— Le prêtre russe. — Sort qui attend toute Église schismatique.— Le prêtre catholique. — Autres extraits de Karamsin. — Trait de férocité du grand-duc Constantin. — Ressemblance des Russes actuels avec leurs ancêtres.— Encore une citation de Karamsin : l'ambassadeur et le supplicié. — Correspondance du

Czar avec Griasnoï. — La Livonie cédée par Ivan à Batori. — Conséquence de cette trahison. — Mort du Czarewitch, le fils du Czar. — Tragédie. — Vocation divine. — Puissance de l'âme humaine. — Mort d'Ivan IV. — Son dernier crime. — APPENDICE. — Le Kremlin. — Karamsin. — Nouveaux extraits. — Excuses au despotisme. — Ce que les Russes devraient penser et dire de Karamsin. — Ce que signifie le besoin de justice qui est dans le cœur de l'homme. — Spiritualisme chrétien. — Souvenir que le peuple russe conserve d'Ivan IV. — Portrait d'Ivan III par Karamsin. — Ressemblance de Pierre-le-Grand avec les Ivan. — Extraits de M. de Ségur. — Conduite du Czar Pierre Ier envers son fils. — Supplice de Glébof. — Mort d'Alexis, fils du Czar Pierre.

LETTRE VINGT-SIXIÈME.

Moscou, ce 11 août 1839.

Si vous n'avez pas fait une étude particulière des annales de la Russie, le travail que vous allez lire vous paraîtra le résultat d'une combinaison monstrueuse : et pourtant ce n'est que le résumé de faits authentiques.

Mais tout cet amas d'abominations attestées par l'histoire et qu'on lit comme des fables n'est pas ce qui donne le plus à penser lorsqu'on se retrace le long règne d'Ivan IV. Non, un problème tout à fait insoluble pour le philosophe, un éternel sujet de surprise, et de redoutables méditations, c'est l'effet produit par cette tyrannie sans seconde sur la nation qu'elle a décimée; non-seulement elle ne révolte pas les populations, elle les attache. Cette circonstance me paraît jeter un jour nouveau sur les mystères du cœur humain.

Ivan IV, encore enfant, monte sur le trône en 1533; couronné à 17 ans, le 16 janvier 1546, il est mort dans son lit au Kremlin, après un règne de 51 ans, le 18 janvier 1584, à 64 ans, et il a été pleuré par sa nation tout entière, sans excepter les enfants de ses victimes. On ne sait si les mères moscovites l'ont pleuré ; c'est ce dont il est permis de douter, grâce au silence des annalistes sur ce point.

Sous les mauvais régimes, les femmes se dénaturent moins complétement que les hommes ; ceux-ci participant seuls aux actes du gouvernement, il arrive nécessairement que les préjugés sociaux en circulation dans chaque siècle et dans chaque pays ont prise sur eux plus que sur elles. Quoi qu'il en soit, il faut bien le dire, ce règne monstrueux a fasciné la Russie au point de lui faire trouver jusque dans le pouvoir effronté des princes qui la gouvernent, un objet d'admiration ; l'obéissance politique est devenue pour les Russes un culte, une religion [1]. Ce n'est que chez ce peuple, du moins je

---

[1] M. de Tolstoï, que j'ai cité ailleurs, expose en ces termes la doctrine des hommes politiques de son pays :

« Et qu'on ne dise pas qu'un seul homme peut faillir, que ses aberrations peuvent amener de graves catastrophes, d'autant plus qu'aucune responsabilité ne domine ses actes. . . . .

« Est-il possible d'admettre l'absence du sentiment patriotique dans un homme appelé par la Providence à gouverner ses semblables ? un tel prince serait une exception monstrueuse.

« Pour ce qui regarde la responsabilité, elle existe dans la ma-

LETTRE VINGT-SIXIÈME.

le crois, qu'on a vu les martyrs en adoration devant les bourreaux!... Rome est-elle tombée aux pieds de Tibère et de Néron pour les supplier de ne point abdiquer le pouvoir absolu et de continuer à la brûler, à la piller, à se baigner tranquillement dans son sang, à déshonorer ses enfants? C'est ce que vous verrez faire aux Moscovites au milieu du règne et au plus fort de la tyrannie d'Ivan IV.

Il voudra se retirer; mais les Russes luttant de

lédiction des peuples (*) et dans les tables de l'histoire qui burine sans pitié les méfaits des puissants de la terre. Où en serait l'Empire de Russie si Pierre-le-Grand eût été gêné dans l'exercice de son pouvoir?

« Où en seraient les Russes, si des députés se réunissaient chaque année pour passer six mois à délibérer sur des mesures dont la plupart d'entre eux n'ont aucune idée? Car la science gouvernementale n'est pas innée; et que deviendrions-nous, si nous n'avions pas à la tête des destinées de la Russie un monarque dont la pensée sage et énergique, *libre de tout contrôle*, n'est dirigée que vers un seul but : le bonheur de la Russie (**)? » (*Coup d'œil sur la Législation russe*. Pages 143, 144.)

(*) Elle n'existe pas dans un pays où l'on bénit la tyrannie dans ses derniers excès.   (*Note du Voyageur.*)

(**) Ceci suffit, je pense, pour prouver que les idées politiques des Russes les plus éclairés de nos jours ne diffèrent pas beaucoup de celles des sujets d'Ivan IV, et que dans leur idolâtrie monarchique ils ne cessent de confondre le despotisme absolu avec un gouvernement tempéré. (*Ibid.*)

ruse avec leur maître, le supplieront de continuer à les gouverner selon son humeur. Ainsi justifié, ainsi garanti, le tyran recommencera le cours de ses exécutions. Pour lui, régner c'est tuer, il tue par peur et par devoir, et cette trop simple charte est confirmée par l'assentiment de la Russie tout entière; et par les regrets et les pleurs de la nation à la mort du tyran!!!... Ivan, lorsqu'il se décide comme Néron à secouer le joug de la gloire et de la vertu pour régner uniquement par la terreur, ne se borne pas à des recherches de cruauté inconnues avant et après lui, il accable encore d'invectives les malheureux objets de ses fureurs; il est ingénieux, il est comique dans l'atrocité : l'horrible et le burlesque récréent à la fois son esprit satirique et impitoyable. Il perce les cœurs par des paroles sarcastiques en même temps qu'il déchire lui-même les corps, et dans l'œuvre infernale accomplie par lui contre ses semblables que son orgueil inquiet prend pour autant d'ennemis, le raffinement des paroles surpasse la barbarie des actes.

Ceci ne veut pas dire qu'il n'ait point renchéri en fait de supplices sur toutes les manières inventées avant lui de faire souffrir les corps et de prolonger la douleur ; son gouvernement est le règne de la torture.

L'imagination refuse de croire à la durée d'un tel phénomène moral et politique. Je viens de le dire, et il est à propos de le répéter : Ivan IV commence, comme le fils d'Agrippine, par la vertu et par ce qui commande plus encore peut-être l'amour d'une nation ambitieuse et vaine : par les conquêtes. A cette époque de sa vie, faisant taire les appétits grossiers et les terreurs brutales qu'il avait manifestés dès son enfance, il se soumet à la direction d'amis sages et sévères.

De pieux conseillers, de prudents directeurs font du début de ce règne une des époques les plus brillantes et les plus heureuses des annales moscovites ; mais le début fut court auprès du reste et la métamorphose prompte, terrible et complète.

Kazan, ce redoutable boulevard de l'islamisme en Asie tombe en 1552, après un siége mémorable, sous les coups du jeune Czar ; l'énergie que ce prince déploie paraît surprenante même aux yeux d'hommes à demi barbares. Il défend ses plans de campagne avec une opiniâtreté de courage et une sagacité d'esprit qui terrasse les plus vieux capitaines et finit par commander leur admiration.

A son début dans la carrière des armes, l'audace de ses entreprises eût fait paraître pusillanime tout courage prudent, mais bientôt vous le verrez aussi lâche, aussi rampant qu'il fut téméraire ; il devient pusillanime en même temps que cruel : c'est que chez lui comme chez presque tous les monstres, la cruauté avait sa principale racine dans la peur. Il s'est souvenu toute sa vie de ce qu'il a souffert dans son enfance : le despotisme des boyards, leurs dissensions avaient menacé ses jours à l'époque où la force lui manquait pour les défendre : on dirait que la virilité ne lui apporta d'autre désir que celui de se venger de l'imbécillité du premier âge.

Mais s'il y a un fait profondément moral dans l'histoire de la terrible vie de cet homme, c'est qu'il perd l'audace en perdant la vertu.

Serait-il vrai que Dieu, lorsqu'il fit le cœur de l'homme, lui eût dit : Tu ne seras brave qu'autant que tu seras humain ?

S'il en était ainsi et si de trop nombreux et de trop célèbres exemples ne démentaient cette règle désirable, la foi nous deviendrait trop facile : nous verrions Dieu face à face dans les destinées de ses créatures les mieux douées, comme nous le voyons à découvert dans la vie d'un Ivan IV.

Dieu soit loué, ce prince dont l'histoire ainsi que le caractère contrastent d'une manière frappante avec les autres caractères, se montre courageux comme un lion tant qu'il est généreux, il devient poltron comme un esclave dès qu'il est sans pitié. Cette leçon, bien qu'elle fasse exception dans les annales du genre humain, me paraît précieuse et consolante ; et je me félicite de la recueillir au fond de cette épouvantable histoire.

Grâce à la persévérance du jeune héros, blâmée alors par tout son conseil, Astrakan subit le sort de Kazan. La Russie, délivrée du voisinage de ses anciens maîtres, les Tatars, jette des cris d'allégresse ; mais ce peuple de subalternes, qui ne sait échapper à un joug que pour passer sous un autre, idolâtre son jeune souverain avec l'orgueil et la timidité de l'affranchi.

Le Czar fatigué se repose et s'arrête au milieu de sa gloire, il s'ennuie de ses vertus bénies, il succombe sous le poids des lauriers et des palmes, et renonce pour jamais à poursuivre sa sainte carrière. Il aime mieux se méfier de tous et punir ses amis de la peur qu'ils lui inspirent, que d'écouter de sages conseils. Mais sa folie est dans le cœur ; elle ne gagne pas la tête. Car, au milieu des actions les plus déraisonnables, ses discours sont pleins de sens, ses lettres de logique; leur style incisif peint la malignité de son âme, mais il fait honneur à la pénétration, à la lucidité de son esprit.

Ses anciens conseillers sont les premiers en butte à ses coups; ils lui apparaissent comme des traîtres, ou, ce qui est synonyme à ses yeux, comme des maîtres. Il condamne à l'exil, à la mort ces criminels de lèse-autocratie, qui s'avisèrent pendant longtemps de se croire plus sages que leur maître; et l'arrêt paraît équitable aux yeux de la nation. C'était aux avis de ces hommes incorruptibles qu'il avait dû sa gloire; il ne peut supporter le poids de la reconnaissance qu'il leur doit, et de peur de leur paraître ingrat, il les tue..... Une fureur sauvage se réveille alors en lui; le souvenir toujours présent des dissensions et des violences des grands qui se disputèrent la garde de son berceau, lui montre partout des traîtres et des conspirateurs.

L'idolâtrie de lui-même, appliquée dans toutes ses conséquences au gouvernement de l'État, tel est le code des justices du Czar, confirmé par l'assentiment de la Russie entière. Malgré ses forfaits, Ivan IV est à Moscou l'élu de la nation; ailleurs on l'eût regardé comme un monstre vomi par l'enfer.

Las de mentir, il pousse le cynisme de la tyrannie au point de se dispenser de la dissimulation, de cette précaution des tyrans vulgaires. Il se montre simplement féroce; et pour n'avoir plus à rougir des vertus des autres, il abandonne les derniers de ses austères amis aux vengeances de favoris plus indulgents.

Alors s'établit entre le Czar et ses satellites une émulation de crime qui fait frémir; et... (ici Dieu se dévoile encore dans cette histoire presque surnaturelle) de même que sa vie morale se partage en deux époques, son aspect physique change avant l'âge : beau dans sa première jeunesse, il devient hideux quand il est criminel.

Il perd une épouse accomplie; il en reprend une autre aussi sanguinaire que lui; celle-ci meurt encore. Il se remarie au grand scandale de l'Église grecque, qui ne permet pas les troisièmes noces; il se remarie ainsi, cinq, six et sept fois!!!... On ignore le nombre exact de ses mariages. Il répudie, il tue, il oublie ses femmes, aucune ne résiste longtemps à ses caresses ni à ses fureurs; et malgré son indifférence affichée pour les objets de ses anciennes amours, il s'applique à venger leur mort avec une rage scrupuleuse, qui à chaque veuvage du souverain, répand l'épouvante dans l'Empire. Cependant, le plus souvent, cette mort qui servait de prétexte à tant d'exécutions, avait été causée ou commandée par le Czar lui-même. Ses deuils ne sont pour lui qu'une occasion de verser du sang et de faire pleurer les autres.

Il fait dire en tous lieux que la ⸺euse Czarine, que la belle Czarine, que l'infortunée Czarine a été empoisonnée par les ministres, par les conseillers du Czar, ou par les boyards dont il veut se défaire.

Ne le voyez-vous pas, c'est en vain qu'il a voulu jeter le masque; il ment par habitude, si ce n'est par nécessité, tant le mensonge est inhérent à la tyrannie! C'est l'aliment des âmes qui se dégradent et des gouvernements dont on outre le principe; comme la vérité est la nourriture des âmes qui se régénèrent et des sociétés raisonnablement organisées.

Les calomnies d'Ivan IV sont toujours prouvées d'avance; quiconque est atteint du venin de sa parole succombe, les cadavres s'amoncellent autour de lui; mais la mort est le moindre des maux dont il accable les condamnés. Sa cruauté approfondie a découvert l'art de leur faire désirer longtemps le dernier coup. Expert dans les tortures, il jouit de la douleur de ses victimes, il la prolonge avec une infernale adresse, et dans sa cruelle sollicitude, il aime leur supplice et craint leur fin autant qu'elles la souhaitent. La mort est le seul bien qu'il accorde à ses sujets.

Il faut cependant vous décrire, une fois pour toutes, quelques-uns des raffinements de cruauté inventés par lui contre les soi-disant coupables qu'il veut punir [1] : il les fait bouillir par parties, tandis qu'on les arrose d'eau glacée sur le reste du corps : il les fait écorcher vifs *en sa présence;* puis il fait lacérer par lanières leurs chairs mises à nu et palpitantes; cependant ses yeux se repaissent de leur sang, de leurs convulsions; ses oreilles de leurs cris : quelquefois il les achève de sa main à coups de poignard mais le plus souvent, se reprochant cet acte de clémence comme une faiblesse, il ménage aussi longtemps que possible le cœur et la tête, pour faire durer le supplice; il ordonne qu'on dépèce les membres, mais avec art et sans attaquer le tronc; puis il fait jeter un à un ces tronçons vi-

---

[1] Karamsin d'où ceci est extrait cite les sources.
(*Note du Voyageur.*)

vants à des bêtes affamées et avides de cette misérable chair dont elles s'arrachent les affreux lambeaux, en présence des victimes à demi hachées.

On soutient les torses palpitants avec des soins, avec une science, une intelligence atroces afin de les forcer d'assister plus longtemps à cette curée humaine dont ils font les frais, et où le Czar le dispute au tigre en férocité.....

Il lasse les bourreaux ; les prêtres ne peuvent suffire aux enterrements. Novgorod-la-Grande sera choisie pour servir d'exemple à la colère du monstre. La ville en masse, accusée de trahison en faveur des Polonais, mais coupable surtout d'avoir été longtemps indépendante et glorieuse, est empestée à dessein par la multitude des exécutions arbitraires qui ont lieu dans ses murs ensanglantés ; les eaux du Volkoff se corrompent sous les cadavres restés sans sépulture autour des remparts de la ville condamnée, et, comme si la mort par les supplices n'était pas assez prompte au gré du tyran, une épidémie factice rivalise avec les échafauds pour décimer plus vite les populations et pour assouvir la rage du *Père*, nom d'affection, ou plutôt titre que les Russes donnent machinalement à leurs tout-puissants et bien-aimés souverains quels qu'ils soient.

Sous ce règne insensé nul homme ne suit le cours naturel de sa vie, nul n'atteint le terme probable de son existence : l'impiété humaine anticipe sur la prérogative divine : la mort elle-même, la mort, réduite à la condition de valet de bourreau, perd de son prestige en proportion de ce que la vie perd de son prix. Le tyran a détrôné l'ange, et la terre, baignée de pleurs et de sang, voit avec résignation le ministre des justices de Dieu marcher docilement à la suite des sicaires du prince. Sous le Czar, la mort devient esclave d'un homme. Ce tout-puissant insensé a enrégimenté la peste, qui dépeuple, avec la soumission d'un caporal, des pays entiers dévoués à la désolation par le caprice d'un prince. La joie de cet homme est le désespoir des autres, son pouvoir, l'extermination, sa vie, la guerre sans gloire, la guerre en pleine paix, la guerre à des créatures privées de défense, nues, sans volonté, et que Dieu avait mises sous sa protection sacrée ; sa loi, la haine du genre humain, sa passion, la peur ; la peur double : celle qu'il ressent et celle qu'il fait sentir.

Quand il se venge, il poursuit le cours de ses

justices jusqu'au dernier degré de parenté; exterminant des familles entières, jeunes filles, vieillards, femmes grosses et petits enfants; il ne se borne pas, comme les tyrans vulgaires, à frapper simplement quelques familles, quelques individus suspects : on le voit singeant le Dieu des juifs, tuer jusqu'à des provinces sans y faire grâce à personne; tout y passe, tout ce qui a eu vie disparaît : tout, jusqu'aux animaux, jusqu'aux poissons qu'il empoisonne dans les lacs, dans les rivières; le croirez-vous ? il oblige des fils à faire l'office de bourreaux... contre leurs pères!.... et il s'en trouve qui obéissent!!!... L'homme peut donc porter l'amour de la vie au point de tuer, de peur de la perdre, l'être à qui il la doit?

Se servant de corps humains pour horloges, Ivan invente des poisons à heure fixe, et parvient à marquer avec une régularité satisfaisante les moindres divisions de son temps par la mort de ses sujets, échelonnés avec art de minute en minute sur le chemin du tombeau qu'il tient sans cesse ouvert pour eux; la précision la plus scrupuleuse préside à ce divertissement infernal. Infernal n'est-il pas le mot propre? l'homme à lui seul inventerait-il de telles voluptés? oserait-il surtout profaner le saint nom de justice en l'appliquant à ce jeu impie?

Le monstre assiste lui-même à tous les supplices qu'il commande : la vapeur du sang l'enivre sans le saturer; il n'est jamais plus allègre que lorsqu'il a vu mourir et fait souffrir beaucoup de malheureux.

Il se fait un divertissement, que dis-je, un devoir d'insulter à leur martyre, et le tranchant de sa parole moqueuse est plus acéré que le fer de ses poignards.

Eh bien! devant ce spectacle, la Russie reste muette!!... Mais non, bientôt vous la verrez s'émouvoir; elle va protester. Gardez-vous de croire que ce soit en faveur de l'humanité outragée; elle proteste contre le malheur de perdre un prince qui la gouverne de la manière que vous venez de voir.

Le monstre, après avoir donné tant de gages de férocité, devait être connu de son peuple; il l'était!... Tout à coup, soit pour s'amuser à mesurer la longanimité des Russes, soit repentir chrétien..... (il affectait du respect pour les choses saintes; l'hypocrisie même a pu se changer en dévotion vraie à certains moments d'une vie toute surnaturelle, car la grâce, cette manne des esprits, ce poison céleste pénètre par intervalles dans le cœur des plus grands criminels, tant que la mort n'a pas consommé leur réprobation).... soit donc repentir chrétien, soit peur, soit caprice, soit fatigue, soit ruse, un jour il dépose son sceptre, c'est-à-dire sa hache, et jette sa couronne à terre. Alors, mais alors seulement dans tout le cours de ce long règne, l'Empire s'émeut : la nation menacée de délivrance se réveille comme en sursaut : les Russes, jusque-là témoins muets, instruments passifs de tant d'horreurs, retrouvent la voix, et cette voix du peuple qui prétend être la voix de Dieu, s'élève tout à coup pour déplorer la perte d'un tel tyran!... Peut-être doutait-on de sa bonne foi, on craignait à juste titre ses vengeances, si l'on eût accepté sa feinte abdication : qui sait si tout cet amour pour le prince n'avait pas sa source dans la terreur qu'inspirait le tyran; les Russes ont raffiné la peur en lui donnant l'amour pour masque.

Moscou est menacé d'invasion (le pénitent avait bien choisi son temps); on craint l'anarchie, autrement dit, les Russes prévoient le moment où, ne pouvant se garantir de la liberté, ils seront exposés à penser, à vouloir par et pour eux-mêmes, à se montrer hommes, et, qui pis est, citoyens : ce qui ferait le bonheur d'un autre peuple exaspère celui-ci. Bref, la Russie aux abois, énervée par sa longue incurie, tombe éperdue aux pieds d'Ivan, qu'elle redoute moins qu'elle ne se craint elle-même ; elle implore ce maître indispensable, ramasse sa couronne et son sceptre ensanglantés, les lui rend, et lui demande pour unique faveur la permission de reprendre le joug de fer qu'elle ne se lassera jamais de porter.

Si c'est de l'humilité, elle va trop loin, même pour des chrétiens ; si c'est de la lâcheté, elle est impardonnable ; si c'est du patriotisme, il est impie. Que l'homme brise son orgueil, il fait bien ; qu'il aime l'esclavage, il fait mal ; la religion humilie, l'esclavage avilit ; il y a entre eux la différence de la sainteté à la brutalité.

Quoi qu'il en soit, les Russes étouffant le cri de leur conscience croient au prince plus qu'à Dieu ; aussi se font-ils une vertu de sacrifier tout au salut de l'Empire ;.... détestable Empire que celui dont l'existence ne pourrait se perpétuer qu'au mépris de la dignité humaine !!!... Aveuglés par leur idolâtrie monarchique, à genoux devant l'idole politique qu'ils se sont faite, les Russes, ceux de notre siècle aussi bien que ceux du siècle d'Ivan, oublient que le respect pour la justice, que le culte de la vérité importent plus à tous les hommes, y compris les Slaves, que le sort de la Russie.

Ici m'apparaît encore une fois, dans ce drame aux formes antiques, l'intervention d'un pouvoir surnaturel. On se demande en frémissant quel est l'avenir réservé par la Providence à une société qui paie à ce prix la prolongation de sa vie.

J'ai trop souvent lieu de vous le faire remarquer, un nouvel Empire romain couve en Russie sous les cendres de l'Empire grec. La peur seule n'inspire pas tant de patience. Non, croyez-en mon instinct, il est une passion que les Russes comprennent comme aucun peuple ne l'a comprise depuis les Romains : c'est l'ambition. L'ambition leur fait sacrifier tout, absolument tout, comme Bonaparte, à la nécessité d'être.

C'est cette loi souveraine qui soumet une nation à un Ivan IV : un tigre pour Dieu plutôt que l'anéantissement de l'Empire : telle fut la politique russe sous ce règne qui a fait la Russie, et qui m'épouvante bien plus encore par la longanimité des victimes que par la frénésie du tyran; politique d'instinct ou de calcul, peu m'importe !... Ce qui m'importe, et ce que je vois avec terreur, c'est qu'elle se perpétue tout en se modifiant d'après les circonstances, et qu'aujourd'hui encore elle produirait les mêmes effets sous un règne semblable, s'il était donné à la terre de faire naître deux fois un Ivan IV.

Admirez donc ce tableau unique dans l'histoire du monde : les Russes, avec le courage et la bassesse des hommes qui veulent posséder la terre, pleurent aux pieds d'Ivan pour qu'il continue de les gouverner..... vous savez comment, et pour qu'il leur conserve ce qui ferait haïr la société à tout peuple qui ne serait pas enivré du pressentiment fanatique de sa gloire à venir.

Tous jurent, les grands, les petits, les boyards, les marchands, les castes et les individus, en un mot, la nation entière jure avec larmes, avec amour de se soumettre à tout, pourvu qu'il ne l'abandonne pas à elle-même : ce comble d'infortune est le seul revers que les Russes, dans leur ignoble patriotisme, ne puissent envisager de sang-froid, attendu que l'inévitable désordre qui en résulterait détruirait leur empire d'esclaves. L'ignominie, poussée à ce degré, approche du sublime, c'est de la vertu : elle perpétue l'État.... mais quel État, bon Dieu !... Le moyen déshonore le but !

Cependant la bête féroce attendrie prend en pitié les animaux dont elle fit longtemps sa pâture, elle promet au troupeau de recommencer à le décimer, elle reprend le pouvoir sans concessions, au contraire, à des conditions absurdes, et toutes à l'avantage de son orgueil et de sa fureur; encore les fait-elle accepter comme des faveurs à ce peuple exalté pour la soumission autant que d'autres sont fanatiques de liberté, à ce peuple altéré de son propre sang, et qui veut qu'on le tue pour amuser son maître ; car il s'inquiète, il tremble dès qu'il respire en paix.

A dater de ce moment s'organise une tyrannie méthodique, et pourtant si violente, que les annales du genre humain n'offrent rien de semblable, vu qu'il y a autant de démence à la subir qu'à l'exercer. Prince et nation, à cette époque, tout l'Empire devient frénétique : mais les suites de l'accès durent encore.

Le redoutable Kremlin, avec tous ses prestiges, avec ses portes de fer, ses souterrains fabuleux, ses inaccessibles remparts élevés jusqu'au ciel, ses mâchicoulis, ses créneaux, paraît un asile trop faiblement défendu à l'insensé monarque qui veut exterminer la moitié de son peuple pour pouvoir gouverner l'autre en paix. Dans ce cœur qui se pervertit lui-même à force de terreur et de cruauté, où le mal et l'effroi qu'il engendre font chaque jour de nouveaux ravages, une inexplicable défiance, car elle est sans motif apparent, ou du moins positif, s'allie à une atrocité sans but; ainsi la lâcheté la plus honteuse plaide en faveur de la férocité la plus aveugle. Nouveau Nabuchodonosor, le Roi est changé en tigre.

Il se retire d'abord dans un palais voisin du Kremlin, et qu'il fait fortifier comme une citadelle, puis dans *une solitude* : la Slobode Alexandrowsky. Ce lieu devient sa résidence habituelle. C'est là que parmi les plus débauchés, les plus perdus de ses esclaves, il se choisit pour garde une troupe d'élite, composée de mille hommes, qu'il appelle les élus : *opritchnina*. A cette légion infernale il livre, pendant sept années consécutives, la fortune, la vie du peuple russe : je dirais son honneur, si ce mot pouvait avoir un sens chez des hommes qu'il fallait bâillonner pour les gouverner à leur gré.

Voici comment Karamsin, tome IX, page 96, nous peint Ivan IV, en l'année 1565, dix-neuf ans après son couronnement :

« Ce prince, dit-il, grand, bien fait, avait les

« épaules hautes, les bras musculeux, la poitrine
« large, de beaux cheveux, de longues mousta-
« ches, le nez aquilin ; de petits yeux gris, mais
« brillants, pleins de feu, et au total, une physio-
« nomie qui avait eu autrefois de l'agrément A cette
« époque, il était tellement changé qu'à peine on
« pouvait le reconnaître. Une sombre férocité se
« peignait dans ses traits déformés. Il avait l'œil
« éteint, il était presque chauve, et il ne lui res-
« tait plus que quelques poils à la barbe ; inexpli-
« cable effet de la fureur qui dévorait son âme !
« Après une nouvelle énumération des fautes com-
« mises par les boyards, il répéta son consente-
« ment à garder la couronne, s'étendit longuement
« sur l'obligation imposée aux princes de mainte-
« nir la tranquillité dans leurs États, et de prendre
« à cet effet toutes les mesures qu'ils jugent con-
« venables ; *sur le néant de la vie humaine*, la né-
« cessité de porter ses regards au delà du tombeau ;
« enfin il proposa l'établissement de l'*opritchnina*,
« nom jusqu'alors inconnu. Les résultats de cet éta-
« blissement firent de nouveau trembler la Russie.

. . . .

« Le Czar annonça qu'il choisirait mille satellites
« parmi les princes, les gentilshommes et les en-

« fants boyards¹, et qu'il leur donnerait, dans ses
« districts, des fiefs dont les propriétaires actuels
« seraient transférés dans d'autres lieux.

« Il s'empara, dans Moscou même, de plusieurs
« rues, d'où il fallut chasser les gentilshommes et
« employés qui ne se trouvaient pas inscrits dans
« le millier du Czar. . . . .
« Comme s'il eût pris en haine les augustes sou-
« venirs du Kremlin et les tombeaux de ses ancê-
« tres, il ne voulut pas habiter le magnifique pa-
« lais d'Ivan III; en dehors des murs du Kremlin,
« il en fit construire un nouveau, entouré de rem-
« parts élevés, ainsi qu'une forteresse. Cette partie
« de la Russie et de Moscou, ce *millier* du Czar,
« cette cour nouvelle, formèrent ensemble une pro-
« priété particulière d'Ivan IV, placée sous sa dé-
« pendance immédiate, et reçut le nom d'*oprit-*
« *chnina*. »

Plus loin, pages 99 et suivantes, même tome, on voit recommencer les supplices des boyards, c'est-à-dire le règne d'Ivan IV.

« Le 4 février, Moscou vit remplir les conditions

---

¹ Les enfants boyards sont un corps de trois cent mille hommes tenanciers de la couronne, institués comme une noblesse secondaire par Ivan III, aïeul d'Ivan IV.

« annoncées par le Czar au clergé, ainsi qu'aux
« boyards, dans le bourg d'Alexandrowsky. On
« commença les exécutions des prétendus traîtres
« accusés d'avoir conspiré, avec Kourbsky, contre
« les jours du monarque, de la Czarine Anastasie
« et de ses enfants. La première victime fut le
« célèbre Voïévode, prince Alexandre Gorbati-
« Schouïsky, descendant de saint Vladimir, de Vse-
« volod-le-Grand et des anciens princes de Souzdal.
« Cet homme, d'un *génie profond*, militaire habile,
« animé d'une égale ardeur pour la religion et la
« patrie, qui avait enfin puissamment contribué à
« la réduction du royaume de Kazan, fut condamné
« à mort, ainsi que son fils Pierre, jeune homme
« de dix-sept ans [1]. Ils se rendirent tous deux au
« lieu du supplice avec calme et dignité, sans
« frayeur, et se tenant par la main; afin de ne pas
« être témoin de la mort de l'auteur de ses jours, le
« jeune Pierre présenta le premier sa tête au glaive ;
« mais son père le fit reculer en disant avec émo-
« tion : « *Non, mon fils, que je ne te voie pas mou-
« rir.* » Le jeune homme lui cède le pas, et aussi-

---

[1] Le supplice de ceux-ci fut simple : grâce enviée de bien des malheureux sous ce règne. (*Note du Voyageur.*)

« tôt la tête du prince est détachée du corps; son
« fils la prend entre ses mains, la couvre de bai-
« sers, et levant les yeux au ciel, il se livre d'un
« air serein entre les mains du bourreau. Le beau-
« frère de Gorbati, prince Khovrin, Grec d'origine;
« le grand officier Golovin, le prince Soukhoï Ka-
« chin, grand échanson, le prince Pierre Gorensky
« furent décapités le même jour. Le prince She-
« viref fut empalé. On rapporte que cet infortuné
« supporta pendant un jour entier ses horribles
« souffrances, mais que soutenu par la religion, il
« les oubliait pour chanter le cantique de Jésus.
« Les deux boyards, princes Kourakin et Nemoï
« furent contraints d'embrasser l'état monastique :
« un grand nombre de gentilshommes et d'enfants
« boyards virent leurs biens confisqués, d'autres
« furent exilés.... »

A la page 103, même tome, Karamsin nous décrit la manière dont le Czar formait sa nouvelle
garde, qui ne fut pas longtemps restreinte au nombre de mille, annoncé d'abord, ni choisie parmi
les classes élevées de la société.

« On amenait, dit-il, des jeunes gens dans les-
« quels on ne recherchait pas la distinction du mé-
« rite, mais une certaine audace, cités par leurs

« débauches, et une corruption qui les rendait
« propres à tout entreprendre; Ivan leur adressait
« des questions sur leur naissance, leurs amis,
« leurs protecteurs. On exigeait surtout qu'ils n'eus-
« sent aucune espèce de liaison avec les grands
« boyards : l'obscurité, la bassesse même de l'ex-
« traction était un titre d'adoption. Le Czar porta leur
« nombre jusqu'à six mille hommes, qui lui prê-
« tèrent serment de le servir envers et contre tous;
« de dénoncer les traîtres, de n'avoir aucune rela-
« tion avec les citoyens *de la commune*, c'est-à-dire
« avec tout ce qui n'était pas inscrit dans la légion
« des élus [1], de ne connaître ni parenté ni famille
« lorsqu'il s'agirait du souverain. En récompense
« leur Czar leur abandonna, non-seulement les ter-
« res, mais encore les maisons et les biens meu-
« bles de douze mille propriétaires, qui furent
« chassés, les mains vides, des lieux affectés à la
« légion, de sorte qu'un grand nombre d'entre eux,
« hommes distingués par leurs services, couverts
« d'honorables blessures, se trouvèrent dans la
« cruelle nécessité de partir à pied, pendant l'hiver,

[1] Donc *la commune* était la Russie entière, moins les six mille bandits gagés par le Czar. (*Note du Voyageur.*)

« avec leurs femmes et leurs enfants pour d'autres
« domaines éloignés et déserts, etc., etc., etc. »

C'est encore dans Karamsin qu'il faut lire les résultats de cette institution infernale. Mais les développements dont l'histoire appuie son récit ne peuvent trouver place dans un cadre aussi resserré que celui-ci.

Une fois cette horde lâchée contre le pays, on ne voit partout que rapines, qu'assassinats ; les villes sont pillées par les nouveaux privilégiés de la tyrannie, et toujours impunément. Les marchands, les boyards avec leurs paysans, les bourgeois, enfin tout ce qui n'est pas des *élus* appartient aux *élus*. Cette garde terrible est comme un seul homme dont l'Empereur est l'âme.

Des tournées nocturnes se font dans Moscou et aux environs au profit des pillards; le mérite, la naissance, la fortune, la beauté, tous les genres d'avantages nuisent à qui les possède : les femmes, les filles qui sont belles et qui ont le malheur de passer pour vertueuses, sont enlevées afin de servir de jouets à la brutalité des favoris du Czar. Ce prince retient les malheureuses dans son repaire ; puis quand il est las de les y voir, on renvoie à leurs époux, à leur famille celles qu'on n'a pas fait périr dans l'ombre par des supplices inventés tout exprès pour elles. Ces femmes échappées aux griffes des tigres reviennent mourir de honte dans leurs foyers déshonorés.

C'est peu ; l'instigateur de tant d'abominations, le Czar veut que ses propres fils prennent part aux orgies du crime ; par ce raffinement de tyrannie, il ôte jusqu'à l'avenir à ses stupides sujets.

Espérer en un règne meilleur ce serait conspirer contre le souverain actuel. Peut-être aussi craindrait-il de trouver un censeur dans un fils moins impur, moins dégradé qu'il ne l'est lui-même. D'ailleurs..... faut-il sonder la profondeur de cet abîme de corruption? Ivan trouve de la volupté à pervertir : c'est une autre espèce de mort. En perdant l'âme il se repose de la fatigue de tuer le corps, mais il continue de détruire. Tel est son délassement.

Dans la conduite des affaires, la vie de ce monstre est un mélange inexplicable d'énergie et de lâcheté. Il menace ses ennemis tant qu'il se croit le plus fort ; vaincu, il pleure, il prie ; il rampe, il se déshonore, il déshonore son pays, son peuple, et toujours sans éprouver de résistance !!! La honte, ce dernier châtiment des nations qui se manquent à elles-mêmes, ne dessille pas les yeux des Russes!...

Le khan de Crimée brûle Moscou, le Czar fuit : il revient quand sa capitale est un tas de cendres ; sa présence produit plus de terreur parmi ce reste d'habitants que n'en avait causé celle de l'ennemi. N'importe, pas un murmure ne rappelle au monarque qu'il est homme et qu'il a failli en abandonnant son poste de Roi.

Les Polonais, les Suédois éprouvent tour à tour les excès de son arrogance et de sa lâcheté. Dans les négociations avec le khan de Crimée, il s'abaisse au point d'offrir aux Tatars Kazan et Astrakan, qu'il leur avait arrachés jadis avec tant de gloire. Il se joue de la gloire comme de tout.

Plus tard on le verra livrer à Étienne Batori la Livonie, ce prix du sang, ce but des efforts de sa nation pendant des guerres de plusieurs siècles ; mais malgré les trahisons réitérées de son chef, la Russie, infatigable dans la servilité, ne se dégoûte pas un instant d'une obéissance aussi onéreuse qu'avilissante ; l'héroïsme eût coûté moins cher à cette nation acharnée contre elle-même. De nos jours encore, Karamsin se croit obligé d'adoucir en ces termes l'indignation que devrait inspirer à tous les Russes la déshonorante conduite de leur chef :

« Nous avons déjà fait mention des institutions « militaires de ce règne : Jean, dont la *lâcheté* sur le « champ de bataille *couvrait de honte* les drapeaux « de la patrie, lui laissa cependant une armée « mieux disciplinée et beaucoup plus nombreuse « qu'elle n'en avait jamais eu jusqu'alors. » Tom. IX, page 567. Ceci est un fait ; mais comment n'y pas ajouter un mot pour protester en faveur de l'humanité et de la gloire nationale.

C'est sous ce règne que la Sibérie fut pour ainsi dire découverte et qu'elle fut conquise par d'héroïques aventuriers moscovites. Il était dans la destinée d'Ivan IV de léguer à ses successeurs ce moyen de tyrannie.

Ivan ressent pour Élisabeth d'Angleterre une sympathie qui tient de l'instinct ; les deux tigres se devinent, ils se reconnaissent de loin ; les affinités de leur nature agissent malgré la différence des situations qui explique celle des actes. Ivan IV est un tigre en liberté, Élisabeth un tigre en cage.

Toujours en proie à des terreurs imaginaires, le tyran moscovite écrit à la cruelle fille de Henri VIII, à la triomphante rivale de Marie Stuart pour lui

LETTRE VINGT-SIXIÈME.

demander un asile dans ses États en cas de revers de fortune. Celle-ci lui répond une lettre détaillée et pleine de tendresse. Karamsin ne cite textuellement que des parties de cette lettre : je traduis littéralement les passages anglais qu'il nous donne ; l'original est conservé, dit-il, dans les archives de la Russie.

« Au cher et très-grand, très-puissant prince,
« notre frère Empereur et grand-duc Ivan Vassili,
« souverain de toute la Russie.

« Si à une époque il arrive que vous soyez par
« quelque circonstance casuelle, ou par quelque
« conspiration secrète, ou par quelque hostilité
« étrangère, obligé de changer de pays, et que
« vous désiriez venir dans notre royaume, ainsi
« que la noble Impératrice, votre épouse, et que
« vos enfants chéris, avec tout honneur et cour-
« toisie nous recevrons et nous traiterons Votre
« Altesse et sa suite comme il convient à un si
« grand prince, vous laissant mener une vie libre
« et tranquille avec tous ceux que vous amènerez
« à votre suite. Et il vous sera loisible de pratiquer
« votre religion chrétienne en la manière que vous
« aimerez le mieux, car nous n'avons pas la pensée
« d'essayer de rien faire pour offenser Votre Ma-

« jesté ou quelqu'un de vos sujets, ni de nous mê-
« ler en aucune façon de la conscience et de la
« religion de Votre Altesse, ni de lui arracher sa
« foi par violence. Et nous désignerons un endroit
« dans notre royaume que vous habiterez *à vos*
« *propres frais* aussi longtemps que vous voudrez
« bien rester chez nous. Nous promettons ceci par
« notre lettre et par la parole d'un souverain chré-
« tien. En foi de quoi, nous la Reine Élisabeth,
« nous souscrivons cette lettre de notre propre
« main en présence de notre noblesse et conseil :

« Nicolas Bacon chevalier, (le père du célèbre
« philosophe), grand chancelier de notre royaume
« d'Angletere, William lord Parr, marquis de Nor-
« thampton, chevalier de la Jarretière, Henri comte
« d'Arundell, chevalier dudit ordre, Robert Dudley
« lord Debigh, comte de Leicester, grand écuyer
« et chevalier de la Jarretière. Suivent encore quel-
« ques noms dont le dernier est Cecil, chevalier,
« premier secrétaire. »

Dans la conclusion, la Reine ajoute ces lignes :
« Promettant que nous unirons nos forces pour
« combattre ensemble nos ennemis communs, et
« que nous observerons tout ce qui est exprimé
« dans cette lettre, aussi longtemps que Dieu nous

« prêtera vie, et cela est confirmé par la parole et
« la foi royale.

« A notre palais de Hampton-Court, le 18 mai,
« 12ᵉ année de notre règne et l'an de Notre-Sei-
« gneur 1570. » (Note 44 du tom. IX de l'*Histoire de Russie par Karamsin*, pages 620, 621, 622.)

Cette amitié dura jusqu'à la fin de la vie du Czar qui fut même au moment de contracter un huitième mariage avec Marie Hastings, parente de la Reine d'Angleterre; mais la réputation d'Ivan IV n'exerça pas sur l'imagination de sa fiancée le même prestige qui fascinait le mâle esprit d'Élisabeth; heureusement il n'est pas donné à beaucoup de cœurs de ressentir les attraits de la cruauté.

Les négociations relatives à ce projet de mariage avaient été entamées par un des médecins de la cour d'Angleterre, Robert Jacobi, qu'Élisabeth envoya près *de son ami*, peu de temps avant la mort de ce prince; Jacobi était porteur d'une lettre ainsi conçue :

« Je vous cède, *mon frère chéri*, l'homme le plus
« habile dans l'art de guérir, bien qu'il me soit très-
« utile, mais parce qu'il vous est nécessaire; vous
« pouvez en toute confiance lui abandonner votre
« santé. Je vous envoie avec lui des pharmaciens

« et des chirurgiens, expédiés *de gré ou de force,*
« quoique nous n'ayons pas nous-même un nombre
« suffisant de gens de cette espèce. »

(*Histoire de Russie par Karamsin,* tom. IV, p. 533.)

Ces relations suffisent pour faire connaître l'espèce de liaison que l'instinct du despotisme et les intérêts commerciaux, dès lors les premiers de tous pour l'Angleterre, avaient fondée entre les deux souverains. Achevons l'esquisse de la tyrannie d'Ivan.

Un jour il imagine de se revêtir du froc, il en revêt ses compagnons de débauche; travesti de la sorte, il continue d'épouvanter le ciel et la terre par son inhumanité ainsi que par son libertinage monstrueux. Il émousse l'indignation dans le cœur des peuples; il tente le désespoir, mais toujours en vain! A l'insatiable cruauté, à la démence du maître, l'esclave oppose une inépuisable résignation : les Russes veulent vivre sous ce prince, ils l'aiment avec ses fureurs et ses déportements; prenant en pitié ses terreurs, ils donnent volontiers leur vie pour le rassurer. Ils se trouvent assez heureux, assez indépendants, assez hommes, pourvu qu'il soit Czar et qu'il règne. Rien n'assouvit leur inextinguible soif de servitude, ce sont des martyrs d'abjection; jamais brute ne fut plus généreuse, je veux dire plus aveugle dans sa soumission... Non, l'obéissance poussée à cet excès n'est plus de la patience, c'est de la passion; et voilà le mot de l'énigme!

Chez les nations encore jeunes, il existe une telle foi en l'universelle présence de Dieu, un tel sentiment de son intervention dans les moindres événements de ce monde, que la marche des affaires humaines n'y est jamais attribuée à l'homme; tout ce qui arrive est le résultat d'un décret du ciel; quels sont les biens périssables que n'abandonne pas avec joie un vrai croyant? La vie n'est rien pour qui n'aspire qu'au bonheur des élus. Quelle que soit la main qui vous ôte le jour, elle vous sert au lieu de vous nuire. Vous quittez peu pour trouver beaucoup, vous souffrez un temps pour jouir pendant une éternité; qu'est-ce que la possession de la terre entière en comparaison du prix assuré à la vertu, à cet unique bien dont la tyrannie ne puisse dépouiller les hommes, puisqu'au contraire le bourreau accroît, centuple ce trésor des victimes par les moyens de sanctification qu'il offre à leur résignation pieuse?

C'est ainsi que raisonnent les peuples passionnés

pour la soumission à toute épreuve; mais jamais cette dangereuse religion n'a produit autant de fanatiques qu'en a vu et qu'en voit encore la Russie.

On frémit en reconnaissant à quel usage les vérités religieuses peuvent servir ici-bas; et l'on tombe à genoux devant Dieu pour lui demander une grâce, une seule, c'est de vouloir que les interprètes de sa suprême sagesse soient toujours des hommes libres : un prêtre esclave est inévitablement un menteur, un apostat, et peut devenir un bourreau. Toute église *nationale* est au moins schismatique et dès lors dépendante. Le sanctuaire, une fois qu'il a été profané par la révolte, devient une officine où se distille le poison sous l'apparence du remède. Tout véritable prêtre est citoyen du monde et pèlerin du ciel. Sans s'élever au dessus des lois de son pays comme homme, il n'a pour juge de sa foi comme apôtre que l'évêque des évêques, que le seul pontife indépendant qu'il y ait sur la terre. C'est l'indépendance du chef visible de l'Église qui assure à tous les prêtres catholiques la dignité sacerdotale. C'est elle aussi qui promet au pape la perpétuité du pouvoir. Tous les autres prêtres reviendront à l'Église mère quand ils reconnaîtront la sainteté de leur mission; et ils pleureront l'éclatante honte de leur apostasie. Alors le pouvoir temporel ne trouvera plus de ministres pour justifier ses envahissements contre le spirituel. Le schisme et l'hérésie, ces religions nationales, feront place à l'Église catholique, à la religion du genre humain; car selon la belle expression de M. de Chateaubriant, le protestantisme est la religion des princes.

Toutefois, il faut le dire, malgré la timidité proverbiale du clergé russe, c'est encore le pouvoir religieux qui, durant l'incompréhensible règne d'Ivan IV, a le plus longtemps résisté. Plus tard, Pierre Ier et Catherine II ont bien vengé leur prédécesseur des hardiesses de l'Église. Le sacrifice est consommé; le prêtre russe, appauvri, humilié, dégradé, marié, privé de son chef suprême dans l'ordre spirituel, dépouillé de tout prestige, de toute-puissance surnaturelle, homme de chair et de sang, se traîne à la suite du char triomphal de son ennemi qu'il appelle encore son maître; il est devenu ce que ce maître a voulu qu'il fût : le plus humble des esclaves de l'autocratie; grâce à la persévérance de Pierre Ier et de Catherine II, Ivan IV est content. Désormais, d'un bout de la Russie à l'autre, on est sûr que la voix de

Dieu ne peut plus couvrir la voix de l'Empereur.

Tel est l'inévitable abîme où tomberont à la fin toutes les églises nationales; les circonstances pourront être diverses, l'asservissement moral sera le même partout; partout où le prêtre abdique, l'État usurpe. Faire secte, c'est enchaîner le sacerdoce. Dans toute église séparée du tronc, la conscience du prêtre est une puissance illusoire; dès lors, la pureté de la foi s'altère, et la charité, ce feu du ciel, dont le cœur des saints est brûlé, dégénère en humanité!!...

Alors, on voit la grâce céder la place à la raison, qui en matière de foi, n'est que l'auxiliaire hypocrite de la force matérielle.

De là vient la haine profonde de tous les ministres et de tous les docteurs sectaires contre le prêtre catholique. Tous reconnaissent qu'il est leur seul ennemi, car lui seul est prêtre, lui seul enseigne; les autres plaident.

Si l'on veut compléter le portrait d'Ivan IV, il faut encore recourir à Karamsin : je vais donc choisir dans son histoire, pour terminer mon travail, quelques passages des plus caractéristiques, tome IX, page 343 (Karamsin).

« Des querelles de prééminence avaient lieu dans

« le service de la Cour. » (Vous le voyez, l'étiquette régnait dans l'antre de la bête féroce.) « Le beau
« Boris Godounof[1], nouvel échanson et favori de
« Jean, eut à ce sujet, en 1578, un procès avec le
« prince Basile Sitzky : le fils de celui-ci refusait
« de servir à la table du Czar de pair avec Boris ;
« et, bien que le prince Basile fût revêtu de la
« dignité de boyard, Godounof fut déclaré par une
« lettre patente du souverain, plus élevé que lui
« *de plusieurs rangs*, parce que l'aïeul de Godounof
« était inscrit dans les anciens registres avant les
« Sitzky ; mais, s'il fermait les yeux sur les dis-
« putes des voïévodes à l'occasion de la primauté,
« il ne leur pardonnait jamais de fautes dans leur
« conduite militaire : par exemple, le prince Michel
« Nozdrovoty, officier de haut rang, *fut fouetté*
« *dans les écuries* pour avoir mal disposé le siége de
« Milten. »

Voilà comment le Czar entendait la dignité de la noblesse et de l'armée. Ce fait qui se passa en 1577, me rappelle un autre fait de l'histoire de Russie, tout moderne, puisqu'il est arrivé de nos jours. Je

---

[1] Qui plus tard fut l'assassin de l'héritier du trône et l'usurpateur de la couronne. (*Note du Voyageur.*)

m'applique à confronter les époques, pour vous prouver qu'il y a moins de différence que vous ne pensez, entre le passé et le présent de ce pays. C'était à Varsovie, du temps du grand-duc Constantin, et sous le règne de l'Empereur Alexandre, le plus philanthrope des Czars.

Un jour Constantin passait sa garde en revue; et voulant montrer à un étranger de marque à quel point la discipline était observée dans l'armée russe, il descend de cheval, s'approche *d'un de ses généraux....* D'UN GÉNÉRAL !... et sans le prévenir d'aucune façon, sans articuler un reproche, il lui perce tranquillement le pied de son épée. Le général demeure immobile, et ne pousse pas une plainte : on l'emporte quand le grand-duc a retiré son épée. Ce stoïcisme d'esclave justifie la définition de l'abbé Galiani : *Le courage,* disait-il, *n'est qu'une très-grande peur !*

Les spectateurs de la scène restent muets. Ceci s'est passé dans le xix° siècle à Varsovie sur la place publique.

Vous le voyez, les Russes de notre époque sont les dignes petits-fils des sujets d'Ivan, et ne venez pas m'objecter la folie de Constantin. Cette folie, supposez-la réelle, devait être connue, puisque la conduite de cet homme depuis sa première jeunesse n'avait été qu'une suite d'actes publics de démence. Or, après tant de preuves d'aliénation mentale, lui laisser commander des armées, gouverner un royaume, c'est afficher un mépris révoltant pour l'humanité, c'est une dérision aussi nuisible à ceux qui exercent l'autorité qu'insultante pour ceux qui obéissent. Mais moi, je nie la folie du grand-duc Constantin; et je ne vois dans sa vie qu'une cruauté effrénée.

On a souvent répété que la folie était héréditaire dans la famille Impériale de Russie : c'est une flatterie. Je crois que ce mal tient à la nature même du gouvernement et non à l'organisation vicieuse des individus. Le pouvoir absolu, quand il est une vérité, troublerait, à la longue, la raison la plus ferme; le despotisme aveugle les hommes; peuple et souverain, tous s'enivrent ensemble à la coupe de la tyrannie. Cette vérité me paraît prouvée jusqu'à l'évidence par l'histoire de Russie.

Continuons nos extraits, même page : c'est un annaliste livonien, cité par Karamsin, qui parle. Cette fois, nous verrons successivement en scène un ambassadeur et un supplicié, tous deux également idolâtres de leur maître et bourreau. « Ni les sup-

« plices, ni le déshonneur ne pouvaient affaiblir le
« dévouement de ces hommes à leur souverain. Nous
« allons en citer un mémorable témoignage : Le
« prince Sougorsky, envoyé vers l'Empereur Maxi-
« milien en 1576, tomba malade au moment où
« il traversait la Courlande. Par respect pour le
« Czar, le duc fit demander plusieurs fois des nou-
« velles de cet envoyé par son propre ministre qui
« l'entendait répéter sans cesse : *Ma santé n'est rien,*
« *pourvu que celle de notre souverain prospère.* Le
« ministre étonné, lui dit : — *Comment pouvez-vous*
« *servir un tyran avec autant de zèle ? — Nous autres*
« *Russes*, répondit le prince Sougorsky, *nous som-*
« *mes toujours dévoués à nos Czars bons ou cruels.*
« Pour preuve de ce qu'il avançait, le malade ra-
« conta que quelque temps auparavant, Jean avait
« fait empaler *un de ses hommes de marque* POUR UNE
« FAUTE LÉGÈRE, que cet infortuné avait vécu vingt-
« quatre heures dans des tourments affreux, s'en-
« tretenant avec sa femme et ses enfants, et répé-
« tant sans cesse : Grand Dieu ! protége le Czar[1]!....
« C'est-à-dire (ajoute Karamsin lui-même) que les

---

[1] Ce dévouement de la victime au tyran est certainement une espèce de fanatisme particulière aux hommes de l'Asie et aux Russes. (*Note du Voyageur.*)

« Russes faisaient gloire de ce que leur reprochaient
« les étrangers : d'un dévouement aveugle et sans
« bornes à la volonté du monarque, lors même
« que dans ses écarts les plus insensés, il foulait
« aux pieds toutes les lois de la justice et de l'hu-
« manité. »

Je regrette de n'oser multiplier ces curieuses citations; mais il faut choisir. Je me bornerai donc à copier encore ici la correspondance du Czar avec une de ses créatures, tome IX, page 264:

« Le khan de Crimée avait en son pouvoir Vas-
« sili Griaznoï, l'un des favoris de Jean, fait pri-
« sonnier par les Tatars dans une reconnaissance,
« près de Moloschnievody; il offrit de l'échanger
« contre Mouzza Divy, proposition que le Czar ne
« voulut pas accepter, bien qu'il plaignît le sort de
« Griaznoï, et qu'il lui écrivît *des lettres amicales*,
« dans lesquelles, selon son caractère, il ridiculi-
« sait les services de son favori malheureux. Tu
« as cru, lui disait-il, qu'il était aussi facile de faire
« la guerre aux Tatars que de plaisanter à ma ta-
« ble; ils ne sont pas comme vous autres. Ils ne
« s'endorment pas en pays ennemi, et ne répè-
« tent pas sans cesse : *Il est temps de retourner chez*
« *nous!...* Quelle singulière idée t'est venue de te

« faire passer pour un homme de marque ! Il est
« vrai qu'obligé d'éloigner les perfides boyards qui
« nous entouraient, nous avons dû rapprocher de
« notre personne des esclaves comme toi de basse
« extraction : mais tu ne dois pas oublier ton père
« et ton aïeul. Oses-tu t'égaler à Divy ? La liberté
« te rendrait un lit voluptueux, tandis qu'elle lui
« mettrait un glaive à la main contre les chrétiens.
« Il doit suffire que protégeant ceux de nos esclaves
« qui nous servent avec zèle, nous soyons prêts à
« payer une rançon pour toi. »

La réponse du serviteur est digne de la lettre du maître : la voici telle que Karamsin nous la rapporte : il y a là plus que la peinture du cœur d'un homme vil, on peut s'y faire une idée de l'espionnage exercé dès lors chez l'étranger par les Russes. Il en est peu sans doute qui seraient capables de commettre les crimes de Griaznoï, mais je ne puis m'empêcher de croire qu'il en est plusieurs qui écriraient des lettres pareilles, au moins pour le fond des sentiments, à celle de ce misérable ; la voici :

« Mon seigneur, je n'ai pas dormi en pays en-
« nemi : *j'exécutais tes ordres, je recueillais des*
« *renseignements pour la sûreté de l'Empire ;* ne me

« fiant à personne et veillant jour et nuit, j'ai été
« pris couvert de blessures, au moment de rendre
« le dernier soupir, abandonné de mes lâches com-
« pagnons d'armes. J'exterminais au combat les
« ennemis du nom chrétien, et pendant ma capti-
« vité *j'ai fait périr les traîtres Russes* qui ont voulu
« te perdre : *ils ont été secrètement immolés de ma*
« *main;* et il n'en reste plus dans ces lieux un seul
« au nombre des vivants¹. Je plaisantais à la table
« de mon souverain pour l'égayer; aujourd'hui je
« meurs pour Dieu et pour lui. C'est par une grâce
« particulière du Très-Haut que je respire encore;
« c'est l'ardeur de mon zèle pour ton service qui
« me soutient, afin que je puisse retourner en
« Russie *pour recommencer à divertir* mon prince.
« Mon corps est en Crimée, mais mon âme est avec
« *Dieu* et *Ta Majesté.* Je ne crains pas la mort, je
« ne crains que ta disgrâce. »

Telle est la correspondance *amicale* du Czar avec sa créature.

Karamsin ajoute : « C'étaient des misérables de
« cette espèce qu'il fallait à Jean pour son gouver-

---

¹ On peut voir tous les jours à la cour de l'Empereur Nicolas un grand seigneur, surnommé tout bas l'*empoisonneur,* et qui plaisante de ce sobriquet.

« nement, et, à ce qu'il croyait, pour sa sûreté. »

Mais tous les événements de ce règne prodigieux, prodigieux surtout par son calme et sa longue durée, s'effacent devant le plus épouvantable des forfaits.

Nous l'avons déjà dit : avili, tremblant au seul nom de la Pologne, Ivan cède à Batori, presque sans combat, la Livonie, province disputée depuis des siècles avec acharnement aux Suédois, aux Polonais, à ses propres habitants, et surtout à ses souverains conquérants, les chevaliers porte-glaive. La Livonie était pour la Russie la porte de l'Europe, la communication avec le monde civilisé ; elle faisait depuis un temps immémorial l'objet de la convoitise des Czars et le but des efforts de la nation moscovite ; dans un incompréhensible accès de terreur, le plus arrogant, et tout à la fois le plus lâche des princes, renonce à cette proie qu'il abandonne à l'ennemi, non pas à la suite d'une bataille désastreuse, mais spontanément, d'un trait de plume, et quoiqu'il se trouve encore riche d'une innombrable armée et d'un trésor inépuisable : or, écoutez la scène qui fut la première conséquence de cette trahison.

Le Czarewitch, le fils chéri d'Ivan IV, l'objet de

toutes ses complaisances, qu'il formait à son image dans l'exercice du crime et dans les habitudes de la plus honteuse débauche, ressent quelque vergogne en voyant la déshonorante conduite de son père et de son souverain ; il ne hasarde pas de remontrance, il connaît Ivan ; mais, évitant avec soin toute parole qui pourrait ressembler à une plainte, il se borne à demander la permission d'aller combattre les Polonais.

« Ah ! tu blâmes ma politique : c'est déjà me
« trahir, répond le Czar ; qui sait si tu n'as pas
« dans le cœur la pensée de lever l'étendard de la
« révolte contre ton père ? »

Là-dessus, enflammé d'une colère subite, il saisit son bâton ferré et il en frappe avec violence la tête de son fils ; un favori veut retenir le bras du tyran ; Ivan redouble ; le Czarewitch tombe, blessé à mort !

Ici commence la seule scène attendrissante de la vie d'Ivan IV. Le pathétique en est au-dessus de la nature : il faudrait le langage de la poésie pour faire croire à des vertus si sublimes qu'elles en sont incompréhensibles.

Le prince eut une agonie de plus d'un jour : sitôt que le Czar vit qu'il venait de tuer de sa main ce qu'il avait de plus cher au monde, il tomba dans un désespoir sauvage aussi violent que sa colère avait été terrible : il se roulait dans la poussière en poussant des hurlements féroces, il mêlait ses larmes au sang de son malheureux fils, baisant ses plaies, invoquant le ciel et la terre pour lui conserver la vie qu'il venait de lui arracher, appelant à lui, médecins, sorciers et promettant trésors, honneurs, pouvoir à qui lui rendrait l'héritier de son trône, l'unique objet de sa tendresse........ de la tendresse d'Ivan IV !!......

Tout est inutile ! l'inévitable mort s'approche, le père a frappé : Dieu a jugé le père et le fils ; le fils va mourir !!... Mais le supplice est long, Ivan apprendra une fois à souffrir de la douleur d'un autre.

La victime pleine de vie lutte pendant quatre jours entiers contre l'agonie.

Mais à quoi croyez-vous que ces quatre jours sont employés ? comment croyez-vous que cet enfant perverti par son père, notez ce point, injustement soupçonné, injurié, tué par son père ; comment croyez-vous qu'il se venge de la perte de toutes ses espérances en ce monde et des quatre jours de torture auxquels le ciel le condamne pour l'édification de la terre, et s'il est possible, pour la conversion de son bourreau ?

Il passe ce temps d'épreuves à prier Dieu pour son père, à consoler ce père qui ne veut pas le quitter, à le justifier, à lui prouver, à lui répéter avec une délicatesse digne du fils d'un meilleur homme, que son châtiment, si sévère qu'il paraisse n'est point inique, car un fils qui blâme même dans le secret du cœur la conduite d'un père couronné, mérite de périr. La mort est là; ce n'est plus la peur qui parle, c'est la superstition, c'est la foi politique.

Quand les dernières crises approchent, l'infortuné ne pense plus qu'à voiler les horreurs de sa mort aux yeux de son assassin, qu'il vénère à l'égal du meilleur des pères et du plus grand des Rois ; il supplie le Czar de s'éloigner.

Et lorsqu'au lieu de céder aux instances du mourant, Ivan dans le délire du remords se jette sur le lit de son fils, puis retombe à genoux par terre pour demander un tardif pardon à sa victime, ce héros de piété filiale retrouve dans le sentiment du devoir une puissance surnaturelle; déjà aux prises avec la mort, il s'arrête au passage, il se suspend un instant à la vie qu'il retient comme par miracle pour répéter avec plus d'énergie et de solennité qu'il est coupable, que sa mort est juste, qu'elle est trop douce; il parvient à déguiser l'agonie à force d'âme, d'amour filial et de respect pour la souveraineté; il cache à son père les tourments d'un corps où la jeunesse révoltée lutte terriblement contre la destruction. Le gladiateur tombe avec grâce, non par un vil orgueil, mais par un effort de charité, uniquement pour adoucir le remords dans le cœur de son coupable père. Il proteste jusqu'à son dernier souffle de sa fidélité, de sa soumission au souverain légitime de la Russie, et il meurt enfin en baisant la main qui l'a tué, en bénissant Dieu, son pays et son père.

Ici toute mon indignation se change en un étonnement pieux; j'admire les merveilleuses ressources de l'âme humaine qui peut remplir sa vocation divine, partout, en dépit des institutions et des habitudes les plus vicieuses...... Mais je m'arrête effrayé devant ma pensée, car je sens venir la crainte que la servilité de l'esclave n'ait suivi le martyr dans son triomphe jusqu'aux portes du ciel.

Oh! non, la mort n'est pas flatteuse, pas même en Russie; non, non, cet exemple de vertu surnaturelle nous prouve seulement et c'est une belle chose à prouver, que l'action de la société la plus corrompue est insuffisante pour dénaturer les plans primitifs de la Providence et que l'homme qui, selon Platon, est un ange tombé, peut toujours devenir un saint.

Le Czarewitch expire hors de Moscou dans le repaire de la tyrannie appelé la Slobode Alexandrowsky.

Quelle tragédie! Jamais Rome païenne ni Rome chrétienne n'ont rien produit de plus noble que ces longs adieux du fils d'Ivan IV à son père.

Si les Russes ne savent pas être humains, ils savent quelquefois s'élever au-dessus de l'humanité. Ils font mentir le proverbe vulgaire : pouvant le plus, ils ne peuvent pas le moins.

Karamsin, plus sévère, révoque en doute la sincérité de la douleur du Czar. Il est vrai qu'elle dura peu, mais je crois qu'elle fut véritable.

Quoi qu'il en soit, il faut le dire, cette épreuve n'adoucit pas le caractère du monstre qui continua jusqu'à la fin de ses jours à s'abreuver de sang innocent et à se vautrer dans la plus sale débauche.

Aux approches du trépas, il se fit porter plusieurs fois dans l'appartement qui renfermait ses trésors. Là, d'un regard éteint, il contemple avidement ses pierres précieuses : impuissantes richesses qui lui échappent avec la vie !

Après avoir vécu en bête féroce, on le voit mourir en satyre; outrageant, par un acte de lubricité révoltante, sa belle-fille elle-même, un ange de vertu, de pureté, la jeune et chaste épouse de son second fils Fedor, devenu, depuis la mort du Czarewitch Jean, l'héritier de l'Empire. Cette jeune femme s'approchait du lit du moribond pour le consoler à ses derniers moments;........ mais soudain on la voit reculer et s'enfuir en jetant un cri d'épouvante.

Voilà comme Ivan IV est mort au Kremlin, et... on a peine à le croire, il fut pleuré, pleuré longtemps par la nation tout entière, par les grands, le peuple, les bourgeois et le clergé comme s'il eût été le meilleur des princes. Ces marques de sympathie, libres ou non, ne sont pas encourageantes, il faut l'avouer, pour les souverains bienfaisants. Reconnaissons donc et ne nous lassons pas de le répéter, que le despotisme sans frein produit sur l'esprit humain l'effet d'un breuvage enivrant; mais ce qui accroît mon étonnement et mon épouvante, c'est de voir que la démence de l'homme qui exerce la tyrannie se communique si facilement aux hommes qui la subissent; les victimes devinrent les zélés complices de leurs bourreaux. Voilà ce qu'on apprend en Russie.

Une histoire détaillée et tout à fait véridique de ce pays serait peut-être le livre le plus instructif qu'on pût offrir à la méditation des hommes ; mais il est impossible à faire. Karamsin l'a tenté; il a flatté ses modèles et encore s'est-il arrêté avant l'avénement des Romanow. Toutefois l'esquisse affaiblie et abrégée que je viens de vous tracer, suffit pour vous représenter les faits et les hommes vers lesquels la pensée se reporte malgré soi à la vue des terribles murs du Kremlin. L'histoire est là sculptée en figures colossales.

APPENDICE.

En terminant ici ce travail historique préparé depuis mon arrivée à Pétersbourg, je vous répéterai que le portrait des hôtes du palais Impérial, à Moscou, vous aide à vous figurer les lieux. Maintenant vous connaissez la physionomie du Kremlin; un peintre pourrait seul vous donner l'idée de sa forme.

L'art n'a pas de nom pour caractériser l'architecture de cette forteresse infernale; le style de ces palais, de ces prisons, de ces chapelles, surnommées cathédrales, ne ressemble à rien de connu. Le Kremlin n'a point de modèle : il n'est bâti ni dans le goût mauresque, ni dans le goût gothique, ni dans le goût ancien, ni même dans le style byzantin pur, il ne rappelle ni l'Alhambra, ni les monuments de l'Égypte, ni ceux de la Grèce d'aucun temps, ni l'Inde, ni la Chine, ni Rome... C'est, passez-moi l'expression, c'est de l'architecture czarique.

Ivan est l'idéal du tyran, le Kremlin est l'idéal du palais d'un tyran. Le Czar c'est l'habitant du Kremlin; le Kremlin c'est la maison du Czar. J'ai peu de goût pour les mots de nouvelle fabrique, surtout pour ceux qui ne sont encore autorisés que par l'usage que j'en fais, mais l'architecture czarique est une expression nécessaire à tout voyageur, aucune autre ne pourrait vous représenter ce qu'elle peint à la pensée de quiconque sait ce que c'est qu'un Czar.

Rêvez, un jour de fièvre, que vous parcourez l'habitation des hommes que vous venez de voir vivre et mourir devant vous, et vous vous figurerez aussitôt cette ville des géants, dont les édifices s'élèvent les uns sur les autres, au milieu de la ville des hommes. Il y a dans Moscou deux cités en présence, celle des bourreaux et celle des victimes. L'histoire nous montre comment ces deux cités ont pu naître l'une de l'autre, et subsister l'une dans l'autre.

Le Kremlin a été deviné par M. de Lamartine, qui sans l'avoir vu, l'a peint dans ses descriptions de la ville des géants antédiluviens. Malgré la rapidité du travail, ou peut-être grâce à cette rapidité même qui tient de l'improvisation, il y a dans la *Chute d'un Ange* des beautés du premier ordre ; c'est de la poésie à fresque ; mais le public français a pris la loupe pour la juger ; il a comparé la première inspiration du génie à des œuvres achevées ; il s'est trompé, ce qui arrive parfois même au public.

J'avoue qu'il m'a fallu pour bien apprécier le mérite de cette ébauche épique, venir jusqu'au pied du Kremlin lire les pages sanglantes de l'*Histoire de Russie*. Karamsin, tout timide historien qu'il est, est instructif, parce qu'il a un fond de loyauté qui perce à travers ses habitudes de prudence, et qui lutte contre son origine russe et contre ses préjugés d'éducation. Dieu l'avait appelé à venger l'humanité malgré lui peut-être et malgré elle. Sans les ménagements que je lui reproche, on ne l'eût pas laissé écrire : l'équité fait ici l'effet d'une révolution.

J'ajoute divers extraits qui me paraissent appuyer d'une manière frappante l'opinion que ce voyage m'a forcé de prendre des Russes et de la Russie.

Je commence par les excuses que Karamsin croit devoir adresser au despotisme, après avoir osé peindre la tyrannie ; le mélange de hardiesse et de crainte que vous reconnaîtrez dans ce passage, vous inspirera, comme il me l'inspire, une admiration mêlée de pitié pour un historien si gêné par les choses dans l'expression des idées.

Volume IX, pages 556 et suivantes : « A peine soustraite au « joug des Mogols, la Russie avait dû se voir encore la proie d'un « tyran. Elle le supporta et conserva l'amour de l'aristocratie [1],

---

[1] Je suppose qu'il y a ici une erreur du traducteur, et qu'il fau-

« persuadée que Dieu lui-même envoyait parmi les hommes la
« peste, les tremblements de terre et les tyrans. Au lieu de briser
« entre les mains de Jean le sceptre de fer dont il l'accablait, elle
« se soumit au destructeur pendant vingt-quatre années [1], sans
« autre soutien que la prière et la patience, afin d'obtenir, dans
« des temps plus heureux, Pierre-le-Grand et Catherine II
« (l'histoire n'aime pas à citer les vivants). Comme les Grecs
« aux Thermopyles [2], d'humbles et généreux martyrs périssaient
« sur les échafauds pour la patrie, la religion et la foi jurée,
« sans concevoir même l'idée de la révolte [3]. C'est en vain
« que, pour excuser la cruauté de Jean, quelques historiens
« étrangers ont parlé des factions qu'elle avait anéanties ; d'après
« le témoignage universel de nos annales, d'après tous les docu-
« ments officiels, ces factions n'existaient que dans l'esprit trou-
« blé du Tzar. Si les boyards, le clergé, les citoyens eussent
« tramé la trahison qu'on leur imputait avec autant d'absurdité
« que de sortilèges [4], ils n'auraient point rappelé le tigre de son
« antre d'Alexandrowsky. Non, il s'abreuvait du sang des agneaux,
« et le dernier regard que ses victimes jetèrent sur la terre de-
« mandait à leurs contemporains, ainsi qu'à la postérité, justice
« et un souvenir de compassion.

drait substituer le mot d'*autocratie* à celui d'*aristocratie*; mais je
copie littéralement. (*Note du Voyageur.*)

[1] Tel est le terme assigné par Karamsin à la tyrannie d'Ivan IV,
qui régna cinquante ans. (*Ibid.*)

[2] Comparaison vraiment russe et qui montre combien l'étude de
l'histoire est inutile quand on en tire des conséquences forcées.
Néanmoins, il faut le répéter, Karamsin est un esprit distingué ;
mais il est né et il a vécu en Russie. (*Ibid.*)

[3] Et vous osez qualifier du titre de martyre une telle servilité ! (*Ibid.*)

[4] Copie littérale. (*Ibid.*)

« Malgré toutes les explications possibles, morales et métaphy-
« siques, le caractère d'Ivan, héros de vertu dans sa jeunesse,
« tyran sanguinaire dans l'âge mûr et au déclin de sa vie, *est une*
« *énigme pour le cœur humain, et nous aurions révoqué en*
« *doute les rapports les plus authentiques sur sa vie, si les*
« *annales des autres peuples n'offraient 'es exemples aussi*
« *étonnants.* »

Karamsin continue son plaidoyer par un parallèle beaucoup trop flatteur pour Ivan IV, qu'il compare à Caligula, à Néron et à Louis XI, puis l'historien poursuit : « Ces êtres dénaturés,
« contraires à toutes les lois de la raison, paraissent dans l'espace
« des siècles comme d'effrayants météores, pour nous montrer
« l'abîme de dépravation où peut tomber l'homme et nous faire
« trembler !... La vie d'un tyran est une calamité pour le genre
« humain, mais son histoire offre toujours d'utiles leçons aux
« souverains et aux nations. Inspirer l'horreur du mal, n'est-ce
« pas répandre l'amour du bien dans tous les cœurs? Gloire à
« l'époque où l'historien, armé du flambeau de la vérité peut,
« sous un gouvernement autocrate, vouer les despotes à un
« éternel opprobre, afin de préserver l'avenir du malheur d'en
« rencontrer d'autres ! Si l'insensibilité règne au delà du tom-
« beau, les vivants au moins redoutent la malédiction universelle
« et la réprobation de l'histoire. Celle-ci est insuffisante pour
« corriger les méchants, mais elle prévient quelquefois des crimes
« toujours possibles, parce que les passions exercent aussi leurs
« fureurs dans les siècles de civilisation. Trop souvent leur vio-
« lence force la raison à se taire, ou à justifier d'une voix servile
« les excès qui en sont le résultat. » Pages 558, 559, tome IX, Karamsin, *Histoire de Russie*.

Suit un éloge de la gloire du monstre. Toutes ces tergiversations morales, toutes ces précautions oratoires se changent innocemment en une satire sanglante; une telle timidité équivaut à de l'audace, car c'est une révélation, révélation d'autant plus frappante qu'elle est involontaire.

Néanmoins les Russes, autorisés par l'approbation du souverain, s'enorgueillissent de ce talent qu'ils admirent, par ordre, tandis qu'ils devraient bannir le livre de toutes leurs bibliothèques, en refaire une édition, déclarer la première apocryphe, ou plutôt en nier l'existence, soutenir qu'elle n'a jamais paru et que la publication n'a commencé qu'à la seconde qui deviendrait la première.

N'est-ce pas leur manière de procéder contre toute vérité gênante? A Saint-Pétersbourg on étouffe les hommes dangereux et l'on supprime les faits incommodes; avec cela on fait ce qu'on veut. Si les Russes ne prennent ce moyen pour se défendre des coups que le livre de leur Karamsin porte au despotisme, la vengeance de l'histoire sera presque assurée, car la vérité est en partie dévoilée.

L'Europe, au contraire, doit des honneurs à la mémoire de Karamsin; quel est l'étranger qui aurait obtenu la permission d'aller fouiller aux sources où il a puisé pour en tirer le peu de clarté qu'il jette sur la plus ténébreuse des histoires modernes? Ne suffit-il pas que le régime despotique rende toujours de telles conséquences possibles, pour qu'il soit jugé et condamné? Un pareil gouvernement ne peut subsister qu'à force de ténèbres....

Il paraît que Dieu veut qu'il dure, dans ce pays singulier; car s'il aveugle l'esprit du peuple, celui des écrivains et des grands, il enseigne au pouvoir absolu, je suis forcé d'en convenir, à tempérer l'ardeur du feu dans la fournaise; la tyrannie est devenue moins pesante, mais son principe persiste et produit trop souvent encore les résultats les plus extrêmes; la Sibérie le sait.... les souterrains de la forteresse de Pierre-le-Grand, à Pétersbourg, les prisons de Moscou, de Schlusselbourg, tant d'autres cachots muets et qui me sont inconnus, le savent, la Pologne le sait....

Les décrets de Dieu sont impénétrables : la terre les subit sans les comprendre.... Mais malgré son aveuglement, l'homme conserve l'éternel besoin de la justice et de la vérité; ce besoin que rien ne peut étouffer dans les cœurs, est une promesse d'immortalité, car ce n'est point ici-bas qu'il sera satisfait. Il est en nous, mais il vient de plus haut que la terre, et nous conduit plus loin.

Le spiritualisme reproché de nos jours aux chrétiens, par des hommes qui s'efforcent d'expliquer l'Évangile dans un sens favorable à leur politique, et qui veulent appuyer sur la jouissance une religion fondée sur le renoncement, ce spiritualisme qu'on nous représente comme une pieuse fraude de nos prêtres, est pourtant le seul remède que Dieu ait offert aux hommes contre les inévitables maux de la vie telle qu'il la leur a faite et qu'ils se la sont faite eux-mêmes.

Le peuple russe est de tous les peuples civilisés, celui chez lequel le sentiment de l'équité est le plus faible et le plus vague; aussi, en donnant à Ivan IV le surnom de Terrible, accordé autrefois à titre d'éloge à son aïeul Ivan III, n'a-t-il fait justice ni au glorieux monarque, ni au tyran; il a flatté celui-ci après sa mort, et ce trait est encore caractéristique. Est-il vrai qu'en Russie la tyrannie ne meurt pas? Voyez encore Karamsin, pages 600 et 601, vol. IX.

« Il est à remarquer, dit-il, que dans *la mémoire du peuple*,
« la *brillante* renommée de Jean a survécu au souvenir de ses
« *mauvaises qualités*. Les gémissements avaient cessé, les vic-
« times étaient réduites en poussière, des *événements nouveaux*
« *faisaient oublier les anciennes traditions*, et le nom de ce
« prince paraissait en tête du code des lois; il rappelait la con-
« quête de trois royaumes mogols. Les témoignages de ses ac-
« tions atroces étaient ensevelis au fond des archives. Tandis

« que dans le cours des siècles, Kazan, Astrakan, la Sibérie
« étaient aux yeux du peuple d'impérissables monuments de sa
« gloire. Les Russes qui révéraient en lui l'illustre auteur de
« leur puissance, de leur civilisation, avaient rejeté ou mis en
« oubli le surnom de tyran que lui avaient donné ses contem-
« porains. Seulement, d'après quelques souvenirs confus de sa
« cruauté, ils le nomment encore de nos jours *Jean-le-Terrible*;
« mais sans le distinguer de son aïeul, à qui l'ancienne Russie
« avait accordé la même épithète, plutôt comme éloge qu'à titre
« de reproche. L'histoire ne pardonne pas aux mauvais princes
« aussi facilement que les peuples. »

Vous le voyez, le grand prince et le monstre sont qualifiés du même surnom *le Terrible!!*.. et cela *par la postérité!* C'est de l'équité à la russe; le temps ici est complice de l'injustice. Le Comte Lavau dans son *Guide de Moscou*, en décrivant le palais des Czars au Kremlin, ne rougit pas d'invoquer l'ombre d'Ivan IV qu'il ose comparer à David pleurant les fautes de sa jeunesse.

Je ne puis me refuser le plaisir de vous faire lire une dernière citation de Karamsin; c'est le résumé du caractère d'un prince dont la Russie se glorifie. Un Russe seul pouvait parler d'Ivan III comme en parle Karamsin, et croire qu'il en fait l'éloge. Un Russe seul pouvait peindre le règne d'Ivan IV comme le peint Karamsin, et finir ce tableau par des excuses au despotisme. Voici textuellement comment l'historien caractérise le grand Ivan III, l'aïeul d'Ivan IV. Tom. VI, pages 434, 435, 436.

« Fier dans ses relations avec les autres souverains, Ivan III
« aimait à déployer une grande pompe devant leurs ambassa-
« deurs; il introduisit l'usage de baiser la main du monarque,
« en signe de faveur distinguée; il voulut, par tous les moyens
« extérieurs possibles, s'élever au-dessus des hommes pour frapper
« fortement l'imagination; ayant enfin pénétré le secret de l'auto-

« cratie, il devint comme un dieu terrestre aux yeux des Russes,
« qui commencèrent *dès lors* (c'est Karamsin ou son traducteur
« qui souligne ce mot) à étonner tous les autres peuples par une
« aveugle soumission à la volonté de leur souverain. Le premier,
« il reçut en Russie le surnom de *Terrible ;* mais terrible seule-
« ment à ses ennemis et aux rebelles. Cependant sans être un
« tyran, comme son petit-fils Jean IV, il avait reçu de la nature
« une certaine dureté de caractère, qu'il savait modérer par
« la force de sa raison. Les fondateurs des monarchies se sont
« rarement fait distinguer par leur sensibilité ; et la fermeté
« nécessaire pour les grandes actions politiques est bien voisine
« de la rudesse. On dit qu'un seul regard de Jean, lorsqu'il
« était enflammé de colère, suffisait pour faire évanouir les
« femmes timides ; que les solliciteurs craignaient de s'appro-
« cher du trône ; qu'à sa table même les grands tremblaient
« devant lui, n'osant proférer une seule parole ni faire le plus
« léger mouvement, lorsque le monarque, fatigué d'une bruyante
« conversation et échauffé par le vin, s'abandonnait au som-
« meil vers la fin du repas : tous assis dans un profond silence,
« attendaient un nouvel *ordre* pour le divertir, ou pour se li-
« vrer eux-mêmes à la joie.

« Nous ajouterons aux remarques que nous avons déjà faites
« sur la sévérité de Jean, que les dignitaires marquants, tant
« séculiers que membres du clergé dépouillés de leurs emplois
« pour quelque crime, n'étaient p   exempts du terrible sup-
« plice du knout. En 1491, par ex   ple, le prince Oukh-
« tomsky, le gentilhomme Khomoutof et l'Archimandrite de
« Tchoudof furent knoutés publiquement pour un faux titre
« qu'ils avaient fabriqué, à l'effet de s'approprier un domaine
« appartenant à l'un des frères du grand prince.

« L'histoire n'étant point un panégyrique, il est impossible
« qu'elle ne trouve pas quelques taches dans la vie des plus grands

« hommes eux-mêmes. A ne considérer que l'homme dans
« Jean III, il n'eut point les aimables qualités de Monomaque
« ni celles de Dmitri Donskoi ; mais comme souverain, il s'est
« placé au plus haut degré de grandeur. Toujours guidé par
« la circonspection, il parut quelquefois timide ou indécis,
« mais cette irrésolution fut toujours de la prudence, vertu qui
« ne nous charme pas autant qu'une généreuse témérité, mais
« plus propre à consolider ses créations par des progrès lents et
« d'abord incomplets. Combien d'illustres héros n'ont légué à la
« postérité que le souvenir de leur gloire! Jean nous a laissé un
« empire d'une immense étendue, puissant par le nombre de
« ses peuples, et plus encore par l'esprit de son gouvernement ;
« cet empire enfin qu'il nous est aujourd'hui si doux, si glo-
« rieux d'appeler notre patrie. »

Les louanges données par l'historien courtisan au héros me paraissent significatives, autant au moins que les timides reproches adressés au tyran. Le panégyrique du Roi glorieux ressemble tellement à l'arrêt prononcé contre le monstre, que l'un et l'autre servent à mesurer la confusion d'idées et de sentiments qui règne dans les têtes russes les mieux organisées. Cette indifférence au bien et au mal nous fait apprécier la distance qui sépare la Russie du reste de l'Europe.

C'est Ivan III qui fut le véritable fondateur du moderne empire des Russes ; c'est lui aussi qui a rebâti en pierre les murs du Kremlin. Encore un hôte terrible ; encore un esprit bien digne de hanter ce palais, et de se reposer au sommet de ses tours!!!...

Ce portrait d'Ivan III, par Karamsin, ne dément pas le mot du même grand prince : « Je donnerai la Russie à qui bon me semble. » C'est ce qu'il répondit aux boyards, lorsque ceux-ci réclamaient la couronne au profit de son petit-fils, qu'il dépouillait en faveur du fils de sa seconde femme ; car jusqu'à présent la légitimité russe a été soumise au bon plaisir des Czars.

Or qui peut dire ce que devient la noblesse dans un pays gouverné de la sorte?

Pierre-le-Grand a confirmé le principe d'Ivan III, en soumettant comme ce prince la succession de la couronne au caprice des Czars. Le même réformateur s'est encore plus approché du tyran, par le supplice qu'il a fait subir à son fils et aux soi-disant complices de ce fils. On va lire un extrait de M. de Ségur qui prouve que le grand réformateur moderne était plus semblable au monstre que l'histoire ne l'a dit. Il s'agit des lois promulguées par Pierre-le-Grand et de la trahison de ce prince envers son malheureux fils, et du supplice des prêtres et autres personnages qui encourageaient le jeune prince dans sa résistance à la civilisation importée de l'Occident, et ordonnée comme le plus saint des devoirs par le cruel fondateur du nouvel empire de Russie.

« Code militaire, divisé en deux parties, en quatre-vingt-onze
« chapitres et publié dès 1716.

« Le début en est remarquable; soit piété sincère, soit
« politique d'un chef de religion qui veut conserver dans
« toute sa force un si puissant mobile, il y déclare que de
« tous les vrais chrétiens, » — « le militaire est celui dont
« les mœurs doivent être le plus honnêtes, décentes et chré-
« tiennes ; le guerrier chrétien devant être toujours prêt à pa-
« raître devant Dieu, sans quoi il n'aurait point la sécurité
« nécessaire pour le sacrifice continuel que sa patrie exige de
« lui. » — « Et il termine par cette citation de Xénophon :
« Que dans les batailles, ceux qui craignent le plus les dieux,
« sont ceux qui craignent le moins les hommes! » — « Puis il
« prévoit jusqu'aux moindres délits contre Dieu, contre la disci-
« pline, les mœurs, l'honneur, et même contre la civilité!
« comme s'il eût voulu faire de son armée une nation à part
« dans la nation, et son modèle.

« Mais c'est là surtout que se développe avec une complai-
« sance effrayante le génie de son despotisme ! » — « Tout l'État,
« dit-il, est en lui, tout doit se faire pour lui, maître absolu et
« despotique, qui ne doit compte de sa conduite qu'à Dieu seul ! »
— « C'est pourquoi toute parole injurieuse contre sa personne,
« tout jugement indécent de ses actions ou intentions, doivent
« être punis de mort.

« C'était en 1716 que ce Czar se déclarait ainsi en dehors et
« au-dessus de toutes les lois, comme s'il se fût préparé au ter-
« rible coup d'État dont, en 1718, il devait ensanglanter sa re-
« nommée. » (*Histoire de Russie et de Pierre-le-Grand,* par
M. le général comte de Ségur. 2ᵉ édition, Baudouin. Paris,
livre XI, chapitre VI, pages 489, 490.)

Plus loin : « En septembre 1716, Alexis, pour échapper à la
« civilisation naissante des Russes, se réfugie au milieu de la
« civilisation européenne. Il s'est mis sous la protection de
« l'Autriche, et vit caché dans Naples avec une maîtresse.

« Pierre découvre sa retraite. Il lui écrit. Sa lettre commence
« par des reproches fondés ; elle finit par des menaces terribles
« s'il n'obéit aux ordres qu'il lui envoie.

« Ces mots surtout y dominent : « Me craignez-vous? Je vous
« assure et je vous promets, au nom de Dieu et par le jugement
« dernier, que si vous vous soumettez à ma volonté et que vous
« reveniez ici, je ne vous ferai subir aucune punition, et que
« même je vous aimerai encore plus qu'auparavant. »

« Sur cette foi solennelle d'un père et d'un souverain, Alexis
« revient à Moscou le 3 février 1718, et, le lendemain, il est
« désarmé, saisi, interrogé, exclu honteusement du trône, lui
« et sa postérité ; il est même maudit s'il ose jamais en ap-
« peler.

« Ce n'est pas tout encore : on le jette dans une forteresse.
« Là, chaque jour, chaque nuit, un père absolu, violant la foi

« jurée, tous les sentiments, toutes les lois de la nature et celles
« que lui-même a données à son Empire [1], s'arme, contre un fils
« trop confiant, d'une inquisition politique égale en insidieuse
« atrocité à l'inquisition religieuse. Il torture l'esprit pusilla-
« nime de cet infortuné par toutes les peurs du ciel et de la
« terre; il le contraint à dénoncer amis, parents, jusqu'à sa
« mère; enfin, à s'accuser, à se rendre indigne de vivre, et à
« se condamner lui-même à mort sous peine de mort.

« Ce long crime dure cinq mois. Il a ses redoublements.
« Dans les deux premiers, l'exil et le dépouillement de plu-
« sieurs grands, l'exhérédation d'un fils, l'emprisonnement
« d'une sœur, la réclusion, la flagellation de sa première femme,
« le supplice d'un beau-frère, ne suffisent point.

« Pourtant, dans une même journée, Glébof, un général
« russe, amant avéré de la Czarine répudiée, vient d'être em-
« palé au milieu d'un échafaud dont les têtes d'un évêque, d'un
« boyard et de deux dignitaires roués et décapités, marquent
« les quatre coins [2]. Cet horrible échafaud est lui-même entouré
« d'un cercle de troncs d'arbres, sur lesquels plus de cinquante
« prêtres et autres citoyens ont eu la tête tranchée.

« Vengeance effroyable contre ceux dont les intrigues et l'ob-
« stination superstitieuse jetèrent ce cœur inflexible dans la né-
« cessité de sacrifier son fils à son Empire! Punition cent fois
« plus coupable que la faute; car, pour tant d'atrocités, quel
« motif peut être une excuse? Mais il semble que, poussé par
« cet instinct soupçonneux des gouvernements contre nature,
« Pierre se soit obstiné à chercher et à trouver une conspira-
« tion où il n'existait qu'une inerte opposition de mœurs, qui
« espérait et attendait sa mort pour éclater.

[1] *Voyez* dans son Code ou Concordance des lois au chap. VI, les art. 1, 2, 6 et 8.

[2] Bruce.

« Et pourtant cette horrible boucherie a trouvé des flatteurs !
« Le vainqueur de Pultawa s'en est lui-même enorgueilli comme
« d'une victoire. « Quand le feu, a-t-il dit, rencontre la paille,
« il la consume ; mais s'il rencontre du fer, il faut qu'il s'étei-
« gne. » Puis il s'est promené froidement au milieu de ces sup-
« plices. On dit même que, poussé par une inquiète férocité,
« il est venu jusque sur son échafaud interroger encore l'agonie
« de Glébof, et que celui-ci, lui faisant signe d'approcher de
« son supplice, lui a craché au visage.

« Moscou elle-même est prisonnière ; en sortir sans son aveu
« est un crime capital. Ses citoyens ont ordre, sous peine de
« mort, d'être réciproquement leurs espions et leurs délateurs.

« Cependant, la principale victime est restée tremblante,
« isolée par tant de coups frappés autour d'elle. Pierre l'en-
« traîne alors des prisons de Moscou dans celles de Péters-
« bourg.

« C'est là surtout qu'il se tourmente à torturer l'âme de son
« fils pour en extorquer jusqu'aux moindres souvenirs d'irrita-
« tion, d'indocilité ou de rébellion ; il les note chaque jour avec
« un horrible soin ; s'applaudissant à chaque aveu, ajoutant les
« uns aux autres tous ces soupirs, toutes ces larmes, en dres-
« sant un détestable compte ; s'efforçant enfin de composer un
« crime capital de toutes ces velléités, de tous ces regrets aux-
« quels il prétend donner un poids dans la balance de sa justice [1].

« Puis, quand, à force d'interprétations, il croit avoir fait
« de rien quelque chose, il se hâte d'appeler l'élite de ses
« esclaves. Il leur dit son œuvre maudite ; il leur en étale l'ini-
« quité féroce et tyrannique avec une naïveté de barbarie, une
« candeur de despotisme qu'aveugle son droit de souverain ab-

---

[1] Ici Pierre-le-Grand n'est-il pas plus odieux, s'il est possible, qu'Ivan IV *le Terrible?*

« solu, comme s'il existait un droit hors de la justice, et que
« tout cédât à son but, qui, par bonheur, se trouvait grand
« et utile.

« Par là, il espère faire attribuer à la justice le sacrifice qu'il
« fait à sa politique. Il veut se justifier aux dépens de sa vic-
« time, et faire taire le double cri de sa conscience et de la
« nature qui l'importune.

« Après que, par cette longue accusation, ce maître ab-
« solu croit avoir irrévocablement condamné, il interpelle les
« siens. « *Ils viennent d'entendre*, s'est-il écrié, la longue déduc-
« tion de crimes presque inouïs dans le monde, dont son fils est
« coupable contre lui, son père et son souverain. On sait assez
« que seul il aurait le droit de le juger ; néanmoins, il vient
« leur demander leur secours ; *car il appréhende la mort éter-
« nelle, d'autant plus qu'il a promis le pardon à son fils, et
« qu'il le lui a juré sur les jugements de Dieu...* C'est donc à
« eux à en faire justice, sans considération pour sa naissance,
« sans égard pour sa personne, afin que la patrie ne soit point
« lésée. » Il est vrai qu'à cet ordre clair et terrible, il a entre-
« mêlé ces mots grossièrement astucieux : « Qu'on doit pro-
« noncer, sans le flatter ni craindre sa disgrâce, si l'on décide
« que son fils ne mérite qu'une punition légère. »

« Les esclaves ont compris leur maître : ils voient quel est
« l'horrible secours qu'il leur demande. Aussi, les prêtres con-
« sultés n'ont-ils répondu que par des citations de leurs saints
« livres, choisissant en nombre égal celles qui condamnent et
« celles qui pardonnent, sans oser mettre de poids dans la ba-
« lance, pas même cette foi jurée qu'ils craignent de rappeler.

« En même temps, les grands de l'État, au nombre de cent
« vingt-quatre, ont obéi. Ils ont prononcé la mort unanime-
« ment et sans hésiter ; mais leur arrêt les condamne eux-
« mêmes bien plus que leur victime. On y voit les dégoûtants

« efforts de cette foule d'esclaves se tourmentant à effacer le
« parjure de leur maître ; et comme leur lâche mensonge,
« s'ajoutant au sien, le fait ressortir davantage!

« Pour lui, il achève inflexiblement : rien ne l'arrête; ni le
« temps qui vient de s'écouler sur sa colère, ni ses remords,
« ni le repentir d'un infortuné, ni la faiblesse tremblante, sou-
« mise, suppliante! Enfin, tout ce qui, d'ordinaire, même
« entre ennemis étrangers, apaise et désarme, est sans effet
« sur le cœur d'un père pour son fils.

« Bien plus, comme il vient d'être son accusateur et son
« juge, il sera son bourreau. C'est le 7 juillet 1718, le len-
« demain même du jugement, qu'il va, suivi de tous ses
« grands, recevoir les dernières larmes de son fils, y mêler
« les siennes; et quand enfin on le croit attendri, il envoie
« chercher *la forte potion* que lui-même a fait préparer ! Im-
« patient, il en hâte l'arrivée par un second message; il la fait
« présenter devant lui comme un remède salutaire, et ne se
« retire, profondément triste, il est vrai[1], qu'après avoir em-
« poisonné l'infortuné qui implorait encore son pardon. Puis il
« attribue la mort de sa victime, expirée quelques heures après
« dans d'affreuses convulsions, à la frayeur dont l'a frappée son
« arrêt! Il ne couvre toute cette horreur, aux yeux des siens,
« que de cette grossière apparence : il la juge suffisante à leurs
« mœurs brutales ; leur commandant, au reste, le silence, *et*
« *étant si bien obéi que, sans les Mémoires d'un étranger té-*
« *moin, acteur même, dans cet horrible drame, l'histoire en*
« *eût à jamais ignoré les terribles et derniers détails.* »

(*Histoire de Russie et de Pierre-le-Grand*, par M. le général comte de Ségur. Livre X, chapitre III, pages 438, 439,
440, 441, 442, 443, 444.)

[1] Pleurer sur sa victime est un des traits du caractère russe.
(*Note du voyageur.*)

SOMMAIRE DE LA LETTRE VINGT-SEPTIÈME.

Club anglais. — Nouvelle visite au trésor du Kremlin. — Caractère particulier de l'architecture de Moscou. — Mot de madame de Staël. — Avantage des voyageurs obscurs. — Kitaigorod, ville des marchands. — Madone de Vivielski. — Miracles russes attestés par un Italien. — Groupe de Minine et Pojarski — Église de Vassili Blagennoï. — Manière dont le czar Ivan récompensa l'architecte. — Porte sainte. — Pourquoi on ne la passe point sans ôter son chapeau. — Avantage de la foi sur le doute. — Contraste de l'extérieur et de l'intérieur du Kremlin. — Cathédrale de l'Assomption. — Artistes étrangers. — Pourquoi on fut obligé de les appeler à Moscou. — Peintures à fresque. — Clocher de Jean-le-Grand. — Église du Sauveur dans les bois. — La grande cloche. — Couvent des Miracles et couvent de l'Ascension. — Tombeau de la Czarine Hélène, mère d'Ivan IV. — Intérieur du trésor. — Hiérarchie des couronnes et des trônes. — Couronne de Monomaque. — Couronne de Sibérie. — Couronne de Pologne. — Réflexions. — Vases ciselés. — Verreries rares. — Brancard de Charles XII. — Citation de Montaigne. — Singularité historique. — Parallèle entre les grands-ducs de Russie et les autres princes régnants de l'Europe à la même époque. — Carrosses de parade des Czars et du patriarche de Moscou. — Palais actuel de l'Empereur au Kremlin. — Divers palais. — Palais anguleux. — Caractère de son architecture. — Nouveaux travaux commencés au Kremlin par ordre de l'Empereur. — Profanation. — Faute de l'Empereur Pierre Ier et de l'Empereur Nicolas. — Où est la vraie capitale de l'Empire russe. — Ce que pourrait devenir Moscou. — Incendie du palais de Pétersbourg : avertissement du ciel. — Plan de Catherine II, repris en partie par Nicolas. — Vue qu'on a de la terrasse du Kremlin, le soir. — Coucher de soleil. — Souterrain ouvert. — Poussière de Moscou, la nuit. — La montagne des Moineaux. — Souvenirs de l'armée française. — Mot de l'Empereur Napoléon. — Danger d'être soupçonné d'héroïsme en Russie. — Lutte de médiocrité. — Responsabilité des maîtres absolus. — Rostopchin. — Il craint de passer pour un grand homme. — Sa brochure. — Conséquence qu'on en doit tirer. — Chute de Napoléon : son dernier résultat. — Louis XIV. — Phénomène historique.

LETTRE VINGT-SEPTIÈME.

Moscou, ce 11 août 1839, au soir.

L'INFLAMMATION de mon œil est diminuée, et je suis sorti de ma prison hier pour aller dîner au club anglais. C'est une espèce de salon de restaurateur où l'on ne peut être admis qu'à la demande d'un des membres de la société, laquelle est composée de personnes des plus distinguées de la ville. Cette institution assez nouvelle est imitée de l'Anglais, à l'instar de nos cercles de Paris. Je vous en parlerai une autre fois.

Dans l'état où la fréquence des communications a mis l'Europe moderne, on ne sait plus à quelle nation s'adresser pour trouver des mœurs originales, des habitudes qui soient l'expression vraie des caractères. Les usages adoptés récemment chez chaque peuple sont le résultat d'une foule d'emprunts : il résulte de cette triture de tous les caractères dans la mécanique de la civilisation universelle, une monotonie bien contraire au plaisir du voyageur ; pourtant, à aucune époque, le goût des voyages ne fut plus répandu. C'est que la plupart des gens voyagent par ennui plus que par besoin de s'instruire. Je ne suis pas de ces voyageurs-là; curieux, infatigable, je reconnais chaque jour, à mes dépens, que les différences sont ce qu'il y a de plus rare en ce monde; les ressemblances font le désespoir du voyageur qu'elles réduisent au rôle de dupe, le plus difficile de tous à accepter précisément parce qu'il est le plus facile à jouer.

On voyage pour sortir du monde où l'on a passé sa vie; et l'on n'en peut pas sortir; le monde civilisé n'a plus de limites : c'est la terre. Le genre humain se refond, les langues s'effacent, les nations abdiquent, la philosophie réduit les religions à une croyance intérieure, dernier produit du catholicisme effacé, en attendant qu'il brille d'un nouvel éclat, et serve de base à la société future. Qui peut assigner le terme de ce remaniement du genre humain? Il est impossible de ne pas entrevoir ici un but providentiel. La malédiction de Babel touche à son terme, et les nations vont s'entendre malgré tout ce qui les a désunies.

Aujourd'hui j'ai recommencé mon voyage par une visite méthodique et détaillée au Kremlin sous la conduite de M***, à qui j'avais été recommandé; toujours le Kremlin! c'est pour moi tout Moscou, toute la Russie! le Kremlin c'est un monde! Mon domestique de place étant allé dès le matin au trésor prévenir le gardien, celui-ci nous attendait. Je croyais trouver un concierge comme tant d'autres ; au lieu de cela nous avons été reçus par un officier, homme instruit et poli.

Le trésor du Kremlin fait à juste titre l'orgueil de la Russie ; il pourrait tenir lieu de chronique à ce pays, c'est une histoire en pierres précieuses comme le Forum romanum était une histoire en pierres de taille.

Les vases d'or, les armures, les vieux meubles ne sont pas ici seulement pour être admirés ; chacun de ces objets retrace quelque fait glorieux, singulier, digne de commémoration. Mais avant de vous décrire ou plutôt de vous indiquer rapidement les magnificences d'un arsenal qui n'a pas, je crois, son second en Europe, je veux vous faire suivre pas à pas le chemin par où l'on m'a conduit jusqu'à ce sanctuaire révéré des Russes, et justement admiré des étrangers.

En sortant de la grande Dmytriskoï pour me rendre au trésor, j'ai traversé, comme l'autre jour, plusieurs places où débouchent des rues montueuses, mais tirées au cordeau ; puis arrivé en vue de la forteresse, j'ai passé sous une voûte que mon domestique de place m'a forcé d'admirer en faisant arrêter ma voiture d'autorité, sans juger seulement nécessaire de me consulter, tant l'intérêt qui s'attache à ce lieu est chose reconnue!!... Cette voûte forme le dessous d'une tour d'un aspect bizarre, comme tout ce qu'on aperçoit aux approches du vieux quartier de Moscou.

Je n'ai point vu Constantinople, mais je crois qu'après cette ville, Moscou est de toutes les capitales de l'Europe celle dont l'aspect général est le plus frappant. C'est la Byzance de terre ferme. Dieu merci, les places de la vieille capitale ne sont pas immenses comme celles de Pétersbourg, où Saint-Pierre de Rome se perdrait. A Moscou, les monuments sont moins espacés, et dès lors ils produisent plus d'effet. Le despotisme des lignes droites et des plans symétriques s'est vu gêné ici par l'histoire et par la nature; Moscou est surtout pittoresque. Le ciel, sans y être pur, prend une teinte argentée et brillante; des modèles de tous les genres d'architecture sont entassés là sans ordre et sans plan; aucun monument n'est parfait, néanmoins l'ensemble vous saisit, non d'admiration, mais d'étonnement. Les inégalités du sol multiplient les points de vue. Les églises avec leurs coupoles, dont le nombre varie et dépasse souvent de beaucoup le chiffre sacramental commandé aux architectes par l'orthodoxie, font scintiller dans l'air leurs magiques auréoles. Une multitude de pyramides dorées et de clochers en forme de minarets dessinent sur l'azur des profils reluisants de soleil; un pavillon oriental, un dôme indien vous transportent à Delhi; un donjon, une tourelle vous ramènent en Europe au temps des croisades; la sentinelle qui veille sur la tour de garde vous représente le muezzin invitant les fidèles à la prière; enfin, pour achever de confondre vos idées, la croix qui brille partout, avertissant le peuple de se prosterner devant le Verbe, semble tombée là du ciel au milieu de l'assemblée des nations de l'Asie pour les guider toutes ensemble dans l'étroite voie du salut : c'est devant ce poétique tableau, sans doute, que madame de Staël s'est écriée : *Moscou est la Rome du Nord !*

Le mot manque de justesse, car sous aucun rapport on ne pourrait établir un parallèle entre ces deux villes. C'est à Ninive, à Palmyre, à Babylone qu'on pense lorsqu'on entre à Moscou, non aux chefs-d'œuvre de l'art dans l'Europe païenne, ou chrétienne; l'histoire, la religion de ce pays ne reportent pas davantage vers Rome l'esprit du voyageur. Rome est plus étrangère à Moscou que Pékin ; mais madame de Staël pensait à toute autre chose qu'à regarder la Russie lorsqu'elle a traversé ce pays pour aller en Suède et en Angleterre, faire la guerre du génie et des idées à l'ennemi de toute liberté de pensée, à Bonaparte. Elle se sera débarrassée en quelques paroles de sa tâche de grand esprit arrivant dans une contrée nouvelle. Le malheur des personnes célèbres qui voyagent, c'est qu'elles sont obligées de semer des mots derrière elles, et si elles s'obstinent à n'en pas dire, on leur en prête.

Je n'ai de confiance qu'aux relations des voyageurs inconnus ; vous direz que je prêche pour mon saint ; je ne m'en défends pas, mais du moins je profite de mon obscurité pour chercher et pour découvrir le vrai. Le bonheur de rectifier les préventions et les préjugés d'un esprit tel que le vôtre, et du petit nombre de ceux qui lui ressemblent, suffirait à ma gloire. Vous voyez que mon ambition est modeste ; car rien n'est plus facile à corriger que les erreurs des hommes distingués. Il me semble que s'il en est quelques-uns qui ne haïssent pas le despotisme autant que je le hais, ils le haïront malgré ses pompes, et grâce à ses œuvres, après avoir lu le tableau véridique que j'offre à votre méditation.

La massive tour au pied de laquelle mon domestique de place m'a fait descendre de voiture, est percée pittoresquement de deux arches, elle sépare les murs du Kremlin, proprement dits, de leur continuation, qui sert d'enceinte au Kitaigorod, ville des marchands, autre quartier du vieux Moscou, fondé par la mère du Czar Jean Vassilievitch, en 1534. Cette date nous paraît nouvelle, mais elle est antique pour la Russie, le plus jeune des pays de l'Europe.

Le Kitaigorod, espèce d'annexe du Kremlin, est un immense bazar, un quartier, une ville toute percée de ruelles sombres et voûtées, ce qui les fait ressembler à des souterrains : ces catacombes marchandes ne sont rien moins qu'un cimetière ; c'est une foire en permanence ; labyrinthe de galeries, ces voûtes ressemblent un peu aux passages de Paris, quoiqu'elles aient moins d'élégance et d'éclat, et plus de solidité. Ce système de construction est motivé, il est conforme aux besoins du commerce sous ce climat : dans le Nord les rues couvertes remédient autant que possible aux inconvénients et aux rigueurs du ciel, pourquoi donc y sont-elles si rares? Les vendeurs et les acheteurs s'y trouvent à l'abri du vent, de la neige, du froid, et des inondations du dégel; au contraire, les légères colonnades à jour, les portiques aériens font là un contre-sens risible : au lieu des Grecs et des Romains les architectes russes auraient dû prendre pour modèles les taupes et les fourmis.

A chaque pas que vous faites dans Moscou vous rencontrez quelque chapelle vénérée par le peuple, et saluée par tout le monde. Ces chapelles ou ces niches renferment ordinairement une image de la Vierge, conservée sous verre et honorée d'une lampe qui brûle sans cesse. Ces châsses sont gardées par un vieux soldat. Les vétérans servent en Russie de suisses aux grands seigneurs, et de domestiques au bon Dieu. On en rencontre toujours quelques-uns à l'entrée de l'habitation des personnes riches dont ils gardent l'antichambre, et dans les églises, qu'ils balayent. La vie d'un vieux soldat russe qui ne serait recueilli ni par les riches ni par les prêtres, serait bien misérable. La pitié cachée est inconnue à ce gouvernement, qui lorsqu'il fait la charité bâtit des palais aux malades ou aux enfants; et les façades de ces pieux monuments attirent tous les regards.

Entre la double arcade de la tour est incrustée dans le pilier qui sépare ces deux passages la Vierge de Vivielski, ancienne image peinte dans le style grec, et très-vénérée à Moscou.

J'ai remarqué que toutes les personnes qui passaient devant cette chapelle, seigneurs, paysans, grandes dames, bourgeois et militaires s'inclinaient et faisaient de nombreux signes de croix; plusieurs, sans se contenter de cet hommage facile, s'arrêtaient; des femmes bien habillées se prosternaient jusqu'à terre devant la Vierge miraculeuse, et même elles touchaient de leur front humilié le pavé de la rue : des hommes qui n'étaient pas de simples paysans, s'agenouillaient et faisaient des signes de croix répétés jusqu'à la lassitude : ces actes religieux s'accomplissent en pleine rue avec une rapidité insouciante qui dénote plus d'habitude que de ferveur.

Mon domestique de place est Italien ; rien de plus bouffon que le mélange de préjugés divers qui s'est opéré dans la tête de ce pauvre étranger, établi depuis un grand nombre d'années à Moscou, sa patrie adoptive ; ses idées d'enfance, apportées de

Rome, le disposent à croire à l'intervention des saints et de la Vierge, et sans se perdre dans des subtilités théologiques il prend pour bons, à défaut de mieux, les miracles des reliques et des images de l'Église grecque. Ce pauvre catholique devenu un adorateur zélé de la Vierge de Vivielski, me prouvait la toute-puissance de l'unanimité dans les croyances : cette unanimité, ne fût-elle qu'apparente, est d'un effet irrésistible. Il ne cessait de me répéter, avec sa loquacité italienne : « Signor, creda « à me : questa madonna fa dei miracoli, ma dei « miracoli veri, veri verissimi, non è come da noi « altri; in questo paese tutti gli miracoli sono veri. »

Cet Italien, apportant la vivacité naïve et la bonhomie des gens de son pays dans l'Empire du silence et de la réserve, m'amusait parfaitement, en même temps qu'il m'épouvantait; quelle terreur politique révèle cette foi à une religion étrangère !

Un bavard en Russie, c'est un phénomène; cette rareté est précieuse à rencontrer : elle manque à chaque instant au voyageur opprimé par le tact et la prudence de tous les naturels du pays. Pour engager cet homme à parler, ce qui n'était pas difficile, je me hasardai à lui témoigner quelques doutes sur l'authenticité des miracles de sa vierge de

Vivielski ; j'aurais nié l'autorité spirituelle du pape que mon Romain n'eût pas été plus scandalisé.

En voyant ce pauvre catholique s'évertuer à me prouver le pouvoir surnaturel d'une peinture grecque, je pensais que ce n'est plus la théologie qui sépare les deux Églises. L'histoire des nations chrétiennes nous enseigne que la politique des princes a profité de l'opiniâtreté, de la subtilité et de la dialectique des prêtres pour envenimer les disputes religieuses.

Au sortir de la voûte qui perce la tour au pilier de laquelle s'est nichée cette fameuse madone et sur une place de médiocre dimension, est un groupe en bronze, d'un très-mauvais style soi-disant classique. Je me crois dans un atelier de sculpture, au Louvre, sous l'Empire, chez un artiste du second ordre. Ce groupe représente, sous la figure de deux Romains, Minine et Pojarski, les libérateurs de la Russie dont ils ont chassé les Polonais au commencement du xviie siècle : singuliers héros pour porter le manteau romain!!... Ces deux personnages sont très à la mode aujourd'hui. Plus loin, que vois-je devant moi ? c'est la merveilleuse église de Vassili Blagennoï dont l'aspect m'avait tant frappé de loin que, depuis mon arrivée à Moscou, ce souvenir m'ôtait le repos. Le style de ce grotesque monument contraste d'une manière par trop bizarre avec les statues classiques des libérateurs de Moscou. Dans mes promenades, entreprises seul et au hasard, j'avais pénétré au Kremlin par des portes éloignées, de sorte que l'église à peau de serpent, autrement dite de la protection de la Vierge, monument vraiment russe, s'était toujours dérobée à mes investigations. Enfin la voilà devant moi, cette fois j'y entre, mais quel désenchantement!!.. une quantité de coupoles bulbeuses dont pas une n'est semblable à l'autre, un plat de fruits, un vase de fayence de Delft rempli d'ananas tout piqués de croix d'or, une cristallisation colossale : il n'y a pas là de quoi faire un monument d'architecture : celui-ci perd son prestige à n'être pas vu de loin. Cette église est petite comme toute église russe, à bien peu d'exceptions près; la flèche informe ne brille que de loin, et malgré l'incompréhensible bariolage de ses couleurs, elle n'intéresse pas longtemps l'observateur attentif : deux rampes assez belles conduisent à l'esplanade sur laquelle l'édifice est construit : de cette terrasse on entre dans l'intérieur qui est resserré, mesquin, sans caractère. Cette œuvre impatientante a causé la perte de l'homme qui l'accomplit. Elle fut commandée en mémoire de la prise de Kazan, l'année 1554, par Ivan IV dit poliment *le Terrible*[1]. Ce prince que vous allez reconnaître, voulant, sans démentir son caractère, remercier dignement l'architecte d'avoir embelli Moscou, fit crever les yeux à ce pauvre homme sous prétexte qu'il ne voulait pas que ce chef-d'œuvre pût être reproduit ailleurs.

Si ce malheureux n'eût pas réussi sans doute il eût été empalé : son succès a surpassé l'attente du grand prince, aussi n'a-t-il perdu que les yeux : alternative qui ne laisse pas que d'être encourageante pour les artistes.

En quittant l'Église de la protection nous avons passé sous la porte sainte du Kremlin ; et selon l'usage religieusement observé par les Russes, j'ai eu soin d'ôter mon chapeau avant d'entrer sous cette voûte qui n'est pas longue. Cet usage remonte à ce qu'on assure au temps de la dernière attaque des Calmoucks, qu'une intervention miraculeuse des saints protecteurs de l'Empire aurait empêchés de pénétrer dans la forteresse sacrée. Les saints ont

---

[1] Ceci est pris de Laveau. J'ai lu ailleurs que cette église avait été construite sous Vassili-le-Béni, auquel on attribuait le même trait d'inhumanité dont Laveau accuse Ivan IV.

eu leurs moments de distraction ; mais ce jour-là ils veillaient, le Kremlin fut sauvé, et la Russie reconnaissante perpétue, par une marque de respect à chaque instant renouvelée, le souvenir de la divine protection dont elle se glorifie.

Il y a dans ces manifestations publiques d'un sentiment religieux plus de philosophie pratique que dans l'incrédulité des peuples qui se disent les plus éclairés de la terre, parce qu'après avoir usé et abusé des forces de l'intelligence, blasés qu'ils sont sur le vrai et le simple, ils doutent du but de l'existence, ils doutent de tout et s'en vantent pour encourager les autres à les imiter, comme si leur perplexité était bien digne d'envie !..... Vous voyez, disent-ils, combien nous sommes à plaindre, imitez-nous donc !...... Les esprits forts sont des esprits morts qui répandent autour d'eux la torpeur dont ils sont atteints ; ces redoutables sages privent les nations de leurs mobiles d'activité sans pouvoir remplacer ce qu'ils détruisent, car l'avidité de la richesse et du plaisir n'inspire aux hommes qu'une agitation fébrile et passagère, comme leur courte vie, dont elle subit les phases. C'est le cours du sang plus que la lumière de la pensée qui guide les matérialistes dans leur marche indécise, et toujours contrariée par le doute, car la raison d'un homme de bonne foi, fût-il le premier de son pays, fût-il Gœthe, n'a pas encore atteint plus haut que le doute : or, le doute porte le cœur à la tolérance, mais il le détourne du sacrifice. Or, dans les arts, dans les sciences comme dans la politique, le sacrifice est la base de toute œuvre durable, de tout effort sublime. On n'en veut plus; on reproche au christianisme de prêcher l'abnégation : c'est blâmer la vertu. Les prêtres de Jésus-Christ ouvrent à la foule une route qui n'était connue et pratiquée que par les âmes d'élite!! Qui peut dire où vont les peuples guidés par de si dangereux instituteurs?

Je ne me blase pas sur l'effet du Kremlin vu du dehors; ses bâtiments bizarres, ses prodigieux remparts, la multitude d'ogives, de voûtes, de vedettes, de clochers, d'assommoirs, de créneaux qu'on découvre à chaque pas qu'on fait autour de ce fabuleux monument; les dimensions prodigieuses de toutes ces choses, l'entassement de leurs masses, les déchirures des murailles, produisent sur mon imagination une impression toujours nouvelle. Les murs extérieurs inégalement dessinés, montant et descendant pour suivre les profondes et abruptes sinuosités des coteaux et des vallons, tant d'étages d'édifices d'un style étrange, portés les uns sur les autres, composent une décoration des plus originales et des plus poétiques qu'il y ait au monde; encore une fois, ce n'est pas à moi de vous montrer ces merveilles; les paroles me manquent pour en décrire l'effet : ce sont de ces choses dont les yeux seuls sont juges.

Mais comment vous peindre ma surprise lorsqu'en entrant dans l'intérieur de cette ville magique, je m'approchai du bâtiment moderne qu'on nomme le Trésor et que je vis devant moi un petit palais aux angles aigus, aux lignes roides, aux frontons grecs ornés de colonnes corinthiennes? Cette froide et mesquine imitation de l'antique à laquelle j'aurais dû être préparé, me parut si ridicule que je reculai de quelques pas, et que je demandai à mon compagnon la permission de retarder notre visite au Trésor sous prétexte d'aller admirer d'abord quelques églises. Depuis le temps que je suis en Russie, je devrais être fait à tout ce que le mauvais goût des architectes impériaux peut inventer de plus incohérent, mais cette fois la dissonance était trop criante, elle me frappa comme une nouveauté.

Nous avons donc commencé notre revue par une visite à la cathédrale de l'Assomption. Cette église possède une des innombrables peintures de la Vierge Marie que les bons chrétiens de tous les pays attribuent à l'apôtre saint Luc. L'édifice rappelle les constructions saxonnes et normandes plutôt que nos églises gothiques. Il est l'œuvre d'un architecte italien du xv*e* siècle ; cet artiste fut appelé à Moscou par un des grands princes parce que les Russes d'alors ne pouvaient se passer du secours des étrangers pour bâtir. Cette église avait croulé plusieurs fois sur les ignorants ouvriers employés à la construire par de plus ignorants architectes ; enfin après deux années d'essais infructueux tentés par des artistes moscovites, on eut recours aux Italiens ; celui qui fut appelé à Moscou n'a servi qu'à rendre l'œuvre solide ; pour le style des ornements, il s'est soumis au goût du pays. Les voûtes sont élevées, les murs épais et l'ensemble de l'édifice est confus, sans grandeur, ni clarté, ni beauté.

J'ignore la règle prescrite par l'Église grecque-russe relativement au culte des images ; mais en voyant cette église entièrement ornée de peintures à fresque, de mauvais goût, et dessinées dans le style roide et monotone qu'on appelle le style grec moderne, parce que les modèles en étaient à Byzance, je me demande quelles sont donc les figures, quels sont donc les sujets qu'il est défendu de représenter dans les églises russes? apparemment on ne bannit de ces pieux asiles que les bons tableaux.

En passant devant la Vierge de saint Luc, mon cicerone italien m'a bien assuré qu'elle est authentique; il ajoutait avec la foi d'un mugic : « Signore, signore, è il paese dei miracoli.... » « C'est le pays des miracles !... » Je le crois bien, la peur est le premier des thaumaturges ! Quel curieux voyage que celui qui vous reporte en quinze jours à l'Europe d'il y a quatre cents ans ! Et encore, chez nous, au moyen âge, l'homme sentait mieux sa dignité qu'il ne la sent aujourd'hui en Russie. Des princes aussi rusés, aussi faux que les héros russes du Kremlin n'auraient jamais été surnommés grands chez nous.

L'ichonostase de cette cathédrale est magnifiquement peint et doré depuis le pavé de l'église jusqu'au plus haut des voûtes. L'ichonostase est une cloison, un panneau élevé dans les églises grecques, entre le sanctuaire toujours caché par des portes et la nef de l'église, où se tiennent les fidèles; cette séparation monte ici jusqu'au faîte de l'édifice : elle est décorée magnifiquement. L'église à peu près carrée, très-haute, est si petite qu'en la parcourant, on croit marcher en long et en large dans le fond d'un cachot.

Cette cathédrale renferme les tombeaux de beaucoup de patriarches; il s'y trouve aussi des châsses très-riches et des reliques fameuses apportées de l'Asie; vu en détail, le monument n'est rien moins que beau; mais dans son ensemble, il a quelque chose d'imposant. A défaut d'admiration, on y est saisi de tristesse : c'est beaucoup; la tristesse dispose l'âme aux sentiments religieux : à qui recourir quand on souffre? Mais dans les grands monuments élevés par l'Église catholique, il y a plus que la tristesse chrétienne, il y a le chant de triomphe de la foi victorieuse.

La sacristie renferme des curiosités qu'il serait trop ennuyeux de vous décrire ici : n'attendez pas de moi une liste des richesses de Moscou, pas plus qu'un catalogue de ses monuments. Tout cela est curieux à voir en masse, mais insipide à peindre en détail. Je vous dis ce qui me frappe; pour le reste, je vous renvoie à Laveau et à Schnitzler, et surtout à nos successeurs qui feront mieux que moi. De nouveaux voyageurs ne peuvent tarder à explorer la Russie, car ce pays ne saurait rester longtemps aussi mal connu qu'il l'est.

Le clocher de Jean-le-Grand, Ivan Velikoï, est renfermé dans l'enceinte du Kremlin. C'est l'édifice le plus élevé de la ville; sa coupole, selon l'usage russe, est dorée en or de ducats. Nous avons passé devant cette riche tour de bizarre construction, et qui fait l'objet de la vénération des paysans moscovites. Tout est saint à Moscou, tant il y a de puissance de respect dans le cœur du peuple russe!

On m'a montré en passant l'église de Spassna-borou (du Sauveur dans les bois), la plus ancienne de Moscou; puis une cloche dont il manque un morceau, la plus grosse cloche du monde, à ce que je crois, qui est posée à terre et qui fait coupole à elle toute seule; cette cloche fut refondue, dit-on, après un incendie qui l'avait fait tomber, sous le règne de l'Impératrice Anne. M. de Montferrand, l'architecte français qui bâtit en ce moment l'église de Saint-Isaac, à Saint-Pétersbourg, est parvenu à tirer cette cloche du terrain où elle s'était à demi enfoncée. Le succès de cette opération, qui a exigé plusieurs essais et coûté beaucoup d'argent, a fait honneur à notre compatriote.

Nous avons encore visité deux couvents, toujours dans l'enceinte du Kremlin, celui des Miracles qui renferme deux églises avec des reliques de saints, et le couvent de l'Ascension où se trouvent les tombeaux de plusieurs Czarines, entre autres celui d'Hélène, la mère de Jean-le-Terrible ; elle était digne de lui; impitoyable comme son fils, elle n'avait que de l'esprit; quelques-unes des épouses de ce prince sont également enterrées là. Les églises du couvent de l'Ascension étonnent les étrangers par leur richesse.

Enfin j'ai pris sur moi d'affronter les pérystiles grecs, les colonnades corinthiennes du Trésor, et bravant, les yeux fermés, ces dragons du mauvais goût, je suis monté dans l'arsenal glorieux où se trouvent rangés comme dans un cabinet de curiosités les monuments historiques les plus intéressants de la Russie.

Quelle collection d'armures, de vases, et de bijoux nationaux! quelle profusion de couronnes et de trônes réunis dans une seule enceinte ! La manière dont ces objets sont rangés ajoute à l'impression qu'ils produisent. On ne peut s'empêcher d'admirer le goût de décoration, et plus que cela l'intelligence politique, qui ont présidé à la disposition tant soit peu orgueilleuse de tant d'insignes et de trophées ; mais l'orgueil patriotique est le plus légitime de tous les orgueils. On pardonne à la passion qui aide à remplir tant de devoirs. Il y a là une idée profonde dont les choses ne sont que le symbole.

Les couronnes sont posées sur des coussins portés par des piédestaux, et les trônes rangés près des murs sont exhaussés sur autant d'estrades. Il ne manque à cette évocation du passé que la présence des hommes pour qui toutes ces choses furent faites. Leur absence vaut un sermon sur la vanité des choses humaines. Le Kremlin sans ses Czars : c'est un théâtre sans lumière et sans acteurs.

La plus respectable, sinon la plus imposante des couronnes, est celle de Monomaque ; elle lui fut apportée de Byzance à Kiew en 1116.

Une autre couronne est également attribuée à Monomaque, quoique plusieurs la regardent comme plus ancienne encore que le règne de ce prince.

Viennent ensuite couronnes sur couronnes, mais qui toutes sont subordonnées à la couronne Impériale. On compte dans cette constellation royale les couronnes des royaumes de Kazan, d'Astrakan, de Géorgie : la vue de ces satellites de la royauté maintenus à une distance respectueuse de l'étoile qui les domine tous est singulièrement imposante : tout fait emblème en Russie, c'est un pays poétique..... poétique comme la douleur ! quoi de plus éloquent que les larmes qui coulent en dedans et retombent sur le cœur ? La couronne de Sibérie se trouve parmi tant d'autres couronnes; celle-ci est de fabrique russe, c'est un insigne imaginaire qui fut déposé là comme pour mentionner un grand fait historique accompli par des aventuriers commerçants et guerriers sous le règne d'Ivan IV, époque d'où date non la découverte, mais la conquête de la Sibérie. Toutes ces couronnes sont couvertes des pierres les plus précieuses et les plus énormes du monde. Les entrailles de cette terre de désolation se sont ouvertes pour fournir un aliment à l'orgueil du despotisme dont elle est l'asile.

Le trône et la couronne de Pologne font partie de ce superbe firmament impérial et royal.... Tant de joyaux renfermés dans un petit espace brillaient à mes regards comme la roue d'un paon. Quelle vanité sanglante ! me répétais-je tout bas à chaque nouvelle merveille devant laquelle mes guides me forçaient de m'arrêter.......

Les couronnes de Pierre Ier, de Catherine Ire et d'Élisabeth m'ont surtout frappé : que d'or, de diamants.... et de poussière !!! Les globes Impériaux, les trônes, les sceptres, tout est réuni là pour attester la grandeur des choses, le néant des hommes, et quand on pense que ce néant s'étend jusqu'aux empires, on ne sait plus à quelle branche s'accrocher sur le torrent du temps.

Comment s'attacher à un monde où la forme est la vie et où nulle forme ne dure ? Si Dieu n'eût pas fait un paradis il se serait trouvé des âmes d'une trempe assez forte pour remplir cette lacune de la création...... La pensée platonique d'un monde immuable et purement spirituel, type idéal de tous les univers, équivaut pour moi à l'existence même d'un tel monde. Comment pourrions-nous croire que Dieu fût moins fécond, moins riche, moins puissant et moins équitable que le cerveau de l'homme ? Notre imagination dépasserait les bornes de l'œuvre du Créateur, de qui nous tenons la pensée. Ah !... c'est impossible.... cela implique contradiction. On a dit que c'est l'homme qui crée Dieu à son image : oui, comme un enfant fait la guerre avec des soldats de plomb; mais ce jeu ne suffit-il pas pour servir de preuve à l'histoire? Sans Turenne, sans Frédéric II et Napoléon, nos enfants s'amuseraient-ils à figurer des batailles?

Les vases ciselés à la manière de Benvenuto Cellini, les coupes ornées de pierreries, les armes, les armures, les étoffes précieuses, les broderies rares, les verreries de tous les pays et de tous les siècles abondent dans cette merveilleuse collection, dont un vrai curieux ne terminerait pas l'inventaire en une semaine. J'ai vu là, outre les trônes ou fauteuils de tous les princes russes de tous les siècles, les caparaçons de leurs chevaux, leurs vêtements, leurs meubles; et ces choses plus ou moins riches, plus ou moins rares éblouissaient mes yeux. Je vous fais penser aux palais des *Mille et une Nuits*, tant mieux, je n'ai plus que ce moyen de vous décrire un séjour fabuleux, si ce n'est enchanté.

Mais ici l'intérêt de l'histoire ajoute encore à l'effet de tant de merveilles : combien de faits curieux ne sont-ils pas enregistrés là pittoresquement, et attestés par de vénérables reliques!... Depuis le casque ouvragé de saint Alexandre Newski jusqu'au brancard qui portait Charles XII à Pultawa, chaque objet vous rappelle un souvenir intéressant, un fait singulier. Ce trésor est le véritable album des géants du Kremlin.

En terminant l'examen de ces orgueilleuses dépouilles du temps, je me suis rappelé, comme par inspiration, un passage de Montaigne que je vous copie, pour compléter par un contraste curieux cette description des magnificences du trésor moscovite. Vous savez que je ne voyage jamais sans Montaigne :

« Le duc de Moscovie debvoit anciennement
« cette révérence aux Tartares quand ils envoyoient
« vers lui des ambassadeurs qu'il leur alloit au-de-
« vant à pied et leur présentoit un gobeau de laict
« de jument (breuvage qui leur est en délices) et
« si, en buvant, quelque goutte en tomboit sur le
« crin de leurs chevaulx il estoit tenu de la leicher
« avec la langue [1].

« En Russie, l'armée que l'Empereur Bajazet
« y avoit envoyée feut accablée d'un si horrible

---

[1] *Voyez* la Chronique de Moscovie, par P. Petrius suédois, imprimée en allemand, à Leipsick, en 1620, in-4, part. II, p. 159. Cette espèce d'esclavage commença vers le milieu du xiii° siècle et dura près de deux cent soixante ans. Note par Coste. *Essais de Montaigne*, livre Ier, chap. 48 des Destriès, p. 14 de l'édition de Paris, Firmin Didot frères, 1836, en un seul volume.

(*Note de l'Éditeur de Montaigne.*)

« ravage de neige que pour s'en mettre à couvert
« et sauver du froid plusieurs s'avisèrent de tuer
« et esventrer leurs chevaulx pour se jecter dedans
« et jouir de la chaleur vitale. »

Je cite ce dernier trait parce qu'il rappelle l'admirable et terrible description que M. de Ségur fait du champ de bataille de la Moskowa, dans son *Histoire de la campagne de Russie*. Voyez aussi pour confirmer la citation de Montaigne, le même trait de servilité, rapporté par le même M. de Ségur dans son *Histoire de Russie et de Pierre-le-Grand*.

L'Empereur de toutes les Russies, avec tous ses trônes, avec toutes ses fiertés, n'est cependant que le successeur de ces mêmes grands-ducs que nous voyons si humiliés au XVIe siècle; encore ne leur a-t-il succédé que par des droits contestables; car sans parler de l'élection des Troubetzkoï, annulée par les intrigues de la famille Romanow et de ses amis, les crimes de plusieurs générations de princes ont seuls pu faire arriver au trône les enfants de Catherine II. Ce n'est donc pas sans motif qu'on cache l'histoire de Russie aux Russes, et qu'on voudrait la cacher au monde. Certes, la rigidité des principes politiques d'un prince assis sur un trône ainsi fondé n'est pas une des moindres singularités de l'histoire de ce temps-ci.

A l'époque où les grands-ducs de Moscou portaient à genoux le joug honteux qui leur était imposé par les Mongols, l'esprit chevaleresque florissait en Europe, surtout en Espagne où le sang coulait par torrents pour l'honneur et l'indépendance de la chrétienté. Je ne crois pas que malgré la barbarie du moyen âge, on eût trouvé dans l'Europe occidentale un seul Roi capable de déshonorer la souveraineté en consentant à régner d'après les conditions imposées aux grands-ducs de Moscovie aux XIIIe, XIVe et XVe siècles par leurs maîtres les Tatars. Plutôt perdre la couronne que d'avilir la majesté royale : voilà ce qu'eût dit un prince français, espagnol, ou tout autre Roi de la vieille Europe. Mais en Russie la gloire est de fraîche date comme tout le reste. Le temps qu'a duré l'invasion a divisé l'histoire de ce pays en deux époques distinctes; l'histoire des Slaves indépendants et l'histoire des Russes façonnés à la tyrannie par trois siècles d'esclavage. Et ces deux peuples n'ont à vrai dire de commun que le nom avec les anciennes tribus réunies en corps de nation par les Varègues.

Au rez-de-chaussée du palais du Trésor, on m'a

montré les voitures de parade des Empereurs et des Impératrices de Russie ; le vieux carrosse du dernier patriarche se trouve aussi parmi cette collection, plusieurs des glaces de ce coche sont en corne ; c'est une vraie relique, et ce n'est pas l'un des objets les moins curieux de l'orgueilleux garde-meuble historique du Kremlin.

On m'a fait voir le petit palais qu'habite l'Empereur lorsque ce prince vient au Kremlin, et je n'y ai trouvé rien qui me parût digne de remarque, si ce n'est un tableau de la dernière élection d'un roi de Pologne. Cette turbulente diète, qui mit Poniatowski sur le trône et la Pologne sous le joug, a été curieusement représentée par un peintre français dont je n'ai pu savoir le nom.

D'autres merveilles m'attendaient ailleurs : j'ai visité le sénat, les palais Impériaux, l'ancien palais du patriarche, qui n'ont d'intéressant que leurs noms ; et enfin le petit palais anguleux qui est un bijou et un joujou ; cette construction rappelle un peu les chefs-d'œuvre de l'architecture mauresque, elle brille par son élégance au milieu des lourdes masses qui l'environnent : on dirait d'une escarboucle enchâssée dans des pierres de taille ; ce palais est à plusieurs étages dont les inférieurs sont plus vastes que ceux qu'ils supportent : ce qui multiplie les terrasses et donne à l'édifice entier une forme pyramidale d'un effet très-pittoresque. Chaque étage s'élève en retraite sur l'étage inférieur, et le dernier, qui forme la pointe de la pyramide, n'est qu'un petit pavillon. A chacun de ces étages, des carreaux de faïence vernissés à la manière des Arabes, dessinent les lignes d'architecture avec beaucoup de goût et de précision; l'intérieur vient d'être remeublé, vitré, colorié, restauré en entier non sans intelligence.

Vous dire le contraste produit par tant d'édifices divers entassés sur un seul point qui fait le centre d'une ville immense; et au milieu de cette confusion vous peindre l'effet de ce petit palais nouvellement reconstruit, mais dont les ornements sont d'un style ancien approchant du gothique et mélangé d'arabe, c'est impossible : ici des temples grecs, là des forts gothiques, plus loin des tours indiennes, des pavillons chinois, le tout bizarrement enchâssé dans une enceinte fermée par des murailles cyclopéennes : voilà ce qu'il faudrait vous montrer d'un mot comme on l'aperçoit d'un coup d'œil.

Les paroles ne peignent les objets que par les

souvenirs qu'elles rappellent : or, aucun de vos souvenirs ne peut vous servir à vous figurer le Kremlin. Il faut être Russe pour comprendre une pareille architecture.

L'étage inférieur de ce petit chef-d'œuvre est presque entièrement occupé par une voûte énorme portée sur un seul pilier qui fait le milieu de la pièce. C'est la salle du trône, les Empereurs s'y rendent au sortir de l'église après leur couronnement. Là, tout rappelle les magnificences des anciens Czars et l'imagination est forcée de se reporter aux règnes des Ivan, des Alexis : c'est vraiment moscovite. Les peintures toutes nouvelles qui recouvrent les murs de ce palais m'ont paru d'assez bon goût : l'ensemble rappelle les dessins que j'ai vus de la tour de porcelaine à Pékin.

Ce groupe de monuments fait du Kremlin une des décorations les plus théâtrales du monde : mais aucun des édifices entassés l'un sur l'autre dans ce forum russe ne supporterait l'examen, pas plus que ceux qui se trouvent dispersés dans le reste de la ville. A la première vue, Moscou produit un effet prodigieux ; ce serait la plus belle des villes pour un porteur de dépêches qui passerait au galop le long des murs de toutes ses églises, de ses couvents, de ses palais et de ses châteaux forts, constructions qui sont loin d'être d'un goût pur, mais qu'au premier coup d'œil on prend pour le séjour d'êtres surnaturels.

Malheureusement, on bâtit aujourd'hui au Kremlin un nouveau palais, afin de rendre plus commode l'ancienne habitation de l'Empereur; mais s'est-on demandé si cette amélioration impie ne gâtera pas l'ensemble, unique au monde, des anciens édifices de la forteresse sainte? L'habitation actuelle du souverain est mesquine, j'en conviens, mais pour remédier à cet inconvénient on entame les édifices les plus respectables du vieux sanctuaire national : c'est une profanation. A la place de l'Empereur j'aurais suspendu mon nouveau palais dans les airs plutôt que d'abattre une pierre des vieux remparts du Kremlin.

Un jour à Saint-Pétersbourg lorsqu'il me parla de ces travaux, ce prince me dit qu'ils embelliraient Moscou : j'en doute, pensais-je : c'est comme si l'on voulait orner l'histoire. Certes l'architecture de l'ancienne forteresse n'était guère conforme aux règles de l'art : mais elle était l'expression des mœurs, des actes et des idées d'un peuple et d'un temps que le monde ne reverra plus; c'était sacré, comme l'irrévocable. Il y avait là le sceau d'une puissance supérieure à l'homme : la puissance du temps. Mais en Russie l'autorité touche à tout. L'Empereur qui sans doute vit sur ma figure une expression de regret, me quitta en m'assurant que son nouveau palais serait beaucoup plus vaste et plus conforme aux besoins de sa cour que ne l'était l'ancien. Cette raison répond à tout dans un pays comme celui-ci.

En attendant que la cour soit mieux logée, on englobe dans l'enceinte du nouveau palais la petite église du Sauveur dans les bois. Ce vénérable sanctuaire, le plus ancien du Kremlin et de Moscou, je crois, va donc disparaître sous les belles murailles unies et blanches dont on l'entourera, au grand regret des amateurs d'antiquités et de points de vue pittoresques.

Au surplus, cette profanation se commet avec un respect dérisoire qui me la rend plus odieuse : on se vante de laisser debout le vieux monument : c'est-à-dire qu'il ne sera pas rasé, mais qu'il sera enterré vif dans un palais. Tel est le moyen employé ici pour concilier le culte officiel du passé avec la passion du comfort nouvellement importée d'Angleterre. Cette manière d'embellir la ville nationale des Russes est tout à fait digne de Pierre-le-Grand. Ne suffisait-il pas que le fondateur de la nouvelle capitale eût abandonné l'ancienne ? Voilà que ses successeurs la démolissent sous prétexte de l'orner.

L'Empereur Nicolas pouvait acquérir une gloire personnelle ; au lieu de se traîner sur la route tracée par un autre, il n'avait qu'à quitter le palais d'hiver brûlé à Pétersbourg, et revenir fixer à jamais la résidence Impériale dans le Kremlin tel qu'il est ; puis, pour les besoins de sa maison, pour les grandes fêtes de la cour, il eût bâti hors de l'enceinte sacrée tous les palais qu'il aurait cru nécessaires. Par ce retour il eût réparé la faute du Czar Pierre, qui, au lieu d'entraîner ses boyards dans la salle de spectacle qu'il leur bâtissait sur la Baltique, eût pu et dû les civiliser chez eux, en profitant des admirables éléments que la nature avait mis à leur portée et à sa disposition ; éléments qu'il a méconnus avec un dédain, avec une légèreté d'esprit indignes d'un homme supérieur comme il l'était sous certains rapports. Aussi, à chaque pas que l'étranger fait sur la route de Pétersbourg à Moscou, la Russie, avec son territoire sans bornes, avec ses immenses ressources agricoles, grandit dans son esprit autant que Pierre-le-Grand rapetisse. Monomaque, au xiᵉ siècle, était un prince vraiment russe; Pierre Iᵉʳ, au xviiiᵉ, grâce à sa fausse méthode de perfectionnement, n'est qu'un tributaire de l'étranger, un singe des Hollandais, un imitateur de la civilisation qu'il copie avec la minutie d'un sauvage.

Si je voyais jamais le trône de Russie majestueusement replacé sur sa véritable base, au centre de l'Empire russe, à Moscou; si Saint-Pétersbourg, laissant ses plâtres et ses dorures retomber en poussière dans le marais ruineux où on les apporta, redevenait ce qu'il aurait dû être toujours, un simple port de guerre en granit, un magnifique entrepôt de commerce entre la Russie et l'Occident, tandis que, d'un autre côté, Kazan et Nijni serviraient d'échelles entre la Russie et l'Orient; je dirais : la nation slave, triomphant par un juste orgueil de la vanité de ses guides, vit enfin de sa propre vie, elle mérite d'atteindre au but de son ambition; Constantinople l'attend : là les arts et la richesse récompenseront naturellement les efforts d'un peuple appelé à devenir d'autant plus grand, plus glorieux, qu'il fut plus longtemps obscur et résigné.

Se figure-t-on la majesté d'une capitale assise au centre d'une plaine de plusieurs milliers de lieues; d'une plaine qui va de la Perse à la Laponie, d'Astrakan et de la mer Caspienne jusqu'à l'Oural, et à la mer Blanche avec son port d'Archangel? puis en redescendant vers les contrées plus naturellement habitables, elle borde la mer Baltique où se trouvent Saint-Pétersbourg et Kronstadt, les deux arsenaux de Moscou; enfin elle s'étend vers l'ouest et le sud, depuis la Vistule jusqu'au Bosphore; là les Russes sont attendus ; Constantinople sert de porte de communication entre Moscou, la ville sainte des Russes, et le monde!!... Certes, la majesté de cette ville Impériale avec toutes ses succursales situées vers les quatre points du ciel, serait imposante entre toutes les puissances de ce monde et justifierait le superbe emblème des couronnes du trésor gardé au Kremlin.

L'Empereur Nicolas, malgré son grand sens pratique et sa profonde sagacité, n'a pas discerné le meilleur moyen d'atteindre un tel but : il vient de temps en temps se promener au Kremlin; ce n'est pas suffisant; il aurait dû reconnaître la nécessité de s'y fixer; s'il l'a reconnue, il n'a pas eu la force de se résigner à un tel sacrifice : c'est une faute. Sous Alexandre, les Russes ont brûlé Moscou pour sauver l'Empire; sous Nicolas, Dieu a brûlé le palais de Pétersbourg pour avancer les destinées de la Russie : et Nicolas n'a pas répondu à l'appel de la Providence. La Russie attend encore!... Au lieu de s'enraciner comme un cèdre dans le seul terrain qui lui soit propre, il remue, il bouleverse ce sol pour y bâtir des écuries et un palais. Il veut, dit-il, se loger plus commodément pendant ses voyages, et dans cet intérêt misérable, il oublie que chaque pierre de la forteresse nationale est un objet de vénération pour les vrais Moscovites, ou du moins, qu'elle devrait l'être. Ce n'était pas à lui, souverain superstitieusement obéi de son peuple, d'ébranler par un sacrilége le respect des Moscovites pour le seul monument vraiment national qu'ils possèdent. Le Kremlin est l'œuvre du génie russe; mais cette merveille irrégulière, pittoresque, l'orgueil de tant de siècles, va subir enfin le joug de l'art moderne; c'est encore le goût de Catherine II qui règne sur la Russie.

Cette femme qui, malgré l'étendue de son esprit, ne connaissait rien aux arts ni à la poésie, non contente d'avoir couvert l'Empire de monuments informes, copiés d'après les chefs-d'œuvre de l'antiquité, a laissé un plan pour rendre plus régulière la façade du Kremlin; et voilà que son petit-fils exécute en partie ce projet monstrueux : des surfaces planes et blanches, des lignes roides, des angles droits remplacent les pleins et les vides où se jouaient les ombres et la lumière; les terrasses, les escaliers extérieurs, les rampes, les admirables saillies et les renfoncements, sources de contrastes et de surprises qui plaisaient à l'œil et faisaient rêver l'esprit : ces murailles peintes, ces façades incrustées de tuiles mauresques, ces palais de faïence de Delft dont l'aspect parlait à l'imagination, vont disparaître. Qu'on les démolisse, qu'on les enterre ou qu'on les regratte, peu importe, ils feront place à de belles murailles bien lisses, à de belles baies de fenêtres bien carrées et à de grandes portes cérémonieuses;...... non, Pierre-le-Grand n'est pas mort; des Asiatiques enrégimentés sous leur chef, voyageur comme lui, comme lui imitateur de l'Europe, qu'il continue de copier tout en affectant de la dédaigner, poursuivent leur œuvre de barbarie, soi-disant de civilisation, trompés qu'ils sont par la parole d'un maître qui a pris pour devise l'uniformité et pour emblème l'uniforme.

Il n'y a donc pas d'artistes en Russie; il n'y a pas d'architectes : tout ce qui conserve quelque sentiment du beau devrait se jeter aux pieds de l'Empereur et lui demander la grâce de son Kremlin. Ce que l'ennemi n'a pu faire l'Empereur l'accomplit : il détruit les saints remparts dont les mines de Bonaparte ont à peine fait sauter un coin.

Et moi qui suis venu au Kremlin pour voir gâter cette merveille historique, j'assiste à l'œuvre impie sans oser jeter un seul cri de douleur, sans demander au nom de l'histoire, au nom des arts et du goût le salut des vieux monuments condamnés à disparaître sous les conceptions avortées de l'architecture moderne. Je proteste, mais tout bas contre ce crime de lèse-nationalité, de lèse-bon goût, contre ce mépris de l'histoire ; et si quelques hommes des plus spirituels et des plus savants qu'il y ait ici osent m'écouter, voici ce qu'ils m'osent répondre : « L'Empereur, disent-ils imperturbablement, veut que sa nouvelle résidence soit plus *convenable* que ne l'était l'ancienne ; de quoi vous plaignez-vous ? » (convenable est le mot sacramentel du despotisme russe.) « Il a ordonné qu'elle fût rebâtie à la place même du palais de ses ancêtres ? il n'y aura rien de changé. »

Et voilà le courage que la peur donne aux esprits les plus distingués : le courage de l'absurde !! Je suis prudent et ne réplique rien, parce que je suis étranger et partant plus indifférent que ne le doit être un homme du pays. Mais moi Russe, je défendrais pierre à pierre les vieux murs, les tours magiques de la forteresse des Ivan et je préférerais le cachot sous la Néva, ou l'exil, à la honte de rester muet complice de ce vandalisme Impérial!!........ Le martyr du bon goût aurait encore une place honorable au-dessous des martyrs de la foi : les arts sont une religion, et de nos jours ce n'est pas la moins puissante ni la moins révérée.

La vue qu'on a du haut de la terrasse du Kremlin est magnifique : c'est surtout le soir qu'il faut l'admirer; je viens de retourner seul au pied du clocher de Jean-le-Grand, la tour Velikoï, la plus élevée du Kremlin, et je crois de Moscou ; de là j'ai vu coucher le soleil, et j'y reviendrai souvent, car rien ne m'intéresse à Moscou comme le Kremlin.

Les plantations nouvelles dont depuis quelques années on a entouré la plus grande partie de ses remparts sont un ornement de fort bon goût. Elles embellissent la ville marchande, ville toute moderne et en même temps elles encadrent l'Alcazar des vieux Russes. Les arbres ajoutent à l'effet pittoresque des murailles anciennes. Il y a de vastes espaces dans l'épaisseur des murs de ce château fabuleux; on y voit des escaliers dont la hardiesse et la hauteur font rêver; on y suit de l'œil tout une population de morts qu'on ressuscite en esprit, et qui descendent des pentes douces, qui parcourent des terre-pleins, qui s'appuient sur des balustrades, au sommet de leurs vieilles tours, lesquelles sont portées sur des voûtes étonnantes d'audace et de solidité; de là elles jettent sur le monde le regard froid et dédaigneux de la mort : plus je contemple ces masses inégales et d'une variété de forme infinie, et plus j'en admire l'architecture biblique et les poétiques habitants.

Quand le soleil disparaît derrière les arbres du jardin, ses rayons éclairent encore le sommet des tourelles du palais et des églises, qui brillent dans l'azur foncé du ciel, avec tous leurs clochers : c'est un tableau magique.

Il y a au milieu de la promenade qui fait extérieurement le tour des remparts une voûte que je vous ai déjà décrite, mais qui vient de m'étonner comme si je l'eusse aperçue pour la première fois, c'est un souterrain monstre. Vous quittez une ville au sol inégal, une ville toute hérissée de tours qui s'élèvent jusqu'aux nues, vous vous enfoncez sous un chemin couvert et sombre; vous montez dans ce souterrain obscur dont la pente est longue et rapide : parvenu au sommet, vous vous retrouvez sous le ciel et vous planez au-dessus d'une autre partie de la ville jusque-là inaperçue qui se confond avec la poussière animée des promenades et s'étend sous vos pieds au bord d'une rivière à demi desséchée par l'été, la Moskowa; quand les derniers rayons du soleil sont près de s'éteindre, on voit le reste d'eau oublié dans le lit de ce fleuve se colorer d'une teinte de feu. Figurez-vous ce miroir naturel encadré dans de gracieuses collines dont les masses sont rejetées aux extrémités du paysage comme la bordure d'un tableau : c'est imposant! Plusieurs de ces monuments lointains, entr'autres l'hospice des enfants trouvés, sont grands comme une ville, ce sont des établissements de charité, des écoles, des fondations pieuses. Figurez-vous la Moskowa avec son pont de pierre, figurez-vous les vieux couvents avec leurs innombrables coupoles, avec leurs petits dômes métalliques qui représentent au-dessus de la ville sainte des colosses de prêtres perpétuellement en prière, représentez-vous le tintement adouci des cloches dont le son est particulièrement harmonieux en ce pays, murmure pieux qui s'accorde avec le mouvement d'une foule calme, et cependant nombreuse, continuellement animée, mais jamais agitée par le passage silencieux et rapide des chevaux et des voitures dont le nombre est grand à Moscou comme à Pétersbourg ; et vous aurez l'idée d'un soleil couchant dans la poussière de cette vieille cité. Toutes ces choses font que, chaque soir d'été, Moscou devient une ville unique au monde : ce n'est ni l'Europe ni l'Asie : c'est la Russie, et c'en est le cœur.

Au delà des sinuosités de la Moskowa, au-dessus des toits enluminés et de la poussière pailletée de la ville, on découvre la montagne des Moineaux. C'est du haut de cette côte que nos soldats aperçurent Moscou pour la première fois.....

Quel souvenir pour un Français!! En parcourant de l'œil tous les quartiers de cette grande ville, j'y cherchais en vain quelques traces de l'incendie qui réveilla l'Europe et détrôna Bonaparte. De conquérant, de dominateur qu'il était en entrant à Moscou, il est sorti de la ville sainte des Russes, fugitif et désormais condamné à douter de la fortune dont il croyait l'inconstance vaincue.

Le mot cité par l'abbé de Pradt, et pourtant avéré, donne ce me semble la mesure de ce qui peut entrer de cruauté dans l'ambition désordonnée d'un soldat : « *Du sublime au ridicule il n'y a qu'un pas,* » s'écriait à Varsovie le héros sans armée. Eh quoi ! dans ce moment solennel, il ne pensait qu'à la figure qu'il allait faire dans un article de journal !.... Certes, les cadavres de tant d'hommes qui périssaient pour lui n'étaient rien moins que ridicules ! la colossale vanité de l'empereur Napoléon pouvait seule être frappée du côté moquable de ce désastre qui fera trembler les nations jusqu'à la fin des siècles et dont le seul souvenir rend depuis trente ans la guerre impossible en Europe. S'occuper de soi dans un moment si solennel, c'est pousser la personnalité jusqu'au crime. Le mot cité par l'archevêque de Malines est le cri du cœur de l'égoïste, un instant maître du monde, mais qui n'a pu l'être de soi. Ce trait d'inhumanité, dans un pareil moment, sera noté par l'histoire lorsqu'elle aura pris le temps de devenir équitable.

J'aurais voulu pouvoir relever devant moi la décoration de cette scène d'épopée, le plus étonnant événement des temps modernes : mais tous s'efforcent ici de faire oublier les grandes choses : un peuple esclave a peur de son propre héroïsme, et dans cette nation d'hommes naturellement et nécessairement discrets et prudents, chacun s'efface pour lutter d'insignifiance et d'obscurité. On n'aspire qu'à disparaître, on s'annule à l'envi et l'on jette les nobles actions, les hauts faits à la tête de ses rivaux, de ses ennemis, comme ailleurs les ambitieux s'entre-reprochent les bassesses. Je n'ai trouvé personne ici qui voulût répondre à mes questions sur le trait de patriotisme et de dévouement le plus glorieux de l'histoire de Russie.

En rappelant aux étrangers de tels faits je ne me sens pas humilié dans mon orgueil national. Quand je pense à quel prix ce peuple a reconquis son indépendance, je reste fier, quoique assis sur les cendres de nos soldats : la défense donne la mesure de l'attaque ; l'histoire dira que l'une fut au niveau de l'autre ; mais, comme elle est incorruptible, elle ajoutera que la défense fut plus juste.

C'est à Napoléon de répondre à ceci : la France était alors dans la main d'un seul homme ; elle agissait, elle ne pensait plus ; elle était ivre de gloire comme les Russes sont ivres d'obéissance ; c'est à ceux qui pensent pour tout un peuple de répondre des événements. Ici maintenant toutes ces grandes choses ne sont bonnes qu'à être oubliées, et si l'on s'en souvient, ce n'est pas pour s'en vanter, c'est pour s'en excuser.

Rostopchin, après avoir passé des années à Paris, où il avait même établi sa famille, eut la fantaisie de retourner dans son pays. Mais, redoutant la gloire patriotique attachée à tort ou à raison, à son nom, il se fit précéder auprès de l'Empereur Alexandre par une brochure publiée uniquement dans le but de prouver que l'incendie de Moscou avait éclaté spontanément, et que cette catastrophe n'avait pas été le résultat d'un plan concerté d'avance. Ainsi Rostopchin mettait tout son esprit à se justifier en Russie de l'héroïsme dont il était accusé par l'Europe étonnée de la grandeur et, depuis sa brochure, de la misère de cet homme, né pour servir un meilleur gouvernement!... Quoi qu'il en soit, cachant, reniant son courage, il se plaignait amèrement de cette espèce de calomnie d'un genre nouveau, par laquelle on voulait faire d'un général obscur le libérateur de son pays!

L'Empereur Alexandre, de son côté, n'a cessé de répéter qu'il n'avait jamais donné l'ordre d'incendier sa capitale.

Ce combat de médiocrité est caractéristique; on ne peut assez s'étonner de la sublimité du drame, en voyant par quels acteurs il fut joué. Jamais comédiens se sont-ils donné tant de peine pour persuader aux spectateurs qu'ils ne comprenaient rien à ce qu'ils faisaient?

Aussitôt que j'eus lu Rostopchin, je l'ai pris au

mot, car je me suis dit : un homme qui a si peur de passer pour grand est bien ce qu'il prétend être. En ce genre, on doit croire les gens sur parole; la fausse modestie elle-même est sincère malgré elle ; c'est un brevet de petitesse ; car les hommes vraiment supérieurs n'affectent rien : ils se rendent justice tout bas, et s'ils sont forcés de parler d'eux, ils le font sans orgueil, mais aussi sans trompeuse humilité. Il y a longtemps que j'ai lu cette singulière brochure; jamais elle ne m'est sortie de la mémoire, parce qu'elle m'a révélé dèslors l'esprit du gouvernement et de la nation russes.

Au moment où j'ai quitté le Kremlin, il faisait presque nuit; les teintes des édifices de Moscou, dont quelques-uns sont grands comme des villes, et celles des coteaux lointains s'étaient doucement rembrunies; le silence et la nuit descendaient sur la ville; les sinuosités de la Moskowa n'étaient plus dessinées en traits éclatants; le soleil ne réfléchissait plus ses lueurs brillantes dans les flaques d'eau du fleuve à demi desséché; la flamme de l'occident assoupie, éteinte, était devenue brune : ce site grandiose et tous les souvenirs que son aspect réveillait en moi me serraient le cœur; je croyais voir l'ombre d'Ivan IV, d'Ivan-le-Terrible, se lever sur la plus haute des tours de son palais désert et, à l'aide de sa sœur et amie, Élisabeth d'Angleterre, s'efforcer de noyer Napoléon dans une mare de sang!.... Ces deux fantômes semblaient applaudir à la chute du géant qui, par un arrêt fatal, devait en tombant laisser ses deux ennemis plus puissants qu'il ne les avait trouvés.

L'Angleterre et la Russie ont sujet de rendre des actions de grâces à Bonaparte, aussi ne les lui refusent-elles point. Tel ne fut pas pour la France le résultat du règne de Louis XIV. Aussi la haine européenne a-t-elle survécu pendant un siècle et demi au grand roi, tandis que le grand capitaine est déifié depuis sa chute, et que, à de rares exceptions près, ses geôliers ne craignent pas de mêler leur voix discordante au concert de louanges parties de tous les bouts de l'Europe; phénomène historique que je crois unique dans les annales du monde, et qui ne s'explique que par l'esprit d'opposition dominant aujourd'hui chez toutes les nations civilisées. Au surplus le règne de cet esprit-là tire à sa fin. Nous pouvons donc espérer de lire bientôt des écrits où Bonaparte sera jugé en lui-même, et sans allusions malignes contre le pouvoir régnant en France ou ailleurs.

J'aspire à voir se lever le jour du jugement pour cet homme, aussi étonnant par les passions qu'il fomente après sa mort que par les actions de sa vie. La vérité n'atteint encore que le piédestal de cette figure, défendue jusqu'à présent contre l'équitable sévérité de l'histoire par le double prestige des fortunes et des infortunes les plus inouïes.

Il faudra pourtant bien que nos neveux apprennent qu'il avait plus d'étendue d'esprit que de dignité de caractère, et qu'il fut plus grand par son talent à profiter du succès que par sa constance à lutter contre les revers. Alors, mais seulement alors, les terribles conséquences de son immoralité politique et de tous les mensonges de son gouvernement machiavélique seront atténuées.

Descendu des terrasses du Kremlin, je suis rentré chez moi fatigué comme un homme qui vient d'assister à une horrible tragédie, ou plutôt comme un malade qui se réveille du cauchemar avec la fièvre.

SOMMAIRE DE LA LETTRE VINGT-HUITIÈME.

Aspect oriental de Moscou. — Les chefs-d'œuvre manquent à cette ville. — Rapport qui existe entre son architecture et le caractère de ses habitants. — Ce que les Russes répondent au reproche d'inconstance qu'on leur adresse. — Fabriques de soie. — Apparences de liberté. — A quoi elles tiennent. — Club anglais. — Isolement de Moscou au milieu d'un vaste continent. — Piété des Russes. — Entretien sur ce sujet avec un homme d'esprit. — L'Angleterre sait bien tirer parti de l'hypocrisie. — L'Église anglicane. — Ses inconséquences. — Les vrais dévots et les hommes d'État. — Erreur des libéraux lorsqu'ils repoussent le catholicisme. — Politique de l'Angleterre. — Sur quoi elle s'appuie. — Vrai moyen de faire la guerre à l'Angleterre. — Sacerdoce des journaux. — Ce gouvernement est-il plus moral que celui des ecclésiastiques? — Église gréco-russe. — Silence officiel. — Point de prédication. — Point d'enseignement religieux en public. — Sectes nombreuses. — Le calvinisme y domine. — Mauvaise politique. — Secte qui favorise la polygamie. — Corps des marchands. — Fête publique au monastère de Devitscheipol. — Vierge miraculeuse. — Tombeaux de plusieurs princesses de la famille Impériale. — Cimetière. — Foule populaire. — Caractère particulier des paysages. — Le pays dans la ville. — Ivrognerie : vice des Russes. — Ce qui l'excuse. — Emblème de la nation et de son gouvernement. — Place où se donne la fête. — Site du couvent. — Singularité de cette fête. — Physionomie du peuple. — Poésie cachée. —

Chant des Cosaques du Don. — Mélodie analogue aux folies d'Espagne. — Style de la musique chez les peuples septentrionaux. — Les Cosaques. — Leur caractère. — Subterfuge indigne employé par les officiers. — Courage extorqué. — L'Attelage : fable polonaise traduite.

LETTRE VINGT-HUITIÈME.

Moscou, ce 12 août 1839.

Avant de venir en Russie, j'avais lu, je crois, la plupart des descriptions de Moscou publiées par les voyageurs; cependant je ne me figurais pas le singulier aspect de cette cité montueuse, sortant de terre comme par magie, et apparaissant dans des espaces unis, immenses, avec ses collines encore exhaussées par les bâtiments qu'elles supportent au milieu d'une plaine onduleuse. C'est une décoration de théâtre. Moscou est à peu près le seul pays de montagnes qu'il y ait au centre de la Russie... N'allez pas, sur ce mot, vous imaginer la Suisse ou l'Italie : c'est un terrain inégal, voilà tout. Mais le contraste de ces accidents du sol au milieu d'espaces où l'œil et la pensée se perdent comme dans les savanes de l'Amérique ou comme dans les steppes de l'Asie, produit des effets surprenants. C'est la ville des panoramas. Avec ses sites pompeux et ses édifices bizarres, qui auraient pu servir de modèles aux fantastiques compositions de Martin, elle rappelle l'idée qu'on s'est formée, sans trop savoir pourquoi, de Persépolis, de Bagdad, de Babylone, de Palmyre : romanesques capitales de pays fabuleux, dont l'histoire est une poésie et l'architecture un rêve ; en un mot, à Moscou, on oublie l'Europe. Voilà ce que j'ignorais en France.

Les voyageurs ont donc manqué à leur devoir. Il en est un surtout auquel je ne puis pardonner de ne m'avoir pas fait jouir de son séjour en Russie. Nulle description ne vaut les dessins d'un peintre exact et pittoresque à la fois, comme Horace Vernet. Quel homme fut jamais mieux doué pour sentir et pour faire sentir aux autres l'esprit qui vit dans les choses ? La vérité de la peinture, c'est la physionomie des objets : il la comprend comme un poëte, et la reproduit comme un artiste : aussi je ne sors pas de colère contre lui, chaque fois que je reconnais l'insuffisance de mes paroles : regardez les Horace Vernet, vous dirais-je, et vous connaîtrez Moscou ; ainsi j'atteindrais mon but sans peine, tandis que je me fatigue à le manquer.

Ici tout fait paysage. Si l'art a peu fait pour cette ville, le caprice des ouvriers et la force des choses y ont créé des merveilles. L'aspect extraordinaire des groupes d'édifices, la grandeur des masses frappent l'imagination. A la vérité, c'est une jouissance d'un ordre inférieur : Moscou n'est pas le produit du génie, les connaisseurs n'y trouveraient aucun monument digne d'un examen attentif; ce n'est pas non plus une majestueuse solitude où le temps démolit en silence ce qu'a fait la nature : c'est l'habitation désertée de quelque race de géants, race intermédiaire entre Dieu et l'homme; c'est l'œuvre des cyclopes. On ne saurait la comparer au reste de l'Europe; mais dans une ville où nul grand artiste en aucun genre n'a laissé l'empreinte de sa pensée, on s'étonne, rien de plus; or, l'étonnement s'épuise vite, et l'âme ne se complaît guère à l'exprimer.

Toutefois il n'y a pas jusqu'au désenchantement qui suit ici la première surprise, dont je ne tire quelque leçon ; il marque un rapport intime entre l'aspect de la ville et le caractère des hommes. Les Russes aiment ce qui brille, ils se laissent séduire par l'apparence, et c'est aussi ce qui séduit en eux : faire envie, n'importe à quel prix, voilà leur bonheur ! L'orgueil ronge l'Angleterre, la vanité rouille la Russie.

Je sens le besoin de vous rappeler ici que les généralités passent toujours pour des injustices.

Toutefois le retour périodique de cette précaution oratoire doit vous ennuyer autant qu'il me fatigue ; je voudrais donc, une fois pour toutes, faire réserve des exceptions, et protester de mon respect, de mon admiration pour les mérites et les agréments individuels qui échappent naturellement à mes critiques. Après tout, je me rassure en pensant que nous ne sommes pas à la Chambre, et que nous ne discutons pas mes opinions à coups d'amendements et de sous-amendements.

D'autres voyageurs ont dit avant moi que moins on connaît un Russe et plus on le trouve aimable : on leur a répondu qu'ils parlaient contre eux-mêmes, et que le refroidissement dont ils se plaignaient ne prouvait que leur peu de mérite : « Nous vous avons bien accueillis, leur disent les Russes, parce que nous sommes naturellement hospitaliers ; et si nous avons changé pour vous, c'est que nous vous avions d'abord estimé plus que vous ne valez. » Cette réponse a été faite il y a longtemps à un voyageur français, écrivain habile, mais d'une excessive réserve, commandée par sa position, et dont je ne veux citer ici ni le livre ni le nom. Le petit nombre de vérités qu'il avait laissé entrevoir dans ses récits pâles de prudence, lui ont attiré néanmoins beaucoup de désagréments. C'était bien la peine de se refuser l'usage de l'esprit qu'il avait pour se soumettre à des exigences qu'on ne satisfait jamais, pas plus en les flattant qu'en en faisant justice ! Il n'en coûte pas plus de les braver : c'est ce que je fais comme vous le voyez.

Moscou s'enorgueillit du progrès de ses fabriques ; les soieries russes luttent ici avec celles de l'Orient et de l'Occident. La ville des marchands, le Kitaigorod, ainsi que la rue surnommée le pont des Maréchaux, où se trouvent les boutiques les plus élégantes, sont comptés parmi les curiosités de cette capitale. Si j'en fais mention, c'est parce que je pense que les efforts du peuple russe pour s'affranchir du tribut qu'il paie à l'industrie des autres peuvent avoir de graves conséquences politiques en Europe.

La liberté qui règne à Moscou n'est qu'une illusion ; cependant on ne peut nier que, dans les rues de cette ville, il n'y ait des hommes qui paraissent se mouvoir spontanément, des hommes qui pour penser et pour agir n'attendent l'impulsion que d'eux-mêmes. Moscou est en cela bien différent de Pétersbourg.

Parmi les causes de cette singularité je mets en

première ligne la vaste étendue et les accidents du territoire au milieu duquel Moscou a pris racine. L'espace et l'inégalité (je prends ici ce mot dans toutes ses acceptions) sont des éléments de liberté, car l'égalité absolue est synonyme de tyrannie, puisque c'est la minorité mise sous le joug; la liberté et l'égalité s'excluent, à moins de réserves et de combinaisons plus ou moins habiles qui dénaturent ou neutralisent les choses tout en conservant les mots.

Moscou reste comme enterré au milieu même du pays dont il est la capitale. De là le cachet d'originalité empreint sur ses édifices; de là l'air de liberté qui distingue ses habitants; de là enfin le peu de goût des Czars pour cette résidence à physionomie indépendante. Les Czars, ces anciens tyrans, mitigés par la mode, qui les a métamorphosés en Empereurs, bien plus, en hommes aimables, fuient Moscou. Ils préfèrent Pétersbourg malgré tous ses inconvénients, parce qu'ils ont besoin d'être en rapport continuel avec l'occident de l'Europe. La Russie, telle que Pierre-le-Grand l'a faite, ne se fie pas à elle-même pour vivre et pour s'instruire. A Moscou, on ne pourrait recevoir en sept jours des pacotilles d'anecdotes de

Paris, et rester au courant des moindres commérages relatifs à la société, à la littérature éphémère de l'Europe. Ces détails, tout misérables qu'ils nous paraissent, sont cependant ce qui intéresse le plus la cour, et par conséquent la Russie.

Si les neiges glacées et les neiges fondantes ne rendaient les chemins de fer nuls en ce pays pendant six et huit mois de l'année, vous verriez le gouvernement russe devancer les autres dans la construction de ces routes qui rapetissent la terre ; car, plus que tout autre, il souffre de l'inconvénient des distances. Mais on aura beau multiplier les lignes de fer, augmenter la vitesse des transports, une vaste étendue de territoire est et sera toujours le plus grand obstacle à la circulation de la pensée, car le sol ne se laisse pas sillonner en tous sens comme la mer ; l'eau, qui au premier coup d'œil paraît destinée à diviser les habitants de ce monde, est ce qui les unit. Merveilleux problème : l'homme prisonnier de Dieu n'en est pas moins le roi de la nature.

Certes, si Moscou était un port de mer, ou seulement le centre d'un vaste réseau, de ces ornières de métal, conducteurs électriques de la pensée humaine, et qui semblent destinées à satisfaire quelques-unes des impatiences du siècle où nous vivons, on n'y verrait pas ce que j'ai vu hier au club anglais : des militaires de tout âge, des messieurs élégants, des hommes graves et de jeunes étourdis, faire le signe de la croix et se recueillir quelques instants avant de se mettre à table, non pas en famille ; mais, à table d'hôte, entre hommes. Les personnes qui s'abstiennent de ce devoir religieux (il y en avait un assez grand nomb) regardaient faire les autres sans s'étonner : vous voyez bien qu'il y a encore huit cents bonnes lieues de Paris à Moscou.

Le palais où ce club est installé me paraît grand et beau, tout l'établissement est conçu et dirigé convenablement ; on y trouve à peu près ce qu'on trouve ailleurs dans les clubs. Ceci ne m'a pas surpris ; mais ce que j'admire de très-bonne foi, c'est la piété des Russes. Et je l'ai dit à la personne qui m'avait présenté à ce cercle.

Nous causions en tête à tête après le dîner, au fond du jardin du club. « Il ne faut pas nous juger sur l'apparence, me répondit mon introducteur qui est un Russe des plus éclairés, comme vous l'allez voir. — C'est justement cette apparence, repris-je, qui m'inspire de l'estime pour votre nation. Chez nous, on ne craint que l'hypocrisie; le cynisme est pourtant bien plus funeste aux sociétés. — Oui, mais il révolte moins les cœurs nobles. — Je le crois, repris-je, mais par quelle bizarrerie est-ce surtout l'incrédulité qui crie au sacrilége dès qu'elle suppose au fond du cœur d'un homme un peu moins de piété qu'il n'en affiche dans ses actes et dans ses paroles? Si nos philosophes étaient conséquents, ils toléreraient l'hypocrisie comme un des étais de la machine de l'État. La foi est plus tolérante. — Je ne m'attendais pas à vous entendre faire l'apologie de l'hypocrisie. — Je la déteste comme le plus odieux de tous les vices; mais je dis que ne nuisant à l'homme que dans ses rapports avec Dieu, l'hypocrisie est moins pernicieuse pour les sociétés que l'incrédulité effrontée, et je soutiens que les âmes vraiment pieuses ont seules le droit de la qualifier de profanation. Les esprits irréligieux, les hommes d'État philosophes devraient la traiter avec indulgence, et pourraient même s'en servir comme d'un puissant auxiliaire politique; néanmoins, c'est ce qui n'est arrivé en France que rarement, et à de longs intervalles, parce que la sincérité gauloise se refuse à tirer parti du mensonge pour gouverner les hommes; mais le génie calculateur d'une nation rivale a su se plier mieux que nous au joug des fictions salutaires. La politique de l'Angleterre, pays où règne l'esprit pratique par excellence, n'a-t-elle pas généreusement rémunéré chez elle l'inconséquence théologique et l'hypocrisie religieuse? L'Église anglicane est certes beaucoup moins réformée que ne l'est l'Église catholique, depuis que le concile de Trente a fait droit aux réclamations légitimes des princes et des peuples; il est absurde de détruire l'unité, sous prétexte d'abus, tout en perpétuant ces mêmes abus pour l'abolition desquels on s'est arrogé le funeste droit de faire secte; pourtant, cette Église fondée sur des contradictions patentes et appuyée par l'usurpation, aide encore aujourd'hui le pays à poursuivre la conquête du monde, et le pays la récompense par une protection hypocrite; cela peut paraître révoltant, mais c'est un moyen de force. Aussi je soutiens que ces inconséquences et ces hypocrisies monstrueuses aux yeux des hommes sincèrement religieux, ne sauraient choquer des philosophes ni des hommes d'État. — Vous ne prétendez pas dire qu'il n'y ait nuls chrétiens de bonne foi chez les anglicans? —

Non, j'admets des exceptions, il y en a toujours à tout; je soutiens seulement que chez ces chrétiens-là, le grand nombre manque de logique, ce qui n'empêche pas, je vous le répète, que je n'envie pour la France la politique religieuse de l'Angleterre, de même qu'ici j'admire à chaque pas que je fais la pieuse soumission du peuple russe. Chez les Français, tout prêtre en crédit devient un oppresseur aux yeux des esprits forts qui gouvernent le pays en le désorganisant depuis tantôt cent trente ans, soit ouvertement par leur fanatisme révolutionnaire, soit tacitement par leur indifférence philosophique. »

L'homme vraiment éclairé avec qui je causais parut réfléchir sérieusement; puis après un silence assez long, il reprit : « Je ne suis pas si loin que vous le pensez de partager votre opinion; car depuis l'expérience que j'ai acquise pendant mes voyages, une chose m'a toujours paru impliquer contradiction, c'est l'éloignement des libéraux pour la religion catholique. Je parle même de ceux qui se disent chrétiens. Comment ces esprits (il y en a qui raisonnent juste, et poussent les arguments jusqu'à leurs dernières conséquences), comment ne voient-ils pas qu'en renonçant à la religion ro-

maine, ils se privent d'une garantie contre le despotisme local que tout gouvernement, de quelque nature qu'il soit, tend toujours à exercer chez soi?
— Vous avez bien raison, répliquai-je; mais le monde se conduit par la routine; et pendant des siècles, les meilleurs esprits ont tellement crié contre l'intolérance et l'avidité de Rome, que personne encore n'a pu s'habituer chez nous à changer de point de vue, et à regarder le pape en sa qualité de chef spirituel de l'Église, comme l'immuable appui de la liberté religieuse dans toute la chrétienté; et en sa qualité de souverain temporel, comme une puissance vénérable, embarrassée dans ses devoirs de double nature, complication inévitable peut-être pour conserver son indépendance au vicaire de Jésus-Christ, dont la politique est devenue inoffensive au dehors, à force de faiblesse au dedans. Comment ne voit-on pas d'un coup d'œil qu'il suffirait qu'une nation fût sincèrement catholique pour devenir inévitablement l'adversaire de l'Angleterre, dont la puissance politique s'appuie uniquement sur l'hérésie? Que la France arbore et défende de toute la force de sa conviction la bannière de l'Église catholique, elle fait par cela seul, d'un bout du monde

à l'autre, une guerre terrible à l'Angleterre. Ce sont de ces vérités qui devraient sauter aux yeux de tout le monde aujourd'hui, et qui pourtant n'ont frappé jusqu'à présent chez nous que l'esprit de quelques personnes intéressées, et dès lors sans autorité; car, et ceci est une autre bizarrerie de notre époque, on se figure en France qu'un homme a tort dès qu'on soupçonne qu'il a quelque intérêt à avoir raison : le bon sens aurait plus de crédit, s'il était bien prouvé qu'il ne rapporte jamais rien....

« Tel est le désordre d'idées produit par cinquante ans de révolutions et cent ans et plus de cynisme philosophique et littéraire. N'ai-je pas raison de vous envier votre foi ?

— Mais le résultat de votre politique religieuse serait de mettre la nation aux pieds de ses prêtres.

— Les exagérations pieuses ne sont pas ce que je vois de plus à redouter dans notre siècle; mais quand la piété des fidèles serait aussi menaçante qu'elle me le paraît peu, je ne reculerais pas pour cela devant les conséquences de mes principes; tout homme qui veut obtenir ou faire quelque chose de positif en ce monde, se met nécessairement aux pieds de quelqu'un, pour me servir de votre expression.

— D'accord, mais j'aime encore mieux flatter le gouvernement des journalistes que celui des prêtres ; la liberté de la pensée a plus d'avantages que d'inconvénients.

— Si vous aviez vu de près, comme je les ai vus, la tyrannie de l'esprit et les résultats du pouvoir arbitraire de la plupart des hommes qui dirigent la presse périodique en France, vous ne vous contenteriez pas de ce beau mot : liberté de la pensée ; vous demanderiez la chose, et bientôt vous reconnaîtriez que le sacerdoce des journalistes s'exerce avec autant de partialité et beaucoup moins de moralité que l'autorité des ecclésiastiques. Laissant un moment de côté la politique, allez demander aux journaux ce qui les décide dans la part de renommée qu'ils accordent à chacun.... la moralité d'un pouvoir dépend de l'école par laquelle sont obligés de passer les hommes qui se destinent à en user. Or, vous ne croyez pas que l'école du journalisme soit plus capable d'inspirer des sentiments vraiment indépendants, vraiment humains, que ne l'est l'école sacerdotale. Toute la question est là ; et la France d'aujourd'hui est appelée à la résoudre ainsi que bien d'autres questions, par des transactions conformes à l'esprit du temps ; car quelle que soit l'opinion qui prévaudra, je me rassure en pensant que Dieu n'applique jamais rigoureusement la logique humaine au gouvernement de ce monde, et que les hommes à sentiments inflexibles, à idées absolues, exclusives, ne conservent que pendant bien peu de moments le pouvoir qu'ils usurpent quelquefois.....

« Mais laissons là les considérations générales, et donnez-moi une idée de l'état de la religion dans votre pays ; dites-moi quelle est la culture d'esprit des hommes qui enseignent et qui expliquent l'Évangile en Russie ? »

Bien qu'adressée à un homme fort supérieur, cette question eût été indiscrète à Pétersbourg ; à Moscou, je sentis qu'on pouvait la risquer par la raison qu'ici règne cette liberté mystérieuse dont on use sans s'en rendre compte, qu'on ne peut motiver ni définir, mais qui est réelle, quoique la trompeuse confiance qu'elle inspire puisse parfois se payer bien cher [1]. Voici en résumé ce que m'a répondu mon Russe philosophe : j'emploie le mot dans l'acception la plus favorable. Vous savez déjà de quelle nature sont ses opinions : après des

---

[1] *Voir* plus loin le danger d'une telle illusion et la détention arbitraire d'un Français. Vol. IV, APPENDICE.

années de séjour dans les divers pays de l'Europe il est revenu en Russie très-libéral, mais très-conséquent. Voici ce qu'il m'a dit :

« On a toujours prêché fort peu dans les églises schismatiques, et chez nous, l'autorité politique et religieuse s'est opposée plus qu'ailleurs aux discussions théologiques ; sitôt qu'on a voulu commencer à expliquer les questions débattues entre Rome et Byzance, le silence a été imposé aux deux partis. Les sujets de dispute ont si peu de gravité que la querelle ne peut se perpétuer qu'à force d'ignorance. Dans plusieurs institutions de filles et de garçons, à l'instar des jésuites, on a fait donner quelques instructions religieuses ; mais l'usage de ces conférences n'est que toléré, et de temps à autre on l'abroge : un fait qui vous paraîtra incompréhensible, quoiqu'il soit positif, c'est que la religion n'est pas enseignée publiquement en Russie[1]. Il résulte de là une multitude de sectes dont le gouvernement ne vous laisse pas soupçonner l'existence.

« Il y en a une qui tolère la polygamie : une autre va plus loin : elle pose en principes et met en pratique la communauté des femmes pour les hommes, et des hommes pour les femmes.

---

[1] Je savais ce fait, et je l'ai noté ailleurs.

« Il est défendu à nos prêtres d'écrire, même des chroniques : à chaque instant un paysan interprète un passage de la Bible, qui, pris isolément et appliqué à faux, donne aussitôt lieu à une nouvelle hérésie, calviniste le plus souvent. Quand le pope du village s'en aperçoit, l'hérésie a déjà gagné une partie des habitants de la commune, et grâce à l'opiniâtreté de l'ignorance, elle s'est même enracinée jusque chez les voisins : si le pope crie, aussitôt les paysans infectés sont envoyés en Sibérie, ce qui ruine le seigneur, lequel, s'il est prévoyant, fait taire le pope par plus d'un moyen ; et quand, malgré tant de précautions, l'hérésie arrive au point d'éclater aux yeux de l'autorité suprême, le nombre des dissidents est si considérable qu'il n'est plus possible d'agir : la violence ébruiterait le mal sans l'étouffer, la persuasion ouvrirait la porte à la discussion, le pire des maux aux yeux du gouvernement absolu ; on n'a donc recours qu'au silence qui cache le mal sans le guérir, et qui, au contraire, le favorise.

« C'est par les divisions religieuses que périra l'Empire russe ; aussi, nous envier, comme vous le faites, la puissance de la foi, c'est nous juger sans nous connaître !! »

Telle est l'opinion des hommes les plus clairvoyants et les plus sincères que j'aie rencontrés en Russie........

Un étranger digne de foi, établi depuis longtemps à Moscou, vient aussi de me raconter qu'un marchand de Pétersbourg le fit dîner, il y a quelques années, avec *ses trois femmes;* non pas ses concubines, ses femmes légitimes : ce marchand était un dissident, sectateur secret d'une nouvelle église. Je pense que les enfants que lui ont donnés ses trois épouses n'ont pas été reconnus pour légitimes par l'État, mais sa conscience de chrétien était tranquille.

Si je tenais ce fait d'un homme du pays, je ne vous le raconterais pas, car vous savez qu'il est des Russes qui s'amusent à mentir pour dérouter les voyageurs trop curieux et trop crédules, ce qui ne laisse pas que d'entraver un métier difficile partout pour qui veut l'exercer en conscience, mais plus difficile ici que partout ailleurs : le métier d'observateur.

Le corps des négociants est très-puissant, très-ancien et très-considéré à Moscou; l'existence de ces riches trafiquants rappelle la condition des marchands de l'Asie : nouveau rapport entre les mœurs moscovites et les usages de l'Orient, si bien retracés dans les contes arabes. Il y a tant de points de ressemblance entre Moscou et Bagdad, que lorsqu'on voyage en Russie, on perd la curiosité de voir la Perse : on la connaît.

J'ai assisté à une fête populaire autour du monastère de Devitscheipol. Là les acteurs sont des soldats et des mugics ; les spectateurs sont des gens du monde qui ne laissent pas que d'y venir en grand nombre. Les tentes et les baraques où l'on boit sont plantées près du cimetière : le culte des morts sert de prétexte au plaisir du peuple. La fête a lieu en commémoration de je ne sais quel saint dont on visite scrupuleusement les reliques et les images entre deux libations de *kwass*. Il se fait ce soir-là une consommation fabuleuse de cette boisson nationale.

La Vierge miraculeuse de Smolensk, d'autres disent sa copie, est conservée dans ce couvent qui renferme huit églises.

Vers la fin du jour, je suis entré dans la principale ; elle m'a paru imposante : l'obscurité ajoutait à l'impression du lieu. Les nonnes ont le soin d'orner les autels de leurs chapelles, et elles s'acquittent très-exactement de ce devoir, le plus facile de leur état, sans doute ; quant aux devoirs les plus difficiles, ils sont, à ce qu'on m'assure, assez mal observés. car s'il en faut croire des personnes bien instruites, la conduite des religieuses de Moscou n'est rien moins qu'édifiante.

Cette église renferme les tombeaux de plusieurs Czarines et princesses, notamment celui de l'ambitieuse Sophie, sœur de Pierre-le-Grand, et le tombeau de la Czarine Eudoxie, la première épouse de ce prince. Cette malheureuse femme répudiée, je crois, en 1696, fut forcée de prendre le voile à Sousdal.

L'Église catholique a tant de respect pour l'indissoluble nœud du mariage, qu'elle ne permet à une femme mariée de se faire religieuse que lorsque son époux entre en même temps dans les ordres ou prononce comme elle des vœux monastiques. Telle est la règle; mais chez nous comme ailleurs, les lois ont souvent plié sous les intérêts; toutefois, l'histoire atteste que le clergé catholique est encore celui qui, dans le monde entier, sait le mieux défendre les droits sacrés de l'indépendance religieuse contre les usurpations de la politique humaine.

L'Impératrice nonne mourut à Moscou, au monastère de Devitscheipol, en 1731.

Le préau de l'église est en partie consacré au

cimetière qui est beau. En général, les couvents russes ont plutôt l'air d'une agglomération de petites maisons, d'un quartier de ville muré que d'une retraite religieuse. Souvent détruits et rebâtis, ils ont une apparence moderne sous ce climat où rien ne dure, nul édifice ne peut résister ici à la guerre des éléments. Tout s'use en peu d'années et tout se refait à neuf; aussi le pays a-t-il l'apparence d'une colonie fondée de la veille. Le Kremlin seul semble destiné à braver le climat, et à vivre autant que l'Empire dont il est l'emblème et le boulevard.

Mais si les couvents russes n'imposent pas par le style de l'architecture, l'idée de l'irrévocable est toujours solennel. En sortant de cette enceinte, je n'étais guère en train de me mêler à la foule dont le bruit m'importunait. La nuit montait jusqu'au faîte des églises; je me mis à examiner un des plus beaux sites de Moscou et des environs; dans cette ville, les points de vue abondent. Du milieu des rues, vous n'apercevez que les maisons qui les bordent; mais traversez une grande place, montez quelques degrés, ouvrez une fenêtre, sortez sur un balcon, sur une terrasse, vous découvrez aussitôt une ville nouvelle, immense, répandue sur des collines assez profondément séparées par des champs de blé, des étangs, des bois même : l'enceinte de cette cité est un pays, et ce pays se prolonge jusque vers des campagnes inégales, mais dont les ondulations ressemblent aux vagues de la mer. La mer, vue de loin, fait toujours l'effet d'une plaine, quelqu'agités que soient ses flots.

Moscou est la ville des peintres de genre; mais les architectes, les sculpteurs et les peintres d'histoire n'ont rien à y voir, rien à y faire. Des masses d'édifices espacés dans des déserts y forment une multitude de jolis tableaux, et marquent hardiment les premiers plans des grands paysages qui rendent cette vieille capitale un lieu unique dans le monde, parce qu'elle est la seule grande cité qui, tout en se peuplant, soit encore restée pittoresque comme une campagne. On y compte autant de routes que de rues, de champs cultivés que de collines bâties, de vallons déserts que de places publiques. Sitôt qu'on s'éloigne du centre on se trouve dans un amas de villages, d'étangs, de forêts plutôt que dans une ville : ici vous apercevez de distance en distance d'imposants monastères qui s'élèvent, avec leurs multitudes d'églises et de clochers; là vous voyez des coteaux bâtis, d'autres coteaux ensemencés, ailleurs une rivière presqu'à sec en été ; un peu plus loin ce sont des îles d'édifices extraordinaires autant que variés ; des salles de spectacle avec leurs péristyles antiques sont environnées de palais de bois, les seules habitations d'architecture nationale, et toutes ces masses de constructions diverses sont à moitié cachées sous la verdure ; enfin cette poétique décoration est toujours dominée par le vieux Kremlin aux murailles dentelées, aux tours extraordinaires et dont la couronne rappelle la tête chenue des chênes d'une forêt. Ce Parthénon des Slaves commande et protége Moscou ; on dirait d'un doge de Venise assis au milieu de son sénat.

Ce soir les tentes où s'entassaient les promeneurs de Devitscheipol étaient empestées de senteurs diverses dont le mélange produisait un air fétide ; c'était du cuir de Russie parfumé, c'était des boissons spiritueuses, de la bière aigre, du chou, c'était de la graisse aux bottes des Cosaques, du musc et de l'ambre sur la personne de quelques seigneurs venus là par désœuvrement, et qui paraissaient décidés à s'ennuyer, ne fût-ce que par orgueil aristocratique ; il m'eût été impossible de respirer longtemps cet air méphitique.

Le plus grand des plaisirs de ce peuple, c'est l'ivresse, autrement dit, l'oubli. Pauvres gens! il leur faut rêver pour être heureux; mais ce qui prouve l'humeur débonnaire des Russes, c'est que lorsque des mugics se grisent, ces hommes, tout abrutis qu'ils sont, s'attendrissent au lieu de se battre et de s'entre-tuer selon l'usage des ivrognes de nos pays; ils pleurent et s'embrassent : intéressante et curieuse nation!... il serait doux de la rendre heureuse. Mais la tâche est rude, pour ne pas dire impossible à remplir. Trouvez-moi le moyen de satisfaire les vagues désirs d'un géant, jeune, paresseux, ignorant, ambitieux et garrotté au point de ne pouvoir bouger ni des pieds ni des mains!.... Jamais je ne m'attendris sur le sort du peuple de ce pays sans plaindre également l'homme tout-puissant qui le gouverne.

Je m'éloignai des tavernes et me mis à parcourir la place : des nuées de promeneurs y soulevaient des flots de poussière. L'été d'Athènes est long, mais les jours en sont courts, et, grâce à la brise de mer, l'air n'y est guère plus chaud qu'il l'est à Moscou pendant le rapide été du Nord. Cette saison est en Russie d'une chaleur insupportable; elle tire à sa fin, la nuit revient et l'hiver la suit à grands pas; il va me forcer d'abréger mon séjour, malgré l'intérêt que je trouverais à prolonger ce voyage.

On ne souffre pas du froid à Moscou, c'est le refrain de tous les apologistes du climat de la Russie; peut-être disent-ils vrai, mais huit mois d'emprisonnement, de fourrures, de doubles fenêtres et de précautions pour se garantir d'une gelée de 15 à 30 degrés, n'y a-t-il pas là de quoi nous faire hésiter?

Le couvent de Devitscheipol est situé près de la Moskowa qu'il domine; le champ de foire, comme on dit en Normandie, c'est-à-dire la place où se donne la fête, est un terrain vague, descendant en pente, tantôt douce, tantôt rapide, jusqu'au lit de la rivière qui, cette année, ressemble à une route inégalement large, sablonneuse, sillonnée dans toute sa longueur par un filet d'eau. D'un côté vers la campagne, s'élèvent les tours du couvent qui bornent l'espace, et du côté opposé apparaissent les édifices du vieux Moscou, qu'on entrevoit dans le lointain; les échappées de vue sur la plaine et les masses de maisons coupées par des masses d'arbres, les planches grises des cabanes à côté du plâtre et de la chaux des splendides palais, les lointaines forêts de pins entourant la ville d'une ceinture de deuil, les teintes lentement décroissantes d'un long crépuscule : tout concourt ici à grandir l'effet des monotones paysages du Nord. C'est triste, mais c'est imposant. Il y a là une poésie écrite dans une langue mystérieuse que nous ne connaissons pas : en foulant cette terre opprimée, j'écoute sans les comprendre les lamentations d'un Jérémie ignoré; le despotisme doit enfanter ses prophètes : l'avenir est le paradis des esclaves et l'enfer des tyrans! quelques notes d'un chant douloureux, des regards obliques, fourbes, furtifs, rusés, me font interpréter la pensée qui germe dans le cœur de ce peuple; mais le temps et la jeunesse, qui bien qu'on la calomnie, est plus favorable à l'étude que ne l'est l'âge mûr, pourraient seuls m'enseigner nettement tous les mystères de cette poésie de la douleur.

A défaut de documents positifs je m'amuse au lieu de m'instruire; la physionomie du peuple, son costume moitié oriental, moitié finlandais, contribuent incessamment à divertir le voyageur; je m'applaudis d'être venu à cette fête si peu gaie, mais si différente de tout ce que j'ai vu ailleurs.

Les Cosaques se trouvaient mêlés en grand nombre

parmi les promeneurs et les buveurs qui remplissaient la place. Ils formaient des groupes silencieux autour de quelques chanteurs dont les voix perçantes psalmodiaient des paroles mélancoliques sur une mélodie très-douce, quoique le rhythme en soit fortement marqué. Cet air est le chant national des Cosaques du Don. Il a quelque analogie avec la vieille mélodie des folies d'Espagne; mais il est plus triste, c'est doux et pénétrant comme la tenue du rossignol quand on l'entend de loin, la nuit, au fond des bois. Quelquefois les assistants répétaient en chœur les dernières paroles de la strophe.

En voici la traduction en prose vers par vers, qu'un Russe vient de m'apporter.

LE JEUNE COSAQUE.

Ils poussent le cri d'alarme,
J'entends mon cheval frapper la terre;
Je l'entends hennir,
Ne me retiens pas.

LA JEUNE FILLE.

Laisse les autres courir à la mort,
Toi, trop jeune et trop doux,
Tu veilleras encore cette fois sur notre chaumière;
Tu ne passeras pas le Don.

LE JEUNE COSAQUE.

L'ennemi, l'ennemi, aux armes!....
Je vais me battre pour vous ;
Doux avec toi, fier avec l'ennemi,
Je suis jeune, mais j'ai du courage,
Le vieux Cosaque rougirait de honte et de colère
S'il partait sans moi.

LA JEUNE FILLE.

Vois ta mère pleurer,
Vois ses genoux trembler ;
C'est elle et moi que va frapper ta lance
Avant d'avoir atteint l'ennemi.

LE JEUNE COSAQUE.

En racontant la campagne,
On me nommerait comme un lâche ;
Si je meurs, mon nom célébré par mes frères,
Te consolera de ma mort.

LA JEUNE FILLE.

Non, le même tombeau nous réunira :
Si tu meurs, je te suivrai,
Tu pars seul, mais nous succomberons ensemble,
Adieu ; je n'ai plus de pleurs.

Le sens de ces paroles me paraît moderne, mais la mélodie leur prête un charme d'ancienneté, de simplicité qui fait que je passerais des heures sans ennui à les entendre répéter par les voix du pays.

A chaque refrain, l'effet augmente : autrefois on dansait à Paris un pas russe que cette musique me rappelle. Mais sur les lieux, les mélodies nationales produisent une tout autre impression ; au bout de quelques couplets on se sent pénétré d'un attendrissement irrésistible.

Il y a plus de mélancolie que de passion dans le chant des peuples du Nord ; mais l'impression qu'il cause ne peut s'oublier, tandis qu'une émotion plus vive s'évanouit bientôt. La mélancolie dure plus longtemps que la passion. Après avoir écouté cet air plusieurs fois, je le trouvais moins monotone et plus expressif ; c'est l'effet que produit ordinairement la musique simple, la répétition lui donne une puissance nouvelle. Les Cosaques de l'Oural ont aussi des chants particuliers ; je regrette de ne les avoir pas entendus.

Cette race d'hommes mériterait une étude à part ; mais ce travail n'est pas facile à faire pour un étranger pressé comme je le suis ; les Cosaques, mariés pour la plupart, sont une famille militaire, une horde domptée plutôt qu'une troupe assujettie à la discipline du régiment. Attachés à leurs chefs comme un chien l'est à son maître, ils obéissent au commandement avec plus d'affection et moins de servilité que les autres soldats russes. Dans un pays où rien n'est défini, ils se croient les alliés, ils ne se sentent pas les esclaves du gouvernement Impérial. Leur agilité, leurs habitudes nomades, la vitesse et le nerf de leurs chevaux, la patience et l'adresse de l'homme et de la bête identifiés l'un à l'autre, endurcis ensemble à la fatigue, aux privations, sont une puissance. On ne peut s'empêcher d'admirer quel instinct géographique aide ces sauvages éclaireurs de l'armée à se guider sans routes dans les contrées qu'ils envahissent : dans les plus désertes, les plus stériles, comme dans les plus civilisées et les plus peuplées. A la guerre, ce seul nom de Cosaque ne répand-il pas d'avance la terreur chez les ennemis? Des généraux qui savent bien employer une telle cavalerie légère ont un grand moyen d'action que n'ont pas les capitaines des armées plus civilisées.

Les Cosaques sont, dit-on, d'un naturel doux; ils ont plus de sensibilité qu'on n'aurait droit d'en attendre d'un peuple aussi grossier; mais l'excès de leur ignorance me fait de la peine pour eux et pour leurs maîtres.

Quand je me rappelle le parti que les officiers tirent ici de la crédulité du soldat, tout ce que j'ai de dignité dans l'âme se révolte contre un gouvernement qui descend à de tels subterfuges, ou qui ne punit pas ceux de ses serviteurs qui osent y recourir.

Je tiens de bonne part que plusieurs chefs des Cosaques conduisant leurs hommes hors du pays, lors de la guerre de 1814 à 1815, leur disaient : « Tuez beaucoup d'ennemis, frappez vos adversaires sans crainte. Si vous mourez dans le combat, vous serez avant trois jours revenus auprès de vos femmes et de vos enfants; vous ressusciterez en chair et en os, corps et âme, qu'avez-vous donc à redouter? »

Des hommes habitués à reconnaître la voix de Dieu le Père dans celle de leurs officiers, prenaient à la lettre les promesses qu'on leur faisait, et se battaient avec l'espèce de courage que vous leur connaissez : c'est-à-dire qu'ils fuient en maraudeurs tant qu'ils peuvent échapper au danger; mais si la mort est inévitable ils l'affrontent en soldats.

Quant à moi, s'il fallait nécessairement recourir à de tels moyens ou à des moyens semblables pour conduire ces pauvres braves gens, je ne consentirais pas à rester huit jours leur officier. Tromper les hommes, dût le mensonge créer des héros, me paraîtrait une tâche indigne d'eux et de moi; je veux bien user du courage de ceux que je commande, mais je veux pouvoir l'admirer tout en en profitant; les exciter par des moyens légitimes à braver le danger, c'est le devoir d'un chef; les décider à mourir en leur cachant la mort, c'est ôter la vertu à leur courage, la dignité morale à leur dévouement; c'est agir en escamoteur d'âmes : escobarderie militaire qui ne vaut pas mieux qu'une escobarderie religieuse. Si la guerre excusait tout comme certaines gens le prétendent, qui excuserait la guerre?

Mais peut-on se figurer sans épouvante et sans dégoût l'état moral d'une nation dont les armées étaient dirigées de la sorte il n'y a pas vingt-cinq ans? Ce qui se passe aujourd'hui, je l'ignore et je crains de l'apprendre.

Ce trait est venu à ma connaissance, mais vous pouvez penser combien d'autres ruses pires que celle-ci peut-être ou semblables à celle-ci, me sont restées inconnues. Quand une fois on a recours à la puérilité pour gouverner les hommes, où peut-on s'arrêter? Toutefois la supercherie n'a qu'un effet borné; mais un mensonge par campagne et la machine de l'État marche : à chaque guerre suffit sa fraude.

Je finis par une fable qui semble avoir été faite exprès pour justifier ma colère. L'idée est d'un Polonais, l'évêque de Warmie, fameux par son esprit, sous le règne de Frédéric II ; l'imitation en français est du comte Elzéar de Sabran.

L'ATTELAGE. — FABLE.

Un habile cocher menait un équipage,
Avec quatre chevaux par couples attelés ;
Après les avoir muselés,
En les guidant il leur tint ce langage :
Ne vous laissez pas devancer,
Disait-il à ceux de derrière ;
Ne vous laissez pas dépasser,
Ni même atteindre, en si belle carrière,
Disait-il à ceux de devant,
Qui l'écoutaient le nez au vent ;
Un passant dans cette occurrence,
Lui dit alors à ce propos :
Vous trompez ces pauvres chevaux.
Il est vrai, reprit-il, mais la voiture avance.

FIN DU TROISIÈME VOLUME.

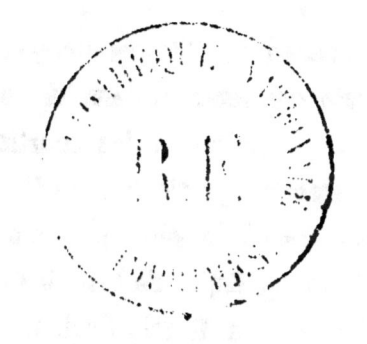

TABLE DES MATIÈRES

CONTENUES DANS CE VOLUME.

LETTRE DIX-NEUVIÈME.

PAGE 3 A 54.

Pétersbourg en l'absence de l'Empereur. — Contre-sens des architectes. — Rareté des femmes dans les rues de Pétersbourg. — L'œil du maître. — Agitation des courtisans. — Les métamorphoses. — Caractère particulier de l'ambition des Russes. — Esprit militaire. — Nécessité qui domine l'Empereur lui-même. — Le *tchinn*. — Esprit de cette institution. — Pierre Ier. — Sa conception. — La Russie devient un régiment. — La noblesse anéantie. — Nicolas plus russe que Pierre Ier. — Division du tchinn en quatorze classes. — Ce qu'on gagne à faire partie de la dernière. — Correspondance des classes civiles avec les grades de l'armée. — L'avancement dépend uniquement de la volonté de l'Empereur. — Puissance prodigieuse. — Effets de l'ambition. — Pensée dominante du peuple russe. — Opinions diverses sur l'avenir de cet Empire. — Coup d'œil sur le caractère de ce peuple. — Comparaison des hommes du peuple en Angleterre, en France, et en Russie. — Misère du soldat russe. — Danger que court l'Europe. — Hospitalité russe. — A quoi elle sert. — Difficulté qu'on éprouve à voir les choses par soi-même. — Formalités qualifiées de politesses. — Souvenirs de l'Orient. — Mensonge nécessaire. — Action du gouvernement sur le caractère national. — Affinité des Russes avec les Chinois. — Ce qui excuse l'ingratitude. — Ton des personnes de la cour. — Préjugés des Russes contre les étrangers. — Différence entre le caractère des Russes et celui des Français. — Défiance universelle. — Mot de Pierre-le-Grand sur le caractère de ses sujets. — Grecs du Bas-Empire. — Jugement de Napoléon. — L'homme le plus sincère de l'Empire. — Sauvages gâtés. — Manie des voyages. — Erreur de Pierre-le-Grand perpétuée par ses successeurs. — L'Empereur Nicolas seul y a cherché un remède. — Esprit de ce règne. — Mot de M. de La Ferronnays. — Sort des princes. — Architecture insensée. — Beauté et utilité des quais de Pétersbourg. — Description de Pétersbourg en 1718 par Weber. — Trois places qui n'en font qu'une. — Église de Saint-Isaac. — Pourquoi les princes se trompent plus que les nations sur le choix des sites. — La cathédrale de Kazan. — Superstition grecque. — L'église de Smolna. — Congrégation de femmes menée militairement. — Palais de la Tauride. — Vénus antique. — Présent du pape Clément XI à Pierre Ier. — Réflexions. — L'Ermitage. — Galerie de tableaux. — L'Impératrice Catherine. — Portraits par madame Le Brun. — Règlement de la société intime de l'Ermitage rédigé par l'Impératrice.

LETTRE VINGTIÈME.

PAGE 55 A 111.

Le ministre de la guerre comte Tchernicheff. — Je lui demande la permission de voir la forteresse de Schlusselbourg. — Sa réponse. — Site de ce château fort. — On ne m'accorde la permission que pour les écluses. — Formalités. — Entraves ; politesse gênante à dessein. — Hallucinations. — Exil du poëte Kotzebue en Sibérie. — Analogie de nos situations. — Mon départ. — Le feldjæger ; effet de sa présence sur ma voiture. — Quartier des manufactures. — Influence du feldjæger. — Arme à deux tranchants. — Bords de la Néva. — Villages. — Maisons des paysans russes. — Le relais. — *Venta* russe. — Description d'une ferme. — L'étalon. — Le hangar. — Intérieur de la cabane. — Le thé des paysans. — Leur costume. — Caractère de ce peuple. — Dissimulation nécessaire pour vivre en Russie. — Malpropreté des hommes du Nord. — Usage des bains. — Les femmes de la campagne. — Leur manière de s'habiller ; leur taille. — Mauvais chemin. — Parties de route planchéiées. — Canal Ladoga. — La maison de l'ingénieur. — Sa femme. — Affectation des femmes du Nord. — Les écluses de Schlusselbourg. — La source de la Néva. — La forteresse de Schlusselbourg. — Site du château. — Promenade sur le lac. — Signe auquel on reconnaît à Schlusselbourg que Pétersbourg est inondé. — Détour que je prends pour obtenir la permission d'entrer dans la forteresse. — On nous y reçoit. — Le gouverneur. — Son appartement ; sa femme ; conversation traduite. — Mes instances pour voir la prison d'Ivan. — Description des bâtiments de la forteresse, cour intérieure. — Ornements d'église. — Prix des chapes. — Tombeau d'Ivan. — Prisonniers d'État. — Susceptibilité du gouverneur à propos de cette expression. — L'ingénieur gourmandé par le gouverneur. — Je renonce à voir la chambre du prisonnier d'Élisabeth. — Différence qu'il y a entre une forteresse russe et les châteaux forts des autres pays. — Mystère maladroit. — Cachots sous-marins de Kronstadt. — A quoi sert le raisonnement. — Abîme d'iniquité. — Le juge seul paraît coupable. — Dîner de cérémonie chez l'ingénieur. —

Sa famille. — La moyenne classe en Russie. — Esprit de la bourgeoisie : le même partout. — Conversation littéraire. — Franchise désagréable. — Causticité naturelle des Russes. — Leur hostilité contre les étrangers. — Dialogue peu poli. — Allusions à l'ordre de choses établi en France. — Querelle de mariniers apaisée par la seule apparition de l'ingénieur. — Conversation ; madame de Genlis ; Souvenirs de Félicie ; ma famille. — Influence de la littérature française. — Dîner. — Livres modernes prohibés. — Soupe froide ; ragoût russe : quartz, espèce de bière. — Mon départ. — Visite au château de ***. — Une personne du grand monde. — Différence de ton. — Prétentions bien fondées. — Avantage des ridicules. — Le grand et le petit monde. — Retour à Pétersbourg à deux heures du matin. — Ce qu'on exige des bêtes dans un pays où les hommes sont comptés pour rien.

LETTRE VINGT ET UNIÈME.

PAGE 113 A 162.

Adieux à Pétersbourg. — Rapport qu'il y a entre l'absence et la nuit. — Effets de l'imagination. — Description de Pétersbourg au crépuscule. — Contraste du ciel au couchant et au levant. — La Néva la nuit. — Lanterne magique. — Tableaux naturels. — Mythologie du Nord expliquée par les sites. — Dieu visible par toute la terre. — Ballade de Coleridge. — Réné vieillissant. — La pire des intolérances. — Conditions nécessaires pour vivre dans le monde. — De quoi se compose le succès. — Contagion des opinions. — Diplomatie de salon. — Défaut des esprits solitaires. — Flatterie au lecteur. — Le pont de la Néva la nuit. — Sens symbolique du tableau. — Pétersbourg comparé à Venise. — L'Évangile dangereux. — On ne prêche pas en Russie. — Janus. — Soi-disant conspirations polonaises. — Ce qui en

TABLE DES MATIÈRES.

résultera. — Argument des Russes. — Scènes de meurtres au bord du Volga. — Le loup de La Fontaine. — Avenir certain, époque douteuse. — Visite inattendue. — Communication intéressante. — Histoire du prince et de la princesse Troubetzkoï. — Émeute lors de l'avénement de l'Empereur au trône. — Dévouement de la princesse. — Quatorze années dans les mines de l'Oural. — Ce que c'est que cette vie. — Justice humaine. — Comment un despote flatte. — Opinion de beaucoup de Russes sur la condition des condamnés aux mines. — Le 18 fructidor. — — Froid de 40 degrés. — Première lettre au bout de sept ans de galères. — Les enfants de galériens. — Réponse de l'Empereur. — Justice russe. — Ce qu'on appelle en Sibérie, coloniser. — Les enfants chiffrés. — Désespoir, humiliation d'une mère. — Seconde lettre au bout de quatorze ans. — Ce qui prouve l'éternité. — Réponse de l'Empereur à la 2ᵉ lettre de la princesse. — Comment il faut qualifier de tels sentiments. — Ce qu'il faut entendre par l'abolition de la peine de mort en Russie. — La famille des exilés. — L'Empereur supplié par la mère de famille. — Éducation involontaire qu'elle donne à ses enfants. — Apostrophe de Dante. — Changements dans mes projets et dans mes sentiments. — Conjectures. — Parti que je prends pour cacher mes lettres. — Moyen détourné de tromper la police. — Note touchant la peine de mort. — Citation de la brochure de M. Tolstoï. — Ce qu'on y apprend.

LETTRE VINGT-DEUXIÈME.

PAGE 163 A 198.

Route de Pétersbourg à Moscou. — Rapidité du voyage. — Nature des matériaux. — Balustrades des ponts. — Cheval tombé. — Mot de mon feldjæger. — Portrait de cet homme. — Postillon battu. — Train dont on mène l'Empereur. — Asservissement des Russes. — Ce que l'ambition coûte aux peuples. — Le plus sûr moyen de gouverner. — A quoi devrait servir le pouvoir absolu ? — Mot de l'Évangile. — Malheur des Slaves. — Desseins de Dieu sur l'homme. — Rencontre d'un voyageur russe. — Ce qu'il me prédit touchant ma voiture. — Prophétie accomplie. — Le postillon russe. — Ressemblance du peuple russe avec les gitanos d'Espagne. — Femmes de la campagne. — Leur coiffure, leur ajustement, leur chaussure. — La condition des paysans ; meilleure que celle des autres Russes. — Résultat bienfaisant de l'agriculture. — Aspect du pays. — Bétail chétif. — Question. — La maison de poste. — Manière dont elle est décorée. — Des distances en Russie. — Aspect désolé du pays. — Habitations rurales. — Montagnes de Valdaï : exagération des Russes. — Toque des paysans ; plumes de paon. — Chaussures de nattes. — Rareté des femmes. — Leur costume. — Rencontre d'une voiture de dames russes. — Leur manière de s'habiller en voyage. — Petites villes russes. — Petit lac ; couvent dans un site romantique. — Forêts dévastées. — Plaines monotones. — Torjeck. — Cuir brodé, maroquin. — Côtelettes de poulet. — Aspect de la ville. — Ses environs. — Double chemin. — Troupeaux de bœufs. — Charrettes. — Encombrement de la route.

LETTRE VINGT-TROISIÈME.

PAGE 199 A 250.

Madame la comtesse O'Donnell. — Postillons enfants. — Leur manière de mener. — Elle ressemble à une tempête sur mer. — Souvenirs du cirque des anciens. — Pindare. — Marche poétique. — Adresse merveilleuse. — Routes encombrées de rouliers. — Chariots à un cheval. — Grâce naturelle du peuple russe. — Élégance qu'il donne

TABLE DES MATIÈRES.

aux objets dont il se sert. — Intérêt particulier que la Russie doit inspirer aux penseurs. — Costume des femmes. — Bourgeoises de Torjeck. — Leur toilette. — La balançoire. — Plaisirs silencieux. — Hardiesse des Russes. — Beauté des paysannes. — Beaux vieillards. — Beauté parfaite. — Chaumières russes. — Divans des paysans. — Bivouacs champêtres. — Penchant au vol. — Politesse, dévotion. — Dicton populaire. — Mon feldjæger vole les postillons. — Propos d'une grande dame. — Parallèle de l'esprit du grand monde en France et en Russie. — Femmes d'État. — Diplomatie, double emploi des femmes dans la politique. — Conversation des dames russes. — Manque de moralité chez les paysans. — Réponse d'un ouvrier à son seigneur. — Bonheur des serfs russes. — Ce qu'il faut en penser. — Ce qui fait l'homme social. — Vérité poétique. — Effets du despotisme. — Droits du voyageur. — Vertus et crimes relatifs. — Rapports de l'Église avec le chef de l'État. — Abolition du patriarcat de Moscou. — Citation de l'Histoire de Russie, par M. l'Évesque. — Esclavage de l'Église russe. — Différence fondamentale entre les sectes et l'Église mère. — L'Évangile instrument de révolution en Russie. — Histoire d'un poulain. — A quoi tiennent les vertus. — Responsabilité du crime : plus redoutée chez les anciens que chez les modernes. — Rêve d'un homme éveillé. — Première vue du Volga. — Souvenirs de l'histoire russe. — L'Espagne et la Russie comparées. — Rosées du Nord ; leur danger.

LETTRE VINGT-QUATRIÈME.

PAGE 251 A 281.

Première apparition de Moscou. — Flotte en pleine terre. — Campaniles des églises grecques : leur nombre sacramentel. — Sens symbolique de cette architecture. — Peinture des toits et des clochers, décoration métallique des églises. — Château de Pétrowski. — Style de son architecture. — Entrée de Moscou. — Privilége de l'art. — Aspect du Kremlin. — Couleur du ciel. — L'église de Saint-Basile vue de loin. — Les Français à Moscou. — Anecdote relative à la marche de notre armée au delà de Smolensk. — La cassette du ministre de la guerre. — Bataille de la Moskowa. — Le Kremlin est une cité. — Origine du titre de Czar. — Intérieur de Moscou. — Auberge de madame Howard. — Précautions qu'elle prend pour maintenir la propreté chez elle. — Promenade nocturne. — Description de la ville pendant la nuit. — Aspect du Kremlin au clair de lune. — Poussière des rues; nuées de drowskas. — Chaleurs de l'été. — Population de Moscou. — Illuminations officielles. — Réflexions. — Plantations sous les murs du Kremlin. — Aspect de ses remparts. — Ce que c'est que le Kremlin. — Souvenir des Alpes. — Ivan III. — Chemin voûté. — Magie de la nuit et de l'architecture. — Bonaparte au Kremlin.

LETTRE VINGT-CINQUIÈME.

PAGE 283 A 300.

Le Kremlin au grand jour. — Ses hôtes naturels. — Caractère de son architecture. — Sens symbolique. — Dimension des églises russes. — L'histoire des hommes employée comme un moyen de décrire les lieux. — L'influence d'Ivan IV. — Mot de Pierre Ier. — Patience coupable. — Les sujets d'Ivan IV et les Russes actuels. — Ivan IV comparé à tous les tyrans cités dans l'histoire. — Source où j'ai puisé les faits racontés. — Brochure du prince Wiasemski. — Pourquoi on doit se fier à Karamsin.

TABLE DES MATIÈRES.

LETTRE VINGT-SIXIÈME.

PAGE 304 A 370.

Histoire d'Ivan IV.—Citation de la brochure de M. de Tolstoï—Début du règne d'Ivan IV.—Effets de sa tyrannie sur les Russes.—Une des causes de sa cruauté.—Siège de Kazan.—Prise d'Astrakan.—Comment il traite ses anciens amis.—Souvenirs de son enfance.—Changement moral et physique.—Ses mariages.—Mensonge inhérent au despotisme.—Ses raffinements de cruauté.—Supplices ordonnés et surveillés par lui.—Sort de Novgorod.—Jusqu'où vont ses vengeances.—Horloges vivantes.—Ironie sanglante.—Abdication.—Ce que font les Russes à cette occasion.—Motif secret de la servilité des Russes.—Ivan reprend la couronne.—A quelle condition.—La Slobode Alexandrowsky.—L'*opritchnina* ou les élus.—Portrait d'Ivan IV par Karamsin.—Divers extraits du même écrivain.—Conséquences de l'opritchnina.—Lâcheté d'Ivan IV.—Sa conduite lors de l'incendie de Moscou.—Ce qu'il fait de la Livonie.—La Sibérie conquise.—Sympathie d'Ivan pour Élisabeth d'Angleterre.—Lettre d'Élisabeth à Ivan.—Projet de mariage avec Marie Hastings, parente de la reine d'Angleterre.—Travestissement d'Ivan et de ses compagnons de débauche.—Explication de la servilité des sujets d'Ivan.—Résignation religieuse.—Église russe enchaînée.—Quelle est la seule Église indépendante.—Le prêtre russe.—Sort qui attend toute Église schismatique.—Le prêtre catholique.—Autres extraits de Karamsin.—Trait de férocité du grand-duc Constantin.—Ressemblance des Russes actuels avec leurs ancêtres.—Encore une citation de Karamsin : l'ambassadeur et le supplicié.—Correspondance du Czar avec Griasnoï.—La Livonie cédée par Ivan à Batori.—

TABLE DES MATIÈRES.

Conséquence de cette trahison. — Mort du Czarewitch, le fils du Czar. — Tragédie. — Vocation divine. — Puissance de l'âme humaine. — Mort d'Ivan IV. — Son dernier crime. — APPENDICE. — Le Kremlin. — Karamsin. — Nouveaux extraits. — Excuses au despotisme. — Ce que les Russes devraient penser et dire de Karamsin. — Ce que signifie le besoin de justice qui est dans le cœur de l'homme. — Spiritualisme chrétien. — Souvenir que le peuple russe conserve d'Ivan IV. — Portrait d'Ivan III par Karamsin. — Ressemblance de Pierre-le-Grand avec les Ivan. — Extraits de M. de Ségur. — Conduite du Czar Pierre Ier envers son fils. — Supplice de Glébof. — Mort d'Alexis, fils du Czar Pierre.

LETTRE VINGT-SEPTIÈME.

PAGE 371 A 421.

Club anglais. — Nouvelle visite au trésor du Kremlin. — Caractère particulier de l'architecture de Moscou. — Mot de madame de Staël. — Avantage des voyageurs obscurs. — Kitaigorod, ville des marchands. — Madone de Vivielski. — Miracles russes attestés par un Italien. — Groupe de Minine et Pojarski. — Église de Vassili Blagennoï. — Manière dont le czar Ivan récompensa l'architecte. — Porte sainte. — Pourquoi on ne la passe point sans ôter son chapeau. — Avantage de la foi sur le doute. — Contraste de l'extérieur et de l'intérieur du Kremlin. — Cathédrale de l'Assomption. — Artistes étrangers. — Pourquoi on fut obligé de les appeler à Moscou. — Peintures à fresque. — Clocher de Jean-le-Grand. — Église du Sauveur dans les bois. — La grande cloche. — Couvent des Miracles et couvent de l'Ascension. — Tombeau de la Czarine Hélène, mère d'Ivan IV. — Intérieur du trésor. — Hiérarchie des couronnes et des trônes. — Couronne

de Monomaque. — Couronne de Sibérie. — Couronne de Pologne.
— Réflexions. — Vases ciselés. — Verreries rares. — Brancard
de Charles XII. — Citation de Montaigne. — Singularité historique. — Parallèle entre les grands-ducs de Russie et les autres
princes régnants de l'Europe à la même époque. — Carrosses de
parade des Czars et du patriarche de Moscou. — Palais actuel
de l'Empereur au Kremlin. — Divers palais. — Palais anguleux.
— Caractère de son architecture. — Nouveaux travaux commencés au Kremlin par ordre de l'Empereur. — Profanation. —
Faute de l'Empereur Pierre Ier et de l'Empereur Nicolas. — Où
est la vraie capitale de l'Empire russe. — Ce que pourrait devenir Moscou. — Incendie du palais de Pétersbourg : avertissement
du ciel. — Plan de Catherine II, repris en partie par Nicolas.
— Vue qu'on a de la terrasse du Kremlin, le soir. — Coucher
de soleil. — Souterrain ouvert. — Poussière de Moscou, la nuit.
— La montagne des Moineaux. — Souvenirs de l'armée française. — Mot de l'Empereur Napoléon. — Danger d'être soupçonné d'héroïsme en Russie. — Lutte de médiocrité. — Responsabilité des maîtres absolus. — Rostopchin. — Il craint de passer
pour un grand homme. — Sa brochure. — Conséquence qu'on
en doit tirer. — Chute de Napoléon : son dernier résultat. —
Louis XIV. — Phénomène historique.

LETTRE VINGT-HUITIÈME.

PAGE 423 A 457.

Aspect oriental de Moscou. — Les chefs-d'œuvre manquent à cette
ville. — Rapport qui existe entre son architecture et le caractère de ses habitants. — Ce que les Russes répondent au reproche d'inconstance qu'on leur adresse. — Fabriques de soie.
— Apparences de liberté. — A quoi elles tiennent. — Club an-

glais. — Isolement de Moscou au milieu d'un vaste continent. — Piété des Russes. — Entretien sur ce sujet avec un homme d'esprit. — L'Angleterre sait bien tirer parti de l'hypocrisie. — L'Église anglicane. — Ses inconséquences. — Les vrais dévots et les hommes d'État. — Erreur des libéraux lorsqu'ils repoussent le catholicisme. — Politique de l'Angleterre. — Sur quoi elle s'appuie. — Vrai moyen de faire la guerre à l'Angleterre. — Sacerdoce des journaux. — Ce gouvernement est-il plus moral que celui des ecclésiastiques? — Église gréco-russe. — Silence officiel. — Point de prédication. — Point d'enseignement religieux en public. — Sectes nombreuses. — Le calvinisme y domine. — Mauvaise politique. — Secte qui favorise la polygamie. — Corps des marchands. — Fête publique au monastère de Devitscheipol. — Vierge miraculeuse. — Tombeaux de plusieurs princesses de la famille Impériale. — Cimetière. — Foule populaire. — Caractère particulier des paysages. — Le pays dans la ville. — Ivrognerie : vice des Russes. — Ce qui l'excuse. — Emblème de la nation et de son gouvernement. — Place où se donne la fête. — Site du couvent. — Singularité de cette fête. — Physionomie du peuple. — Poésie cachée. — Chant des Cosaques du Don. — Mélodie analogue aux folies d'Espagne. — Style de la musique chez les peuples septentrionaux. — Les Cosaques. — Leur caractère. — Subterfuge indigne employé par les officiers. — Courage extorqué. — L'Attelage : fable polonaise traduite.

FIN DE LA TABLE DES MATIÈRES.

www.ingramcontent.com/pod-product-compliance
Lightning Source LLC
Chambersburg PA
CBHW070202240426
43671CB00007B/516